天水师范学院甘肃省一流特色学科、重点学科中国史学术研究丛书

北朝至隋唐陇右少数民族历史与文化
碑铭视角下的考察

李贺文 ◎ 著

中国社会科学出版社

图书在版编目（CIP）数据

北朝至隋唐陇右少数民族历史与文化：碑铭视角下的考察／李贺文著． —北京：中国社会科学出版社，2021.2
ISBN 978-7-5203-7846-8

Ⅰ.①北… Ⅱ.①李… Ⅲ.①少数民族—民族历史—甘肃—北朝时代—隋唐时代②少数民族—民族文化—甘肃—北朝时代—隋唐时代 Ⅳ.①K280.42

中国版本图书馆 CIP 数据核字（2021）第 022016 号

出 版 人	赵剑英	
责任编辑	高　歌	
责任校对	李　莉	
责任印制	戴　宽	

出　　版	中国社会科学出版社	
社　　址	北京鼓楼西大街甲 158 号	
邮　　编	100720	
网　　址	http://www.csspw.cn	
发 行 部	010-84083685	
门 市 部	010-84029450	
经　　销	新华书店及其他书店	

印刷装订	三河弘翰印务有限公司	
版　　次	2021 年 2 月第 1 版	
印　　次	2021 年 2 月第 1 次印刷	

开　　本	710×1000　1/16	
印　　张	18.75	
插　　页	2	
字　　数	291 千字	
定　　价	108.00 元	

凡购买中国社会科学出版社图书，如有质量问题请与本社营销中心联系调换
电话：010-84083683
版权所有　侵权必究

目　　录

绪论 ………………………………………………………………（1）
　　第一节　写作的缘起及研究对象 ………………………………（1）
　　第二节　学术史回顾 ……………………………………………（4）
　　第三节　选题的研究方法 ………………………………………（12）
　　第四节　相关概念界定 …………………………………………（13）

第一章　魏晋至隋唐时期陇右少数民族及其政权 …………（15）
　　第一节　陇右自然环境与陇右文化 ……………………………（15）
　　第二节　魏晋至隋唐时期陇右地区主要少数民族 ……………（22）
　　第三节　魏晋至隋唐时期陇右地区政权更迭 …………………（39）

第二章　陇右少数民族碑铭数量及类型 ……………………（53）
　　第一节　碑铭统计 ………………………………………………（53）
　　第二节　碑铭类型及简介 ………………………………………（58）

第三章　陇右少数民族碑铭所见人名研究 …………………（94）
　　第一节　碑铭所见人名与少数民族族属 ………………………（94）
　　第二节　"名"与"字"的关系分析 ……………………………（124）
　　第三节　人名与宗教关系 ………………………………………（130）
　　第四节　人名与社会生活关系 …………………………………（141）

第四章　碑铭所见陇右胡族的汉化与佛教信仰 ……………（157）
　　第一节　陇右地区胡族的汉化及其基本特点 …………………（157）

第二节　碑铭所见陇右地区佛教信仰 …………………… (168)
　　第三节　民间佛教组织"邑义"及其成员称谓 …………… (181)

第五章　陇右少数民族碑铭的价值 ………………………… (197)
　　第一节　文献价值 ……………………………………… (197)
　　第二节　文学价值 ……………………………………… (203)
　　第三节　艺术价值 ……………………………………… (212)

结语 …………………………………………………………… (260)

参考文献 ……………………………………………………… (263)

附录 …………………………………………………………… (272)

后记 …………………………………………………………… (291)

图 目 录

图1—1	萨保造访突厥部落在毡帐宴饮（安伽墓围屏石榻）	(33)
图1—2	萨保率众外出经商（安伽墓围屏石榻）	(34)
图1—3	唐代粟特移民迁徙路线	(35)
图1—4	西晋内迁各族分布图	(45)
图1—5	五胡十六国分布示意图	(49)
图2—1	2005年天水市公安局移交的被盗掘石棺床墓床板及其他残碎件	(75)
图2—2	北魏熙平元年造像塔	(89)
图5—1	碑刻形制示意图	(214)
图5—2	梁阿广墓表	(216)
图5—3	王真保墓志	(217)
图5—4	史射勿墓盖	(218)
图5—5	史射勿墓志	(218)
图5—6	唐故游击将军穆泰墓志（志、盖）	(219)
图5—7	唐故羲府君志盖	(220)
图5—8	獦生墓志拓片	(221)
图5—9	成丑儿造像碑	(222)
图5—10	北魏熙平二年郭熙造像	(223)
图5—11	豆卢子等结社造释迦像	(225)
图5—12	豆卢子等结社造释迦像台座正面（南面）发愿文及题名	(226)
图5—13	王文超造像碑碑阴	(226)
图5—14	张丑奴造像碑	(227)

图5—15	王令猥造像碑阳	(228)
图5—16	王令猥造像碑阴下部	(229)
图5—17	王令猥造像碑阴	(229)
图5—18	王令猥造像碑侧	(229)
图5—19	建崇寺造像碑	(231)
图5—20	李阿昌造像碑	(232)
图5—21	李阿昌造像碑(碑阴、碑阳)	(233)
图5—22	曹望憘等造像残座拓片	(236)
图5—23	南石窟寺碑	(237)
图5—24	南石窟寺碑碑首	(238)
图5—25	爨龙颜碑	(238)
图5—26	朐忍令景云碑	(239)
图5—27	辟雍碑	(239)
图5—28	宕昌公晖福寺碑	(240)
图5—29	唐狄梁公碑及碑首	(243)
图5—30	唐狄梁公碑碑身文字(局部)	(244)
图5—31	嵩显禅寺碑拓片	(245)
图5—32	唐李将军碑(碑阴)	(246)
图5—33	山公寺碑碑身	(247)
图5—34	山公寺碑碑身文字(局部)	(247)
图5—35	山公寺碑碑首、碑阴	(248)
图5—36	山公寺碑碑侧	(249)
图5—37	嵩显(禅)寺碑碑帖	(252)
图5—38	南石窟寺碑额题字	(252)
图5—39	南石窟寺碑碑身文字(局部)	(252)
图5—40	南石窟寺碑碑身文字(局部)	(254)
图5—41	南石窟寺碑碑身文字(局部)	(255)
图5—42	史平公造像记拓片(局部)	(256)

表 目 录

表2—1 陇右少数民族碑铭汇总…………………………………（55）
表3—1 碑铭所见陇右少数民族一览……………………………（96）
表5—1 造像碑基本数据 …………………………………………（234）
表5—2 现存圆首蟠龙类石碑形制尺寸数据 ……………………（241）

绪　　论

第一节　写作的缘起及研究对象

魏晋至南北朝时期，是我国历史上民族关系大动荡时期，也是封建社会高潮时期——隋唐的前夜。其发展经过三个基本阶段：三国西晋时期相对平和的发展，东晋十六国时期各少数民族武力征服中原，南北朝时期民族大融合。在这一时期，各民族在西方、北方、南方广阔区域东奔西突、南北纵横，形成了人口规模宏大、参与民族众多的人口流动和迁徙。内迁各民族和沿边各族纷纷登上历史舞台，展现民族风采。他们或在中原建立政权，或在边地进行封建割据，各民族交流与交融的频率与方式不断增加。于是，少数民族政权的不断建立与更替，各民族之间的对流、交融以及杂居相处，极大地促进了民族的融合、社会的进步和文化的发展，为隋唐盛世的到来准备了有利条件。

在北方，对十六国北朝历史有较大影响的少数民族，主要是被称作"五胡"的匈奴、羯、氐、羌和鲜卑，这些民族纷纷涌入中原，先后在黄河流域建立了各自的民族政权。匈奴族原居蒙古草原，后分裂成南北两部，南匈奴内附后南迁，曹魏时期已深入汾河流域。学界对于"羯"的身份有不同的看法，在此予以说明。谭其骧认为，"羯人是中亚康居人统治下的索格底亚那人。"[①] 20世纪70年代以来，童超经过多方考证，认为羯人是中亚康居人，但羯人不是被康居人所征服的南部农业居民——索格底亚那人，而是康居（羌渠）游牧人，两汉时期，康居属匈奴，因而可能有一部分人随匈奴东来，转战于蒙古草原，其后又随之南迁，逐渐

---

① 谭其骧：《羯考》，《东南日报》副刊，1947年。

内徙至上党武乡一带，因为他们既是康居人，又是匈奴的附庸，故称："匈奴别部，羌渠之胄。"① 王仲荦认为："羯人高鼻深目多须，崇奉祆教，和匈奴显然不是同一个部族。后人认为《魏书》有者舌国，《隋书》有石国，都于柘折城，即今天的塔什干。石勒的祖先可能就是石国人，移居中原后，遂以石为姓。"② 陈寅恪主张羯人是月氏人："故安禄山父系之为羯胡，即中亚月氏种可无疑矣。"③《魏书》卷九五《羯胡石勒传》云："其先匈奴别部，分散居于上党、武乡、羯室，因号羯胡。"唐长孺先生指出："当时称为别部，本来表示其非一族。《世说新语·识鉴篇》称石勒为匈奴苗裔，恐怕不符事实。至于称为羯胡之故，按照《魏书》的解释是由于居于羯室之故，可是晋人称羯常常泛指杂胡，并非专指羯室之胡。""羯胡是包含西域胡较多的，我们虽然不能说即是羯胡之主要成分，但所占比重相当大。"④ 羌原居青海草原，东汉时部分人口被强徙到关陇一带，被称为东羌。氐人原居西起陇西、东至略阳、南达岷山以北的地区，汉魏之际被曹魏和蜀汉分别徙至关中与巴蜀。再后分裂成三部：东部为段部、宇文部，中部为慕容部，西部为拓跋部。氐人与其他北方少数民族不同，是以定居农业为主的民族。鲜卑族的情况比较复杂，原居大兴安岭山脉一带，后居匈奴故地，建立过统一的檀石槐汗国（本书碑铭涉及的主要少数民族迁居陇右的过程，将在第一章中予以说明）。不管当时哪个民族居统治地位，这些民族及其建立的政权大都采取多种形式，与汉族世族阶级相联合。北方民族不断徙居中原，并纷纷建立政权的一个最为直接后果是：在中原地区形成了胡汉杂居的局面，为各民族的融合提供了先决条件。这些民族在与汉族的长期杂居相处与通婚中，互相依存、互相吸收，建立了千丝万缕的联系。渐渐地，他们与汉族在经济、文化、语言、服饰、姓氏、习俗乃至宗教信仰上的差异逐渐缩小，逐渐与汉族融为一体。比如到了北魏后期，匈奴、羯、氐、羌等少数民族已鲜见，柔然、吐谷浑、敕勒等少数民族也与汉族逐渐融合。等到了

---

① 《晋书》卷104，"石勒上"载："石勒字世龙，……其先匈奴别部羌渠之胄。"中华书局2000年版，第1809页。
② 王仲荦：《魏晋南北朝史》上册，上海人民出版社1979年版，第242页。
③ 陈寅恪：《唐代政治史述论稿》，上海古籍出版社1997年版，第30页。
④ 唐长孺：《魏晋南北朝史论丛》，河北教育出版社2000年版，第399页。

隋朝统一黄河流域之时，从北方迁入中原的少数民族差不多都与汉族融合了，连鲜卑族也最终完成了与汉族的融合。

在南方，自秦汉以来，就有不少华夏或汉族大批进入蛮族区、西南夷及岭南地区。进入魏晋南北朝时期，一些地区的汉族人为了逃避战乱和苛重的税役，选择迁往河西陇右，或随晋室南迁而偏居江左，甚至在传统的蛮、俚、僚等族聚居区，也能看到他们的踪迹。三国时期蜀汉对南中少数民族采取的安抚和怀柔政策最高明，与此同时，豫州蛮、荆、雍州蛮向北推移，荆人被征调内地，成为南朝的编户齐民。而魏晋南北朝时期南方有较大影响的少数民族，主要是分布在东南地区的山越、长江中上游地区的蛮族、岭南及西南地区的僚族、赣南粤北地区的溪族以及一度在巴蜀地区建立过政权的巴氏。于是，通过这种双向的、对流式的迁徙杂居，以及不间断的武力征伐、联姻结盟和左郡左县的设置等多种渠道，南方地区汉族的夷化和夷族的汉化现象也日渐普遍。

总之，这一时期是我国民族史上一个划时代的时期。活跃在我国历史上的许多古老民族，大体上都在这个时期走完了他们的历史行程，融合到汉族中了。同时，魏晋南北朝在我国古代民族关系史上也是一个具有特色的时期，周边的少数民族进入中原，先后建立各类政权持续近三个世纪，其间各种矛盾错综复杂，战争不断，政权林立，替代频繁。各族间的关系，特别是各族与汉族间的关系，也在相互结合又相互斗争的矛盾中更加紧密了，最后完成了我国古代史上规模最大的一次民族大融合。可见，任何一个民族的发展从来都不是孤立的、单向的，必然要在与其他民族发生纵横交错的复杂关系中实现自我的发展。

陇右地区作为北方各民族活动频繁的主要区域，在这一历史时期也在上演着各民族的大流动、大碰撞、大融合，民族交往不断加深，民族文化不断融合，这对陇右地域文化的形成打下了坚实基础并产生了深远影响。

攻读博士学位期间，在导师的推荐下，笔者认真拜读了马长寿先生所写的《碑铭所见前秦至隋初的关中部族》一书，并阅读了相关碑铭材料书籍，对马长寿先生历史考据学功底深为佩服。在该书中，他收集了25种碑铭，从人名的姓氏、官爵、里居和亲属关系等方面，阐明了关中部族的名类渊源、地域分布、姓氏变迁、婚姻关系、阶级分化、部族融合及其他关于北朝官制和地理沿革的问题。在两个附录中，包括了《关中北魏北周隋初著录的羌村十种造像碑铭》和《关于关中羌村羌姓的札记》。广为引证古代诗人及其他文献，尤其是蒲城、白水、澄城、合阳、大荔、洛川、富县、宜君、同官、耀县、富平和三原等县的县志，对雷姓、党姓、井姓、蒙姓、和姓等姓氏的考证，见解独到、新颖，富有说服力。虽然自欧阳修以来，以碑铭证史、补史者何止百家，但如马长寿先生这样独辟蹊径、锲而不舍，对民族史、地方史作出贡献的，为数不多。基于此，笔者在攻读博士学位期间，在导师的建议和指导下，着手本内容资料的收集与文本的撰写。

决定此题目，还有一个考虑。对陇右地区碑铭材料较为集中收录的有张维的《陇右金石录》及《陇右金石录补录》，还有散见于相关碑铭类书籍及学者论文的其他碑铭材料。但对于该时期陇右地区反映少数民族的碑铭材料还没有单独地汇集过，而陇右地区在这一历史时期是少数民族交流交汇非常频繁的区域，相关史料记载非常丰富，所以笔者想通过本书对此类碑铭予以收集汇总，并加以研究，也希望通过碑铭材料对这一时期陇右地区的少数民族及其文化现象予以论述，从而展现这一时期陇右地区的少数民族及其文化面貌。但囿于才疏学浅及碑铭材料不足，虽经几番努力，所收集的碑铭材料数量仍旧有限，而且地域分布不均、时间分布不均，因此甚为遗憾。

在撰写方面，因为本文主要是基于碑铭材料开展研究，所以本书的一个基本原则是，有什么碑铭材料就论述什么问题，材料丰富就多论述，材料单薄就少论述，不会为了求全而有所敷衍。所以本书在内容编排上，似乎有所欠妥，但基于实事求是的写作态度，必须如此。笔者期望以后能够发现或收集更多的相关材料，再予以补充完善。

第二节 学术史回顾

一 本选题在国内研究情况综述

（一）陇右主要少数民族研究成果综述

本选题研究，必然要借助陇右地区丰富的史料及研究成果，对本选题所参阅的主要相关史料及研究成果，综述如下：

关于氐、羌少数民族，《史记·西南夷列传》记载，氐族的原始分布地在甘肃的东南部，汉武都郡一带。晋江统的《徙戎论》认为，晋初现在属于陇右的安定（治临泾，甘肃镇原县）郡就有大量羌人，马长寿根据《史书》《汉书》，认为古代羌人分布在河西走廊以南，洮岷二州之西。马长寿在其著作《氐与羌》中认为，不仅氐、羌的分布中心区如白龙江、西汉水流域，黄河上游及湟河、洮河流域的土地是氐人、羌人开辟出来的，就连他们迁徙所至的土地，例如关中渭河以北的陕北、宁夏南部、河西走廊等地的一部或全部，也是由氐、羌劳动人民所开拓，或与其他民族共同开拓出来的。所以，必须认识到西北地区和一部分中原地区是由氐、羌劳动人民开拓的，其中许多文化是由氐、羌人民创造的。关于以仇池为中心由氐族杨氏所建的前仇池国、后仇池国、武都国、武兴国、阴平国等，史料均有较为丰富的记载和研究。在该书中，马长寿对魏、晋、十六国，以及北朝时秦州地区的羌族进行了详细论述。他认为，在中国漫长的历史发展过程中，氐族基本上融入汉族当中，羌族的大部分也融入汉族，而现今几百万人口的藏族中，也有一部分是由原来羌族融合而来的，例如今甘南藏族自治州的一部分就是如此。当然民族融合是一个漫长的过程，例如氐族，虽然我们说他融合于汉族是在隋唐时期，但事实上，唐代以后，在我国的西北地区仍然有聚居的氐族部落存在，如《续资治通鉴》卷六四，庆历三年（1043年）十月记：在今甘肃庄浪南水洛镇一带，"杂氐十余落，无所役属"。至于羌族，最后融合于汉、藏，时间更为长久，直到明代，仍见文献或碑石上有许多关于羌族的记载，如洮河流域的岷县有明万历年间张益谦撰《洮岷边备道题名碑》，内记成化四年（1468年）和正德六年（1511年），该地均发生过"羌叛"事件。可见在历史上，氐、羌民族长期在陇右地区活动。

四川民族出版社1985年10月出版的由冉光荣、周锡银、李绍明等主编的《羌族史》，是我国一部研究羌族史的专著，是民族史研究的一项重要成果。该书对羌族源流、发展、习俗、宗教、生活等方面做了较为全面的介绍，尤其对羌族的各支系的介绍细致而全面。吉林教育出版社1991年5月出版的杨铭所著的《氐族史》，论述了氐族的起源、形成、分布、迁徙，与汉、羌等民族的关系，介绍了历代王朝对氐族的统治过程，及前秦、后凉、仇池诸政权的兴亡史，尤其对氐族的社会经济文化及其与羌、汉等族的融合，作了较为系统的阐述，使读者可以比较完整地了解氐族的历史及其在中国民族史中的地位，该书作为商务印书馆出版的《欧亚备要》丛书中的一部，是第一部系统研究氐族历史的专著。

赵向群、刘光华著的《甘肃通史·魏晋南北朝卷》中描述了羌、氐东迁的历程，并认为，经过汉末到魏初氐人的数次内迁，截至晋初，除武都、阴平、仇池等地仍有氐人居住外，天水郡（治上邽，今天水市秦州区西南）、南安郡（治豲道，今陇西县东南）、扶风郡（治池阳，今陕西三原县西南）等关陇诸郡也都遍布氐人。同时期，陇右的安定、陇西、略阳诸郡，都有为数众多的羌人存在。

关于匈奴在陇右的历史，马长寿的著作《北狄与匈奴》，认为南匈奴于公元49年降汉后，南匈奴呼韩邪单于得到东汉政府的允许，分散所部匈奴部众分居于西河（当时治美稷）、北地（治富平，甘肃庆阳县）等八郡之地，匈奴从此开始在陇右地区与汉民错居，繁衍生息并不断地汉化。马长寿认为，匈奴迁入内地，姓氏也发生改变，如贺赖氏改为贺氏或贺兰氏，独孤氏改为刘氏，须卜氏改为卜氏，丘林氏改为林氏，……到隋唐以后这些姓氏与汉族的姓氏无别了。最后不管匈奴也好，铁弗、独孤部也好，拓跋、秃发部也好，卢水胡也好，稽胡也好，都在不同时期与汉族同化了。大约在隋唐时期，中国境内除了少数尚成聚落的稽胡外，其余与匈奴有关的上述诸族都汉化了。据《魏书》记载，在五世纪中叶，北魏太平真君六年（445年），在杏城（在今陕西黄陵西南）爆发了两次以卢水胡酋为首的各族人民的反魏运动，第一次在三月，首领是卢水胡郝温，第二次在同年九月，领导者便是著名的卢水胡盖吴，这次参加起义的部民包括汉族、卢水胡、屠各匈奴、氐、羌等族以及住在新平（邠州）、安定（镇远）的其他各杂夷。范围东至河东，西至金城、略阳、天水，南至长安、盩厔以及南山中各地。《资治通鉴》记载，唐武德四年（621年），宏化（甘肃庆阳县）稽胡帅刘仙城拥众数万，与唐军对垒。马长寿认为，稽胡应为以匈奴后裔为主，不能说都是杂胡。

马长寿的《乌桓与鲜卑》对鲜卑的历史作了全面的阐释，对他们的源流、迁徙、民族融合、生活习俗等进行了论述。其中写道，公元523年沃野镇爆发了破六韩拔陵起义，次年四月在高平镇（今甘肃镇原县西二里）跟着发生了以敕勒酋长胡琛为首的镇民起义，与六镇起义相呼应。

高平镇起义的镇民有匈奴人，如郝连恩、宿勤明达等；有敕勒人，如胡琛等；也有鲜卑人，如万俟丑奴等。胡琛死后，万俟丑奴继之，于公元529年称天子，建元神兽，占有原州（治高平城，今镇原县西二里），泾州（治临泾，今镇原县东十里），豳州（今甘肃宁县），秦州（治上邽，今甘肃天水县）等地。《魏书·尔朱天光传》谓由泾、豳、二夏，北至灵州并是丑奴党类的结聚之所。而赵向群、刘光华著的《甘肃通史·魏晋南北朝卷》对鲜卑在魏晋时期在河陇的活动迁徙情况进行了梳理，介绍了"陇西鲜卑"这一群体。

粟特位于泽拉夫善河流域，粟特人是一个以经商著称的民族，长期活跃在丝绸之路上。他们的经商活动促进了东西方的经济交往和文化交流，在农耕文明和游牧文明之间、东方文明与西方文明之间搭起了一座桥梁。他们迁居各地，与其他民族融合，从而成为许多民族的来源之一。对于粟特人在各地分布的研究是比较深入的。唐长孺论述了魏晋时期卢水胡、羯胡中粟特人的成分，以及他们在秦陇、巴蜀等地的分布。尹伟先、杨富学、魏明孔著的《甘肃通史·隋唐五代卷》对粟特在甘肃的活动进行了梳理。张广达《唐代六胡州等地的昭武九姓》对唐代昭武九姓聚落的分布、迁徙、延续情况作了一些介绍，认为其中对唐代政治生活影响最大的是分布在灵、夏二州南境六胡州的粟特人。

涉及陇右地区少数民族历史的研究，还有慕寿祺的《甘宁青史略》，该书由广文书局分十册印行，堪称一部西北百科全书，记载了自伏羲氏以来4000多年间甘宁青三省的政治、经济、军事、文化、宗教、民俗、地理等情况，是研究西北地区史的重要资料。杨建新的《中国西北少数民族史》，对陇右地区活动过的少数民族，如匈奴、氐、羌、鲜卑、突厥、吐蕃、回鹘等民族分历史段进行了论述。王桐龄的《中国民族史》，高路加的《中国北方民族史》，王钟翰的《中国民族史》（增订本），徐杰舜的《中国民族史新编》，周伟洲的《西北民族史研究》，田继洲的《中国历代民族史丛书》，翁独健的《中国民族史研究》，江应梁的《中国民族史》等书，均不同程度对陇右地区的少数民族有所论述。

2009年出版的《中国西北少数民族通史》，是目前最为完整的一部研究中国西北少数民族历史的通史丛书。这一丛书共13卷，600余万字，由十多位西北少数民族历史研究专家历时六年共同完成。丛书时间上起先秦，下至公元 2000 年，涵盖了中国西北少数民族古代、近代、现代全部历史。这一丛书对中国西北少数民族历史进行了全面系统的研究，内容涉及西北各少数民族的族源、文化渊源、发展过程、政治、经济、社会、文化、宗教、民族关系、地理条件、生态环境等诸多方面，地域涉及甘肃、宁夏、青海、新疆、内蒙古西部和西藏等地。丛书主编杨建新说："过去，研究西北少数民族的史书多按民族分类叙述，《中国西北少数民族通史》则按时代划分，将西北各少数民族放在同一时期的平台上进行研究，脉络更加清晰，可充分展示西北各少数民族的全貌。"这一丛书还列有详细的大事年表和相关研究书目以及文献资料，对于研究西北少数民族史具有重要的参考价值。

2009 年甘肃人民出版社出版的刘光华主编的《甘肃通史》一套八卷中，对甘肃地区少数民族的历史轨迹在不同分册中也进行了集中介绍。

对陇右地区少数民族历史的研究，以论文形式发表的很多，如李清凌的《汉唐陇右少数民族》，认为陇右自古是一个多民族聚居的地方。汉唐之际是陇右民族交融最为活跃的时期，这期间，活动于陇右的主要少数民族至少有十多个，它们以自己创造的卓越的物质和精神财富，与汉民族一起为汉唐盛世的形成做出了重大的贡献，在历史上影响深远。其他的研究还有钱传仓的《我国少数民族姓氏初探》，杜林渊等的《陕北地区少数民族姓氏孑遗研究》，常雁的《中华姓氏文化中的少数民族融合因素探究》，吴洪琳的《我国古代少数民族姓氏汉化》，张元兴的《魏晋南北朝时期胡人汉化的历史必然性》，樊翔的《仇池政权民族关系考述》，等等，不再一一列举。

（二）陇右碑铭研究成果综述

对本选题所涉及的碑铭研究的主要书籍有：1. 王昶：《金石萃编》，共一百六十卷，成书于嘉庆十年（1805 年）；2. 张维：《陇右金石录》民国三十二年，甘肃省文献征集委员会校印；3. 赵万里：《汉魏南北朝墓志集释》，科学出版社 1956 年版；4. 岑仲勉：《金石论丛》，上海古籍出版社 1981 年版；5.（宋）赵明诚：《金石录》（影印本），中国书店 1985 年版；6. 周绍良：《唐代墓志汇编》，上海古籍出版社 1992 年版；7.《石刻史料新编》第一辑（共 30 册，1977 年）、第二辑（共 20 册，1979 年）、第三辑（共 40 册，1986 年）、第四辑（共 10 册，2006 年），新文丰出版公司编辑部编辑；8. 章群：《唐代蕃将研究》，联经出版事业公司1986年版；9. 赵超：《汉魏南北朝墓志汇编》，天津古籍出版社1992年版；10. 冯云鹏、冯云鹓：《金石索》，书目文献出版社1996年版；11.《历代碑帖大观》，上海书店出版社1998年版；12. 郁贤皓：《唐刺史考全编》，安徽大学出版社2000年版；13. 吴景山：《西北民族碑文》，甘肃人民出版社2001年版；14. 国家图书馆善本金石组组编：《隋唐五代石刻文献全编》（1—4册），北京图书馆出版社2003年版；15. 赵超：《古代墓志通论》，紫禁城出版社2003年版；16. 毛远明：《汉魏六朝石刻校注》，线装书局2006年版；17. 唐晓军：《甘肃古代石刻艺术》，民族出版社2007年版；18. 陈长安：《隋唐五代墓志汇编》，天津古籍出版社2009年版；19. 王静芬：《中国石碑——一种象征形式在佛教传入之前与之后的运用》，商务印书馆2011年版；20.（明）都穆：《金薤琳琅》（学古斋本），国家图书馆出版社2013年版；21. 甘肃省古籍文献整理编译中心：《中国金石总录》（电子试运行版），等等。

相关碑铭研究的论文主要有：李洪智的《关于北魏〈南石窟寺之碑〉的释文及书法艺术》，侯旭东的《北魏对待境内胡祖的政策——从〈大代持节豳州刺史山公寺碑〉说起》和《〈大代持节豳州刺史山公寺碑〉所见史事考》，暨远志、宋文玉的《北朝豳宁地区部族石窟的分期与思考》，魏文斌、郑炳林的《甘肃正宁北周立佛像研究》，鲁西奇的《甘肃灵台、陕西长武所出北魏地券考释》，荣新江的《安史之乱后粟特胡人的动向》和《从撒马尔干到长安——中古时期粟特人的迁徙与入居》，韩伟的《北周安伽墓围屏石榻之相关问题浅见》，孙武军的《北朝隋唐入华粟特人死亡观研究——以藏具图像的解读为主》，周伟洲的《甘肃张家川出土北魏〈王真保墓志〉试析》，马明达的《北魏〈王真保墓志〉补释》，刘卫鹏的《两方唐代镇墓石考记》，陕西省文物普查队的《耀县新发现的一批造像碑》，王素的《北凉沮渠蒙逊夫人彭氏族属初探》，吴怡如的《北周王令猥造像碑》，甘肃省文物工作队撰写的《甘肃省泾川县出土的唐代舍利石函》，秦明智、任步云的《甘肃张家川发现"大赵神平二年墓"》，秦明智的《隋开皇元年李阿昌造像碑》，陕西省考古研究所的《西安发现的北周安伽墓》，曾小梅、吴明冉的《两晋南北朝至隋唐碑铭所见羌族姓氏研究》，吴明冉的《南北朝至隋唐碑铭反映的羌人女性地位》，曾小梅、吴明冉、陈学志的《碑铭所见岷江上游羌人姓氏研究》等。

以上书籍和论文对该选题涉及的碑铭从不同层面、在不同程度上均有所研究，有些论文虽然与相关碑铭无直接关系，但在不同程度上有借鉴和印证作用。

（三）陇右历史文化研究成果综述

对陇右地域文化的论述与研究，在《史记》《汉书》《魏略》《后汉书》《梁书》《南齐书》等史料中，均有不同程度、不同方面的记载和说明，此处不再赘述。在当代，当地域文化研究在国内兴盛之后，国内一些研究者开始研究陇右地域文化。如《光明日报》2005年12月14日发表的雍际春、余粮才撰写的文章《陇右地域文化的基本特点》，认为陇右文化历经千百年来的流变整合和融通积淀，打上了深深的地域性烙印。它既是中华文化的重要组成部分，又具有鲜明的地域特征，其主要特征有：第一，开放性与兼容性；第二，尚武精神和功利色彩浓厚；第三，质朴性；第四，保守性。徐芳的《陇右文化与唐传奇》认为，陇右地区位于西部边陲，是"丝绸之路"的咽喉之地。"丝绸之路"在汉唐之际繁荣了近10个世纪，是古代中国与西方世界进行政治会话、经济往来、文化交流的国际大通道。唐朝宽松的文化政策与相关的政治制度，给外来文化的传入和域内文化的输出提供了丰富的土壤，而陇右地区则是必经之地。陇右文化依赖地域之便，东与中原文化接壤，吸收和发展了以儒家文化主导的汉文化传统；西与高原大漠的西域文化唇齿相依，少数民族文化、外来文化与汉文化交流荟萃于此，从而形成了充满生气活力、刚毅豪放的风格。陇右文化是从三秦文化到西域文化的整个西北文化带的中间环节，它联系着两者又自成体系。它比西域文化具有更多的汉文化特征，而比三秦文化含有更多的少数民族文化成分。这种文化优势，既促进了陇右文化的发展，又为三秦文化和西域文化源源不断地注入新鲜养料。中西文化的水乳交融，中原文化与"胡"文化的相互渗透为陇右文化形成不断注入新鲜血液和异质养料。同时它也在域外文化本土化的过程中重塑了陇右人文化心态的价值观念、思维方式、审美情趣、行为准则等，成为陇右地域文化中长期传习和内在积淀的一种文化基因。它一方面具有强烈的历史性、遗传性，另一方面又具有鲜活的现实性、变异性。不同地区的文化模式、价值观念、宗教信仰等在此相互交流与影响，相互认同和理解，使陇右文化的渗透和包容具有一种海纳百川的气度。所以，陇右文化又带着复杂的民族色彩和过渡性特征。多元融合的陇右文化是中华传统文化的一个典型缩影，它是一个地地道道的熔炉，既有浓郁的异国情调又不乏亲切熟识的中原风格。

王锷的《陇右石刻》，认为陇右石刻内容丰富，数量众多，是古代陇右文化的重要组成部分，其学术价值之高，亦足可嘉惠学界。陈正桃的《唐代西北民族吐蕃化现象略论》，徐芳的《陇右文化之精神特质》等研究从不同侧面和角度对陇右地域文化予以了阐释。其中雍际春主编的《陇右文化论丛》系列书籍，作为专门研究陇右文化的丛书，一直致力于对该地域文化的全面研究。王锷的《陇右文献的内容与研究现状》，对陇右文献的内容、数量、整理与研究成绩、陇右文献整理与研究中存在的问题等进行了论述，全面展示了陇右文献的学术价值及其在中国文化史上的地位。邓慧君的《论陇右文化的源与流》，认为陇右文化是黄河流域文明的重要组成部分，其在中华文明发展史上的本源价值十分突出，准确认识这一久远的地域文化是继承传统文化的突破口，也是反思反省传统文化的切入点，对弘扬民族优秀文化、振奋民族精神具有重要的意义。何生海的《草原文化与陇右文化的亲和——以天水移民为研究视角》，探讨不同时期游牧民族与天水人口之间的移民状况，复现历史上草原文化与陇右文化的互动，分析由移民产生的两种文化类型的亲和表现。张玉璧的《论陇右民间美术的区域文化特征》，认为陇右民间美术受地理环境与民族因素影响，总体上呈现丰富多彩的艺术形态与审美功能。晏波的《陇右地区端午旋鼓风俗的源与流——基于田野和文献的考查》，王四四的《陇右秧歌的文化解读》等对陇右地区的一些文化现象进行了较为深入的解读，对了解陇右文化有所裨益。孙武军的博士学位论文《北朝隋唐入华粟特人墓葬图像的文化与审美研究》，首次将入华粟特人墓葬作为一个整体来观照，将墓葬图像区分为图像内容和图像形式两大方面，并分别作了比较深入的专题研究。

当然，"陇右"尽管是一个具备了约定俗成和人为界定双重性质的历史区域，是一个较为精确的历史地理范围，但作为一种地域文化或区域文化的代名词，其内涵则要宽泛、丰厚得多，其文化特征也极为复杂，有进一步研究的必要。

以上对陇右地区少数民族历史和文化的研究，为本选题的开展提供了坚实的基础。

二　本课题在国外研究情况综述

国外与本选题的研究内容密切相关的，比较少见，美国学者 David Crockett Grahan（汉译名葛维汉）《葛维汉民族学考古学论著》（巴蜀书社2004年版）中的部分文章对羌族的习俗与宗教进行了研究。对陇右地区碑铭进行研究的相关文献尚未发现。

三　结论

通过对上述文献的综述，可以发现，国内相关的研究成果较丰富，国外几乎没有。但是，从本选题所研究的角度来看，尚未发现通过对陇右地区反映少数民族的碑铭进行综合研究，进而展现这一历史时期陇右地区少数民族历史和文化现象的成果，这也是本选题的初衷所在。

第三节　选题的研究方法

学术问题的研究方法、研究逻辑取决于资料来源、研究对象、研究目的等。本书根据所收集的陇右地区与少数民族有关的相关碑刻以及文献资料，来研究北朝隋唐时期陇右地区少数民族文化，包括精神文化和物质文化，具体包括陇右地区各少数民族的迁徙状况、陇右地区所属政权建立情况、碑刻的类型、形制、书法艺术特点、各碑刻题名的姓氏分析、姓名所蕴含的文化意义、碑刻中专有名词释义等。通过这些内容的整理与研究，从不同的视角观察北朝至隋唐时期陇右地区少数民族文化的相关问题。因此，本选题的主要研究方法有：

一　实地调查法

通过实地调查，尽可能掌握第一手的资料，并对一些记载有误的地方进行澄清。同时，对一些记载缺漏的内容进行补充。在此基础之上，对所收集的碑刻进行整理与研究。

二 文献研究法

在实地调查的基础上，结合文献资料、前人的各类研究成果，对陇右地区与少数民族的有关的碑刻进行综合研究，主要内容集中在碑刻所涉及的这一历史时期陇右少数民族的历史与文化方面。当然，凡是碑刻不能反映的文化问题，即使该问题比较重要，史料记载和研究成果较为丰富，本书也不予论及。

三 对比研究法

本书的核心是论述这一历史时期陇右地区少数民族的历史与文化，标题已经限定了研究的范围和研究对象。所以，在论述中，难免要于其他地区的相关内容有所比较。当然，这个比较并不是全方位的。其历史与文化，既有个性，又有共性。针对个性之处，通过对比研究，发现陇右地区特有的民族特性与文化特点，如碑刻的书法艺术，碑刻中少数民族姓名中体现的文化内涵等。

四 统计法和定量分析法

统计法、定量分析法是与中国传统的印象式评论法、研究法完全相反的一种研究方法。相比而言，前者具有费时费力、结论可靠、论证过程可逆的特点。本书为了清晰地说明某个问题，在相关章节列有统计表格，并在有关问题论述时，尽量采用数据分析的方法，力图通过定量分析的基础工作，比较客观、准确地总结、概括出相关的结论。

第四节 相关概念界定

一 地域范围

本选题中的"陇右"指黄河以东、陇山以西的甘肃东部地区。"陇右"一词由陕甘界山的陇山（六盘山）而来。古人以西为右，故称陇山以西为陇右。古时也称陇西。陇右地区位处黄土高原西部，位于青藏、内蒙、黄土三大高原结合部。唐太宗贞观元年（687年），分全国为十道，其中的陇右道包括了东起陇山、西达沙州的地域。唐睿宗景云二年（711

年），以黄河为界东设陇右道，西设河西道。至此，"陇右"作为地域范围，就有了广义、狭义之分。广义的陇右等同于"十道"时期的陇右道辖域，包括了今甘肃全境；狭义的陇右指今甘肃省黄河以东，陇山以西的地区，即甘肃东部地区。陇山以东的平凉、庆阳二市，习称陇东，但就其隶属关系和历史文化传统而言，与陇右地区颇多相似。考虑到区域历史文化的相近性和完整性，本选题把平凉、庆阳也纳入陇右范围。但囿于所搜集的碑铭材料所限，选题的研究范围将主要限定在现行行政区划中的天水、平凉、庆阳、定西等区域。当然，其他区域在论述中也会有所涉及。

二 少数民族碑铭范围

本选题研究的切入点是陇右地区陆续出土的能够反映少数民族历史与文化的碑铭文献，包括墓表、墓志、造像碑、人物行传碑刻、碑石、塔铭、地券等，为论述方便起见，统称为碑铭。依据的碑铭资料主要来自张维的《陇右金石录—附补》，赵超的《汉魏南北朝墓志汇编》，周绍良的《唐代墓志汇编》和《唐代墓志汇编续集》，赵万里的《汉魏南北朝墓志集释》，罗新、叶炜的《新出魏晋南北朝墓志疏证》，王壮弘、马成名的《六朝墓志检要》，甘肃省古籍文献整理编译中心的《中国金石总录》，郝本性的《隋唐五代墓志汇编·河南卷》。此外考古学界在《文物》《考古与文物》《文史》《文博》等学术期刊上公布的与陇右地区碑刻相关的研究材料，郁贤皓的《唐刺史考全编》，章群的《唐代蕃将研究》对相关碑铭的发现与研究多有启示。当然，马长寿先生的《碑铭所见前秦至隋初的关中部族》对该书写作启发良多。

三 时间范围

本书收集到的少数民族碑铭材料绝大多数是北朝至隋唐时期的，所以本书题目中时间范围为"北朝至隋唐"，但由于历史的延续性，有些章节为了能够更全面地说明问题，会把时间范围前推至魏晋。

第 一 章

魏晋至隋唐时期陇右少数民族及其政权

由于历史的延续性,为了更清晰、全面地说明问题,本章的一些相关内容,会将时间段从北朝前推至魏晋。

第一节 陇右自然环境与陇右文化

对陇右地理位置的介绍以及本选题主要涉及的研究范围,因在绪论部分已有交代,此处不再赘述。本节将主要说明陇右的地理环境与陇右文化的关系。

一 自然地理环境与人类文化的关系

对于自然地理环境对人类文化的影响,有很多学者进行过论述。

古希腊时代的思想家已开始注意人与气候的关系。希波克拉底、柏拉图和亚里士多德等人都认为,人的性格和智慧由气候决定。18世纪法国启蒙思想家孟德斯鸠在《论法的精神》中接受了古希腊学者关于人与气候关系的思想,以气候的威力是世界上最高威力的观点为指导,提出应根据气候修改法律,以便使它适合气候所造成的人们的性格。在该书中他认为,不同的气候产生了不同的环境,不同的环境决定了人们的不同需要。热带民族的怯弱常常使他们成为奴隶,寒冷民族的刚强常常使他们能够保护自己;山地的人坚决主张平民政治,平原的人要求上层领导的政体,近海的人主张二者的综合。19世纪中叶,英国历史学家巴克尔（1821—1862）在他所著的《文化史》一书中认为，气候、土地、食物等是影响国家或民族文化发展的决定性因素，并认定印度的贫穷落后是气候的自然法则所决定的。德国地理学家拉采尔（1844—1904）在《人类地理学》中认为，人是环境的产物，认为人和其他生物一样，其活动、发展和分布受环境的严格限制，环境以盲目的残酷性统治着人类的命运，该影响主要包括四个方面：第一，直接的生理影响；第二，心理影响；第三，对社会组织和经济发达的影响；第四，支配人类迁徙及其最后分布。他的学生，美国地理学家 E. C. 森普尔把拉采尔的观点介绍到美国，夸大和突出了环境的决定作用。其后美国地理学家 E. 亨廷顿在他的《文明与气候》一书中，特别强调气候对人类文明的决定性作用。19 世纪，人类改变地球面貌的作用几乎未受注意。受达尔文进化论的影响，环境决定论取得了优势。进入 20 世纪后，人们逐渐认识到，在人与环境的关系中，人是主动的，是环境变化的作用者。于是，陆续出现了各种不同的人地关系论学说，对环境决定论提出了异议或否定。然而直至第二次世界大战后，环境决定论并未消失。澳大利亚地理学家 G. 泰勒批评老式的决定论，认为孟德斯鸠和巴克尔等人把气候对人类的影响说得过分了，他提出一种决定行止论（又称有限决定论），认为人类可以改变一个地区的发展进程，但如果不顾自然的限制，就一定会遭受灾难。其实，在中国古代，地理环境对文化的影响，也早有论述，如《礼记·王制》说："广谷大川异制，民生其间者异俗。"《管子·水地篇》说："地者，万物之本原，诸生之根菀也，美恶、贤不肖、愚俊之所生也。水者，地之血气，如筋脉之流通者也。……故水一，则人心正；水清，则民心易。"此类论述，均看到了气候、地形等自然环境对文化的影响。

但是，地理环境不是社会发展的决定力量，它不能决定社会的性质，不能决定社会的更替，相对不变的地理环境不能说明显著变动的社会生活。相反，地理环境的作用和影响的大小，必然受到社会生产发展的状况和社会制度的制约。所以不能把地理环境对社会发展的影响和作用夸大为决定作用，那就陷入了"地理环境决定论"的误区。

另外，地理环境对于社会存在和发展的重要意义也是不可忽视的，不承认这一点，就不是历史唯物主义者。

历史与文化的发展受时空要素的影响是客观存在的，这既表现为其在时间坐标上的变异与衍化，又表现为文化要素的空间差异。所谓空间差异，其中一个主要方面就是地理环境的差异。所以，探讨和研究陇右地区少数民族的历史和文化，也不能漠视地理环境的影响。当然，我们既要高度重视地理环境对历史文化的深远影响，又要抛弃地理环境决定论，坚持文化演变的主客体辩证统一的观点。

二　陇右自然地理环境对陇右文化的影响

（一）自然条件与陇右文化（气候条件另说）

陇右地区，就地形地貌而言，完全是一块山地型高原，是黄土高原、内蒙古高原与青藏高原的交汇地带，主要山脉大都是西北—东南走向。而本书所言的陇右地区，为典型的黄土高原，黄河自西南向东北穿越陇中高原，形成峡谷与盆地相间的地形，陇东高原经泾河及马莲河等水流切割冲积，形成了梁、峁、沟、壑、山、岔等典型的黄土地貌。就气候而言，陇右地区由于深居我国内陆，远离海洋，加之高山阻隔，海洋暖湿气流不易到达，属于温带、暖温带半湿润地区，光热条件适宜，年降水量500—700毫米，是黄土高原区降水较多的地区。

在此自然条件下，农牧业经济成为其主要经济形态。早在新石器时代早期，原始农业就在陇右一些河谷台地出现。我国原始农业的起源是以农作物的培植驯化为其标志的。距今8300—7800年的前仰韶时代大地湾一期文化层中，出土了炭化的禾本科的黍（俗称糜子）和十字花科的油菜籽，表明陇中高原最晚在距今8000年前粮食栽培已经起源。畜牧业作为农业的补充，在陇中高原很早就产生了，大地湾一期文化层有猪骨的发现，这是家畜饲养业产生的标志。陇右地区发达而又稳定的农业生产，为当地先民从事其他经济活动奠定了坚实的基础。手工业生产中名闻遐迩的彩陶、高超的房屋建筑技术、我国最早的铜器铸造等，都是最好的例证。特别是与农业生产密切相连的纺织业亦渊源甚早。天水一带曾发现距今8000年前的陶纺轮，据认为"是全国最早的、出土极少的早期纺轮之一，表明这个地区纺织技术很早就发明了。"[1]

陇中农牧业自前仰韶时代兴起之后，曾长期以农业经济为主，齐家

---

[1]　陈炳应：《中国蚕桑丝织的起源初探》，《西北史地》1993年第1期。

文化时期，畜牧业虽有明显发展，但仍不占重要地位。可是继之兴起的约与中原殷周同期的辛店、寺洼文化，畜牧经济占据主体，农业经济反而衰退。这种经济转换，可能是距今4000年前受寒冷气候的影响，定居农业经济解体，导致齐家文化消亡（气候对陇右地区经济形态的影响，下文将另外说明）。因而，代之而起的辛店、寺洼文化的遗址遗物体现了普遍盛行的半游动性质的畜牧经济，而且规模也比较小，以养羊业为主要经营方式。人们一般认为，甘肃马家窑、齐家文化与西周遗址，是汉民族先民在陇右相继发展的一个组成部分，而辛店文化与河西一带的火烧沟文化，可能是古代羌族的两个分支，寺洼文化多见于陇中西南部，可能是氐族的遗留。氐、羌曾是先秦时代长期活动于西北地区的民族，商代时羌人即商人周围举足轻重的"四邦方"之一，双方因频繁交战而发生密切的联系。羌人又是古今公认的以畜牧为主，尤以养羊著称的民族，这在甲骨卜辞与先秦文献中均有大量确凿的记载。西周时期，羌、氐等西北诸多民族被统称为"西戎"。西戎诸族在西北的兴起，促进了陇中原始经济形态的变化，畜牧经济比重增大，并上升为经济的主体。

　　西周初年，秦人祖先被贬斥西迁到天水一带，长期与西戎杂处，以至被中原诸侯以夷狄相待，排斥于华夏族之外。自周初至战国间，秦人世居"西垂"，与西戎长期交战，不惜失地亡君，誓死保卫西周的西部门户，以求跻身诸侯国行列并回归华夏文化。为此，他们一方面"入乡随俗"，接受西戎游牧文化，并以善养马而名噪一时；另一方面又能主动从华夏农耕文明中吸收养料，故而惨淡经营，几度荣衰，在群戎包围的环境中由弱到强，脱颖而出。秦穆公大规模伐西戎，"益国十二，开地千里，遂霸西戎"①。至秦献公时，已经兵临渭首，灭狄獂戎。于是，活动于陇中一带见于记载的邽戎、冀戎、獂戎、绵诸戎、绳戎、襄戎、义渠戎等渐次为秦人所征服。秦人崛起的关键因素在于兼取西戎游牧文化与中原农耕文化之长。秦人占有陇中，也促使当地经济由畜牧为主发展为农牧兼营。从此，陇中高原半农牧经济区便确立起来。

　　陇右地区虽然曾长期是半农半牧经济区，但在历史上却以畜牧业发达而受到人们的称赞和关注。秦汉时期陇右是国家重要的养马基地，故

---

① 《史记》卷5，中华书局2000年版，第140页。

"凉州之畜为天下饶"。东汉中期以来，羌人大量入居陇右，他们以畜牧见长，及至魏晋北朝时期，氐、羌等族及其政权相继控制陇右，畜牧业上升为经济的主体。如北魏"世祖之平统万，定秦陇，以河西水草善，乃以为牧地，畜产滋息，马至二百万匹，橐驼将半之，牛羊则无数。"①陇右畜牧业空前兴盛。隋唐时期陇右地区仍然是国家的畜牧重地，隋设有骅骝牧及二十四军马牧、驴骡牧和苑川十三马牧，养马十余万匹。唐代自贞观至麟德的四十余年间，在"秦渭二州之北，会州之南，兰州狄道之西"的陇右中部"东西约六百里，南北约四百里"的广大地区遍设监牧，"马至七十万六千匹"②。唐玄宗时，"自长安至陇西，置七马坊，为会计都领。岐、陇间善水草及膏腴田，皆属七马坊"③。出现"议谓秦、汉以来，唐马最盛"④的繁荣景象。安史之乱以后，陇右国家监牧衰落，大片牧地被开垦，虽然北宋也曾在陇右一带设有牧监，但已不可与汉唐同日而语，代之而起的是中原通过与吐蕃等族的"茶马互市"贸易，以此补充战马的不足。

陇右地区不仅农牧资源比较丰富，而且曾长期是林业资源较为丰富的地区，也盛产药材，富含矿产，如金、银、铜、煤、盐等，为陇右经济文化的发展提供了条件。由于陇右地处丝绸之路要道，又是多民族杂处交错地带，无论是陇右地区自身，还是内地与陇右、汉族与少数民族之间，经济的互补性都很强，在历史上除了一般意义上的工商活动之外，尤以民族商贸活动著称。陇右一带少数民族如宕昌羌多次向南朝贡奉甘草、当归；邓至羌向南朝贡马、黄芪；氐族仇池政权用盐与内地交换生产、生活与军需品，其政权迁都武兴（今陕西略阳县）后，又以所产绸绢、精布、漆、蜡、花椒等与中原通贡。可见，当地民族商贸活动在南北时期政权林立、战乱频仍之际，仍很兴盛。

陇右的自然条件，为各民族生存、发展、交流、交往、融合提供了自然基础。为陇右文化的形成提供了得天独厚的自然条件。

---

① 《魏书·食货志》卷110，中华书局2000年版，第1908页。
② 《张说之文集》（卷12），《四部丛刊》列印本。
③ 《唐会要·马》卷72，中华书局1955年版，第1304页。
④ 《新唐书·兵志》卷50，中华书局2000年版，第877页。

（二）气候条件、地理位置与陇右文化

就这一漫长的历史时期而言，该地区的气候呈现一定的特点。1973年2月发表于《中国科学》的竺可桢先生撰写的《中国五千年以来气候变迁的初步研究》一文，从整体上揭示了我国古代气候变化的规律。即温暖和湿润同期、寒冷和干燥同期，而且冷暖和干湿在不断交替变化着。在魏晋至隋唐时期，我国气候基本上处于寒冷期（约公元初至公元600年）和温暖期（公元600年至公元1000年）。虽然竺可桢的文章主要是根据黄河中下游地区考古、动植物分布和气象观测记录等资料，对中国历史气候变迁做了系统的研究，"但其揭示的气候变迁规律，同样也适用于陇右地区的气候变迁规律。"[①]

这样的气候条件，使得魏晋时期至南北朝时期，西北地区以游牧为主要生活方式的少数民族因为生计而不断向东部和东南部迁徙，从而发生了中国历史上规模最大的民族迁徙和民族融合。各少数民族在这一时期斗争激烈，政权不断更迭。

其实所有的民族活动在本质上都是为了民族自身的生存和发展。在彼此实力的不断消长变化中，客观上实现了民族的融合和文化的交流，使得陇右地区成了各民族文化的大熔炉。在隋唐时期，随着该地区气候由寒冷期进入温暖期，民族迁徙和流动的规模与速度都得到减缓，于是中原政权也得以稳定地发展，中国历史进入封建社会的高峰期，陇右地区的各少数民族也逐渐稳定发展起来，陇右地区的文化也得以不断地融合和发展，陇右文化得以形成富有地域特色的文化模块。

当然，这一历史时期陇右地区民族的迁徙与融合并不仅限于气候原因，还缘于陇右地区当时重要的交通位置，这也是该时期少数民族在陇右地区得以交汇交融的重要条件之一，如因丝绸之路的开通而到来的异域民族粟特。甘肃是闻名于世的丝绸之路所经的黄金路段和枢纽地带。丝绸之路是古代沟通旧大陆三大洲的最重要的通道，数千年来曾为整个人类世界的物质文明和精神文明做出过重大贡献，被誉为"世界文化的大运河"，"推动古代世界历史前进的主轴"。丝绸之路贯穿甘肃全境，其

---

① 景阳：《甘肃陇东地区历史时期气候变迁略考》，《甘肃科技》第24卷第21期，2008年11月，第105—108页。

中经过陇右的主要路段有：南回中道（西安—宝鸡—陇县—平凉—萧关—固原—靖远—景泰—武威及其以远）、北回中道（西安溯泾河而上，经泾川、平凉与前道合）、陇关道（西安—陇县—大震关—秦安—通渭—兰州及其以远）、秦陇南道（西安—大震关—天水—陇西—陇西—临洮—临夏—西宁或兰州以远）等。"东西方文明在这里交融汇聚，西传东渐，陇原各地得以长时期地吸收、汲取这条道路上荟萃的各种文明成果来滋养自己，促进自身经济文化的发展和繁荣。如佛教和佛教艺术自两汉之际经河西、陇右传入我国内地，在陇右地区留下了丰富的佛教艺术形式，如石窟、壁画、寺院及其丰富的民间佛教遗存，如麦积山、北石窟、南石窟等。"① 很多少数民族的碑铭材料都有佛教内容。此外，也有中亚的一些民族借此通道来到陇右地区，如前面提到的粟特。

（三）战略位置与陇右文化

陇右地区具有重要的战略意义。中国地理梯级地势的特征非常明显：自东往西，地势逐渐增高。关中往西，又可以分为几个层次，地势更是一级比一级高。关中西面是陇山高地，陇山以西有陇山地区，即陇右，以陇山为主体，延及黄土高原的一部分，大致包括今甘肃天水、平凉、庆阳至陕西延安一线。这片地域地势较高，足以俯瞰关中。关中腹地的几条主要河流如渭水河、泾河、洛河及其支流均源于此，呈向心状汇流至关中平原腹地。自陇西由渭水河谷下关中，由西汉水河谷下汉中，由白龙江谷地下四川，都呈高屋建瓴之势。这些河流穿切而形成的山地低口，是西北地区与关中腹地之间的通道。自这里径趋关中腹地较易，而关中腹地仰攻则较难。陇右在明代为巩昌府。《读史方舆纪要》称其"翼蔽秦陇，控扼羌戎。盖其地山谷纠纷，川原回绕，其俗尚气力，修战备，好田猎，勤耕稼，自古用武之国也。诚于此且屯，以守以战，东上秦、陇，而雍歧之肩背疏；南下阶（今武都）成（成县），而梁、益之咽喉坏；西指兰（兰州）、会（会宁），而河、湟之要领举。巩昌非无事之地也。夫欲保关中，先固陇右；欲固陇右，巩昌岂非都会之所哉！"在古代，军事家们有一个共识：欲保关中，先固陇右。陇右，一直是历代中

---

① 李并成：《甘肃历史文化在中国文化史上的地位》，《甘肃社会主义学院学报》2006年第2期，第10—12页。

原王朝军事防御的核心区域。由此可见，陇右的战略意义是非常重大的，所以被历代统治阶级所倚重，也成为历史上各民族不断争夺的区域，从而使该地区在魏晋至隋唐时期成为各少数民族纵横驰骋，创造历史之地，出现了民族大迁徙和大融合的盛况，出现了各民族文化大碰撞、大交流的际遇，为陇右地域文化的形成创造了条件。

从总体上看，陇右文化既有中国文化、又有域外文化特点。进一步说，在中国文化中既有中原传统文化，又有西域文化、吐蕃文化，在域外文化中则有中亚、西亚的胡文化。各种文化相互浸染，相互融通，你中有我、我中有你，实现了在更高层次和更大范围内的优势互补和发展进步。这种地域文化的形成，与陇右的自然地理环境、当时的气候条件、陇右的地理位置及其在军事意义上的战略地位均有着密切的关系。

第二节　魏晋至隋唐时期陇右地区主要少数民族

本节内容主要是叙述魏晋至隋唐时期，各主要少数民族是如何流布到陇右的。

一　陇右氐族的来源

氐族是我国西北的一个古代少数民族，与羌族古代都居住在中原的西方，统称西戎，是关系密切的两个民族。早在公元前16世纪前后就出现在中国历史舞台上。《诗经·商颂·殷武》云："昔有成汤，自彼氐羌，莫敢不来享，莫敢不来王。"《逸周书·王会解》亦记周初成周之会，"氐羌以鸾鸟"来献。《荀子·大略篇》更有"氐羌之虏"一语。氐与羌连称，这在古籍中是屡见不鲜的，但二者是不同的两个民族，在我国历史上曾占据过重要地位。南北朝以后，氐族大部分融入汉族，成为西北地区汉族的一个重要组成部分。

氐族自称"盍稚"，"氐"是汉民族或其他民族对他们的称呼。关于氐族的社会组织、生产状况和生活习俗，我国古籍中记录比较翔实而珍贵的文献是三国时魏人鱼豢的《魏略·西戎传》，可惜此书早年已佚，幸有《三国志·魏书·乌丸鲜卑东夷传》裴注征引而保存下来，节录如下：

> 氐人有王，所从来久矣。自汉开益州、置武都郡，排其种人，分窜山谷间，或在福禄，或在沂、陇左右。其种非一，称槃瓠之后，或号青氐，或号白氐，或号蚺氐，此盖虫之类而处中国，人即其服色而名之也。
>
> 其俗，语不与中国同，及羌杂胡同，各自有姓，姓如中国之姓矣。其衣服尚青绛。俗能织布，善田种，畜养豕、牛、马、驴、骡。其妇人嫁时着衽露，其缘饰之制有似羌，衽露有似中国袍。皆编发。多知中国语，由与中国错居故也。

这段史实非常重要，虽个别语句有衍文或讹字，不易解读，但全段行文并不影响我们对氐族社会的认识。氐族是一个文化较高的民族，很早就进入阶级社会，"氐人有王，所从来久矣"。种族联绵繁衍，"其种非一"，文中列述有"青氐""白氐""蚺氐"等，"人即其服色而名之也"。后期氐族多以居住地为分支之名，如陇右氐族有清水氐、略阳氐、临渭氐等等。氐族的社会生产也很先进，有自己的手工业，"能织布"，从事农业生产，饲养家畜，有自己的民族习惯。由于长期与汉人"杂居"，吸收了汉文化的许多先进因素，丰富了本民族的社会生活，走在了许多民族的前列。

氐族在战国以来主要分布在甘肃的东南部，即现在的甘、陕、川交界处。

秦汉之际，氐族居住在今天水以南至四川茂汶的涪江、白龙江、西汉水流域广大地区。

从史料可知，自汉至唐，甘肃东南部陇南山区皆有氐族活动，而且这里也应该是氐族最初的活动中心。

从汉武帝时期一直到三国时期，氐人部落被迫由此处向北迁徙过三次。第一次迁徙在汉武帝元鼎六年（公元前111年）和元封三年（公元前108年），经过这次迁徙，氐族遂分布于陇西、河西和关中的许多地区。第二次迁徙发生在东汉末建安二十四年（219年），具体过程是这样的：据《三国志·魏志》《华阳国志》等记载，西汉时，氐族多归附窦融，后受隗嚣压迫归附东汉。东汉后期，政权分裂，氐族处于魏蜀争夺地带。武都一带的氐族部落形成了四大集团：一是兴国氐王阿贵，居兴国城（今甘肃秦安县东北）。二是百顷氐王杨千万，居仇池山（今甘肃西和县西南）。三是下辨（治所在今成县西）等地氐帅雷定等七部。以上各氐王皆拥有氐众万余落。① 四是河池（徽县）附近氐王窦茂，拥氐众万余人。② 建安十六年（211 年），阿贵、杨千万等随马超反曹操，十八年（213 年）操命夏侯渊西征，于次年（214 年）灭兴国氐王阿贵，杨千万率众投奔马超，③ 随超由武都至蜀，投降刘备。④ 二十二年（217 年），刘备遣张飞、马超等从沮中趣下辨，氐帅雷定等七万余部落起兵响应。二十四年（219 年）三月，曹操至汉中，恐氐部被刘备所得，令雍州刺史张既至武都，迁氐人五万余落出居扶风、天水二郡界内，⑤ 不久，刘备占领汉中，魏武都太守杨阜又前后迁徙武都汉、氐等万余户于京兆（长安）、扶风、天水（治上邽，今甘肃天水市）、南安（今甘肃陇西）、广魏（今秦安县东）等郡县之内。⑥ 经过这第二次迁徙，更多氐族部落散布于关陇各地。氐人的第三次迁徙发生在 220 年至 240 年。曹丕黄初元年（220 年）武都氐王杨仆率众内附，被安置到汉阳郡（即天水郡）居住。建兴十四年（236 年），苻健之弟率四百户降魏，被安置到魏的内郡。延熙三年（240 年）姜维出兵陇西（治所在今甘肃陇西县东南），被魏军击退，魏国又迁徙氐人三千余落充实关中。

氐人经过上述的三次大迁徙，在西晋时，除了原有的武都、阴平二郡的一个分布中心外，在关中和陇右又形成了两个分布中心。陇右的氐人，主要在陇右的天水（即汉阳）、南安（治所在今陇西县东南）、广魏（治所在今秦安县东南）三郡。十六国时期前秦苻氏和后凉吕氏的祖先，就是这个中心的氐人。如，《晋书·苻洪载记》："苻洪，略阳临渭（甘肃秦安县东南）氐人也。"晋代的略阳郡就是三国魏时的广魏郡。略阳的苻氏、吕氏论其源始，又都是从武都郡迁来的，《艺文类聚》卷 82 引《秦记》云："苻洪之先居武都"，吕光也是"略阳氐人"。

---

① 《三国志·魏书》卷 25《杨阜传》，中华书局 1971 年版，第 704 页。
② 《三国志·魏书》卷 1《武帝纪》，中华书局 1971 年版，第 45 页。
③ 《三国志·魏书》卷 9《夏侯渊传》，中华书局 1971 年版，第 271 页。
④ 《三国志·魏书》卷 1《武帝纪》，中华书局 1971 年版，第 42 页。
⑤ 《三国志·魏书》卷 15《张既传》，中华书局 1971 年版，第 472—473 页。
⑥ 《三国志·魏书》卷 25《杨阜传》，中华书局 1971 年版，第 704 页。

十六国时期，氐人建立的政权有前秦、后凉，还有偏安一隅的前、后仇池政权、武都国、武兴国、阴平国，这些氐人建立的政权的存在，在五胡十六国时期纷乱的战争中，使氐人在陇右的流布更为广泛，氐人散落于陇右各地。南北朝以后，氐族逐渐融入汉族之中。

二 陇右羌族的来源

现在一般认为，古代羌族应该是青海当地土著与迁徙来的苗民，经过长期的共同生活形成的。古代羌族有无自称，没有史料记载，"羌"很可能是商殷人对他们的称呼，为后人所沿用。

到了西汉，羌族经过先秦一段很长时间的迁徙分化，有的与其他民族融合，不再属于羌族。当时仍被称为羌族的主要分布在三个区域：第一个是河湟地区；第二个是塔里木盆地以南至葱岭的西域诸国；第三个是陇南至川西北一带。在这三个区域中，陇右地区的羌人主要来自河湟地区。如，先零部到东汉初时，逐渐向东，发展到了金城郡的东部、汉阳（天水）以及陕西扶风等地；烧当部在东汉初年一部分不断向金城各县和陇西、汉阳安定、北地诸郡迁徙；封养部也不断移至陇西、汉阳二郡；还有其他种落，等等。汉武帝时，为了加强对羌族的控制，设立了"护羌校尉"[①]这个官职。

到了东汉时，东汉政府为了分散羌族力量，加强对羌族的统治，利用各种机会对居住在青海湖周围的羌族部落进行强制迁徙，如建武十一年（35年），游牧于大榆谷（今青海贵德县东黄河南岸）的"先零种复寇临洮（今岷县），陇西太守马援破降之，后悉归服，徙置天水、陇西、扶风三郡"；永元十三年（101年），护羌校尉周鲔又将塞外降羌六千余口强行迁徙到汉阳、安定、陇西诸郡，致使"西北诸郡，皆为戎居"[②]，内迁的羌人"与华人杂处，数岁之后，族类蕃息"[③]。统治者的残酷剥削与压迫、社会生活中的限制与歧视，使得矛盾日益尖锐，故东汉一代，羌族的反抗斗争从未停止过。三次大的羌民起义，时间持续长：第一次

---

① 《后汉书·西羌传》，中华书局2000年版，第1944页。
② 《晋书》卷97《四夷》，中华书局2000年版，第1700页。
③ 《晋书》卷56《江统传》，中华书局2000年版，第1014页。

持续十二年（107年—118年），第二次持续六年（140年—145年），第三次持续十年（159年—168年）；地域范围广：涉及甘肃、陕西、山西、宁夏等地，主要在这几个省的交界处活动频繁；涉及人数多，使羌族在陇右的分布更为广泛。

东汉以降，大批羌人徙居内地，到魏晋南北朝时期，羌人向内地的迁徙到了高峰。据史书记载，此期内除了曾建立后秦政权的羌族姚氏集团以外，在羌人原来活动的地区——青海、甘肃、川西北一带，仍有大量羌族部落分布，而且在陕、晋以及川、滇之间也有羌人活动。这些羌族部落或据地称王，或归附某政权受其辖制，时而起事，活动频繁。参考目前所能收集到的史料，这一时期在陇右活动过的羌人部落主要有：

烧当羌：《三国志》卷3《魏书·明帝纪》景初二年（238年）曰："秋八月，烧当羌王芒中、注诣等叛，凉州刺史率诸郡攻讨，斩注诣首"。卢弼作《三国集解》，认为此言"凉州刺史"即都亭侯徐邈。自汉以来，西羌中本有烧当种，居今青海省东境地；此处芒中、注诣等应与其有关，似为汉烧当羌酋的后代。另，《隋书》卷39《豆卢绩传》记："会武帝嗣位，拜邛州刺史。未之官，渭源烧当羌因饥馑作乱，以绩有才略，转渭州刺史。"可见，南北朝末期，甘肃渭源一带尚有烧当羌的活动足迹。

集木且羌：《晋书》卷105《石勒载记》曰："季龙进攻集木且羌于河西，克之，俘获数万，秦、陇悉平。凉州牧张骏大惧，遣使称藩，贡方物于勒。徙氐羌十五万落于司、冀州。"《资治通鉴》卷94晋成帝咸和四年（329年）条所记此事略同，胡三省注："集木且，乃羌种落之名。"《石勒载记》说石季龙克集木且羌于河西，俘获数万，秦、陇悉平，可见集木且羌的实力和活动范围都很大。

枹罕羌：《资治通鉴》卷107，太元十四年（389年）："十一月，枹罕羌彭奚念附于乞伏乾归，以奚念为北河州刺史。"胡三省注："枹罕旧为河州治所。乞伏氏先于境内置河州，以屈眷为牧，故以枹罕为北河州，以奚念为刺史。"① 枹罕在今甘肃临夏县东北。

宕昌羌：《魏书》卷101《宕昌》："宕昌羌者，其先盖三苗之胤，周时与庸、蜀、微、卢等八国从武王灭商，汉有先零、烧当等，世为边患。

---

① 《资治通鉴》卷107，孝武帝太元十四年十一月第19条，胡三省注。

其地东接中华，西通西域，南北数千里，姓别自为部落，酋帅皆有地分，不相统摄，宕昌即其一也。"同卷又记："有梁勤者，世为酋帅，得羌豪心，乃自称王焉。勤孙弥忽，世祖初，遣子弥黄奉求内附，世祖嘉之，遣使拜弥忽为宕昌王，赐弥黄爵甘松侯。"宕昌国都在今甘肃宕昌旧城村，遗址尚存。其地界，据《魏书》卷101《宕昌》记载，"其地自仇池以西，东西千里，席水以南，南北八百里，地多山阜，人二万余落"。"席水"在今天水清水县，故宕昌羌所在区域，大约包括今甘肃省甘南州临潭县、岷县南部至天水西界和武都北界一带。

秦州羌：《梁书》卷39《元法僧传》："（羊）侃少而瑰伟，身长七尺八寸，雅爱文史，博涉书记，尤好《左氏春秋》及《孙吴兵法》。弱冠随父在梁州立功。魏正光中，稍为别将。时秦州羌有莫遮念生者，据州反，称帝，仍遣其弟天生率众攻陷岐州，遂寇雍州。"又，《魏书》卷58《杨播传》："秦州羌吕苟儿、泾州屠各陈瞻等聚众反，诏椿为别将，隶安西将军元丽讨之。"古秦州在今甘肃天水一带，西晋泰始五年，以雍州陇右五郡及凉州之金城、梁州之阴平，合七郡置秦州，镇冀城。太康三年（282年），罢秦州，并入雍州。

其他地区的羌人部落名称还有南羌、句岂羌、输抱羌、邓若羌、卑和羌、漃川羌、白狗羌、邓至羌、黑水羌、山羌、河州羌、赤葩渴郎羌、婼羌、白马羌、马兰羌、北羌、黑羌、青羌等等。罗列这些羌人部落的名称是为了说明，对照秦汉时期羌族部落的名称多为较原始的种姓称呼的情况，魏晋南北朝时期羌族部落的名称已经更多地体现为山川名、地名或方位名称，这种情况表明从秦汉以来到南北朝时期，羌族在当时的政权更迭、民族迁徙中，逐步成为中原王朝的郡县编民，而且渐渐融入其他民族，主要是汉族中来了。当然，在隋唐时期，在青、川、藏三省交界处，仍有羌族部落分布。

三 陇右鲜卑的来源

史载："鲜卑者，亦东胡之支也，别依鲜卑山，故因号焉。其言语习俗与乌桓同。"[①] 鲜卑秦汉时居住于今内蒙古东北额尔古纳河以南，到今

[①] 《后汉书·乌桓鲜卑传》卷90，中华书局2000年版，第2019页。

辽宁西拉木伦河以北的地区，属东胡。秦汉之际，鲜卑受匈奴压制，臣服于匈奴，至东汉中期开始逐渐崛起，檀石槐统一鲜卑各部后，开始称雄于北方草原，常常进犯东汉边境。汉末桓、灵之时，鲜卑的势力已西至河西走廊、远达西域各地。魏晋时期，鲜卑分裂为若干个部，其中东部主要有宇文部和慕容部，西部主要有拓跋部、秃发部和乞伏部。西晋永嘉之乱后，少数民族内徙，五胡乱华，鲜卑族开始逐鹿中原，纷纷南下或内迁，先后在北方建立代、前燕、西燕、后燕、南燕、西秦、南凉、吐谷浑等八个政权。南北朝时期，拓跋部建立北魏，后分东魏、西魏，宇文部建立北周，成为魏晋南北朝时期建立政权最多的少数民族。隋唐以后，鲜卑退出了历史舞台，悄无声息地融入了汉族及周边少数民族之中，成为中华民族的一部分。

现将陇右地区的乞伏鲜卑进行探讨。大概在汉末三国时期，鲜卑进入了陇右地区，曹魏时邓艾曾收容鲜卑数万人，使其居住在陇西等郡，与汉人杂处，大致在今甘肃六盘山以西、黄河以东一带。十六国时期，居住在陇右的鲜卑经过不断的融合、兼并及与外来鲜卑的融合，逐渐形成了以乞伏鲜卑为主的部落联盟，其中主要包括乞伏部、鹿结部、莫侯部、吐赖部、勃寒部、匹兰部、密贵部、裕苟部、提伦部、越质部、豆留（革奇）部、叱豆浑部、叠掘部、悦大坚部、仆浑部、大兜国部等，因皆居住在陇西周围，统称为陇西鲜卑。"大概因皮肤白色，又称为白部鲜卑。"[①] 其中势力最强大的为乞伏鲜卑部。

乞伏鲜卑的祖先乞伏纥干，被众部落推举为乞伏可汗托铎莫何，乞伏鲜卑从此兴起。至乞伏佑邻，约在晋武帝泰始初年，其率众迁徙到今河套南部地区，乞伏鲜卑开始崛起，部众有5万多户。其子结权时，迁徙到牵屯（今六盘山），到利那之子乞伏述延时，又击败鲜卑莫侯，获其众2万余人，并占据了其地苑川（今甘肃榆中县东北）。乞伏鲜卑在此扎根，拥有10万户，约50万人。前秦建立后，势力强大，乞伏鲜卑臣服于前秦氏族苻氏。淝水之战，前秦战败。东晋太元十年（385年），乞伏国仁自称大都督、大将军、大单于，建立西秦政权。设置武威、武阳、安固、武始、汉阳、天水、略阳、漒川、甘松、匡朋、白马、苑川等12

---

① 范文澜：《中国通史简编》第二编，人民出版社1965年版，第306页。

郡，筑苑川城为都，据有今天甘肃东南部，主要控制兰州、陇西、天水一带。太元十三年（388年）消灭势力弱小的仇池政权，对内置百官，仿汉制，吸收陇右豪族和汉族贤士进入政权，参与政治建设，同时积极发展经济，内外兼修，在乱世图发展、谋自强。

太元十九年（394年），前秦苻登被后秦姚兴所杀，前秦实质灭亡，乞伏乾归（国仁弟）乘机占据整个陇西地区，自称秦王。隆安元年（397年），后凉吕光进攻西秦，乾归战败退至成纪（甘肃秦安县），受到重创。再后三年，东边后秦崛起西进，姚兴举全国之力战乾归于陇西，乾归大败，败走苑川。西秦降于后秦，乾归本人及其子炽盘亦被后秦主姚兴征入朝中拜为将军。义熙五年（409年），乾归与炽盘趁后秦国力日衰，逃至苑川，重建西秦。此时，其周围的劲敌日益衰落，西秦趁机对外扩张。乾归被其兄子乞伏公府所杀，乞伏炽盘杀公府，迁都枹罕，称河南王，改元永康。永康三年（414年），炽盘趁南凉秃发傉檀出兵西征乙弗鲜卑之际，出兵夺取其都乐都，灭亡南凉。后炽盘又向西征伐吐谷浑部，于417年夺占吐谷浑漒川、浇河等地，控制区达到青海湖以东一带，国势达到鼎盛。宋元嘉四年（427年）炽盘卒，其子乞伏暮末即位，改元永弘，西秦面对内部人民的反抗和外部赫连夏的进攻，于元嘉八年（431年）为赫连定所灭，建国47年而亡。其疆域最盛时具有11州、20余郡，东至六盘水、天水一带，西至大通河中游、青海湖之东，南至西倾山、白龙江流域，北至甘肃靖远北和武威东，一时威震西北。"乞伏鲜卑是一支社会形态较为落后的鲜卑部族，然而一旦登上西州政治舞台，就紧跟其他各族的发展步伐，走上封建化和汉化的道路。"[1] 西秦灭国，乞伏鲜卑势力渐弱，部落联盟解体，逐渐融化到周边各族，慢慢地转化为汉民族的一部分。

西秦本为少数民族鲜卑族建立的政权，加之地处陇右之地，自古就是一个少数民族聚集的地方，所以西秦建国加速了各少数民族之间的相互交流，互相融合。再者，西秦建国后仿汉制、置百官、起用西州世家大族，积极向汉文化靠近，从而加速了以乞伏鲜卑为主的少数民族汉化的过程。此外，西秦鲜卑族信仰佛教，使佛教文化得以在西秦发展，位

---

[1] 马建春：《中国西北少数民族通史·西晋十六国卷》，民族出版社2009年版，第56页。

于今天甘肃永靖的炳灵寺就开凿于西秦时期。

四 陇右匈奴的来源

学界对于匈奴的来源众说纷纭。杨建新教授认为，匈奴族是以早已存在于北方的某一强大部落为主，吸收融合了从夏、商以来活动于北方的鬼方、戎、狄等各族部落，甚至包括由中原北上的一部分华夏族，经过长期的融合，在战国后期形成的一个新的民族。在西汉文帝时期，匈奴国家不仅占有整个蒙古草原，奴役着许多这里的部落和民族，而且占据河西、新疆，并随时可以进入青海，成为当时亚洲地区最大的政权，构成汉朝北方西部最大的威胁。

后来，在匈奴贵族的内讧和汉朝及其他民族的不断反抗和打击下，匈奴逐渐衰落、瓦解。在东汉建武二十四年（48年）后，匈奴国家分裂为南北两个对立政权，匈奴民族也相应地分裂为南北两个部分。对于南匈奴的归附，东汉统治者十分重视，对其进行了极大的支持。南匈奴在东汉政府的支持下，得到了很大的发展，从公元50年到90年，南匈奴人口从三万多人发展到三万四千户，二十三万七千三百口，胜兵五万多。[①]

东汉末年，南匈奴乘中原混乱之际，继续缓慢向南迁徙。他们在边郡各地居住，社会经济和人口都得到了快速发展，而且与汉族的联系更加紧密。到曹魏时期，匈奴迁徙到了山西一带，西晋时迁入内地的匈奴部落有19种。据江统的《徙戎论》说，在西边，"关中之人百余万口，率其少多，戎狄居半处之"。[②] 这里所说的戎狄，其中很大一部分是指匈奴。江统还说："今五部之众，户至数万，人口之盛，过于西戎。"[③] 西晋八王之乱后，进入中原的匈奴和其他民族，有的趁机起而反抗，有的被军阀征召入伍，更深入中原。其中匈奴人刘渊建立前赵（汉—前赵），其他如十六国中的后赵、大夏、北凉等都是匈奴贵族建立的政权，这些政权相继灭亡后，匈奴族也就同化于汉族和其他民族之中。

前赵、后赵、大夏、北凉这几个政权的建立、发展及覆灭的过程，

---

① 《后汉书》卷89《南匈奴传》，中华书局1999年版，第1997页。
② 《晋书》卷56《江统传》，中华书局2000年版，第1016页。
③ 同上。

在前文已有叙述，在叙述中可以发现匈奴在这一历史时期逐渐浸染陇右的过程，此处不再赘述。

五　陇右粟特的来源

粟特人，在中国史籍中又被称为昭武九姓、九姓胡、杂种胡、粟特胡等。从人种上来说，他们是属于伊朗系统的中亚古族；从语言上来说，他们操印欧语系伊朗语族中的东伊朗语的一支，即粟特语（Sogdian），文字则使用阿拉伯文的一种变体，现通称粟特文。粟特人的本土位于中亚阿姆河和锡尔河之间的泽拉夫珊河流域，即西方古典文献所说的粟特地区（Sogdiana，音译作"索格底亚那"），其主要范围在今乌兹别克斯坦，还有部分在塔吉克斯坦和吉尔吉斯斯坦。在粟特地区的大大小小的绿洲上，分布着一个个大小不同的城邦国家，其中以撒马尔罕（Samarkand）为中心的康国最大，它常常是粟特各城邦国家的代表。此外，以布哈拉（Bukhara）为中心的安国，也是相对较大的粟特王国。"还有，位于苏对萨那（Sutrūshana/Ushrūsana）的东曹国、劫布呾那（Kapūtānā）的曹国、瑟底痕（Ishītīkhan）的西曹国、弭秣贺（Māymurgh）的米国、屈霜你迦（Kush ānika）的何国、羯霜那（Kashāna）的史国、赭时（Chach）的石国等，不同时期，时有分合，中国史籍称他们为'昭武九姓'，其实有时候不止九个国家。"① 历史上的粟特人从未形成一个统一的帝国，因此长期受周边强大的外族势力控制，先后臣属于波斯的阿契美尼德王朝、希腊的亚历山大帝国、塞琉古王朝、康居国、大月氏部、贵霜帝国、嚈哒国等。粟特人在各异族统治下，非但没有灭绝，反而增强了自己的应变能力，不仅保存了独立的王统世系，而且成为中古时代控制陆上丝绸之路的一个独具特色的商业民族。

在公元3世纪至8世纪，大体上相当于中国的汉朝和唐朝之间，由于商业利益的驱使以及粟特地区的动乱和战争，粟特人沿传统意义上的陆上丝绸之路大批东行，经商贸易，有许多人就此移居中国，一去不复返。

---

① 关于粟特王国的古地今名，参考张广达著《大唐西域记校注》所写的相关条目，中华书局1985年版。粟特历史，则请参考《中亚文明史》1—3卷汉译本相关章节，中国对外翻译出版公司、联合国教科文组织，2002—2003年。

诚如《新唐书》所说，粟特人"利所在，无不往"。对粟特人来讲，经济事务要比政治事务重要得多，商业利益远远高于战争，所以他们才会因利益驱动不远万里来到中国，在中国大地留下来他们的印记。

"粟特人东来贸易，往往是以商队（caravan）的形式，由商队首领（caravan-leader）率领，结伙而行，他们少者数十人，多者数百人，并且拥有武装以自保。我们在敦煌莫高窟第420窟窟顶东坡上部的隋代绘制的一幅《观世音菩萨普门品》，就可以看到这样的商队在丝绸之路上行进的情形，虽然画家绘制的是产生于印度的佛经故事，但人物形象却是以敦煌画家常见的中亚粟特商队为原型的。"[1]

粟特商人在丝绸之路上一些便于贸易和居住的地点留居下来，建立自己的殖民聚落，一部分人留下来，另一部分人继续东行，去开拓新的经商地点，建立新的聚落。久而久之，这些粟特聚落由少到多，由弱变强，少者几十人，多者达数百人，在中原农耕地区被称为聚落，在草原游牧地区，则形成了自己的部落。因为粟特商队在行进中也吸纳许多其他的中亚民族，如吐火罗人、西域（塔克拉玛干周边绿洲王国）人、突厥人等（见图1—1），因此不论是在粟特商队还是在粟特聚落中，都有多少不等的粟特系统之外的西方或北方的部众，所以，我们有时把粟特聚落也称为胡人聚落，这一称呼可能更符合一些地方聚落的实际种族构成情况。

这种有组织的粟特商队的首领，粟特文叫作 s'rtp'w，荣新江认为其中古音是 sat-paw，汉文音译作"萨保""萨甫""萨宝"等，是由商队首领发展出来的聚落首领的含义，意译就是"首领"。[2] 萨保的粟特文原语是吉田丰教授从写于公元4世纪初叶的粟特文古信札中找到的[3]，2003年6月在西安市未央区中明宫乡井上村东发现了史君墓，墓中有粟特文和汉文双语对照书写的铭文，从而使这一比定得到确证。结合汉文文献中大

---

[1] 荣新江:《萨保与萨薄：佛教石窟壁画中的粟特商队首领》，"粟特人在中国"国际学术研讨会论文，中国国家图书馆2004年版，第23—25页；收入《粟特人在中国——历史、考古、语言的新探索》，中华书局2005年版，第49—71页。

[2] 荣新江:《中古中国与粟特文明》，生活·读书·新知三联书店2014年版，第3页。

[3] 吉田丰:《ソグド语杂录（Ⅱ）》，《オリエント》第31卷第2号，1989年，第168—171页。

图1—1 萨保造访突厥部落在毡帐宴饮（安伽墓围屏石榻）①

量的有关萨保的记载，我们知道萨保不仅是粟特商队行进中的领袖（见图1—2），而且也是粟特人建立的聚落统治者，由于大多数早期东来的粟特人信奉的是粟特传统的琐罗亚斯德教（中国称之为祆教、拜火教），所以聚落中往往立有祆祠，萨保也就成为粟特聚落中的政教大首领。

从十六国到北朝时期，这样的胡人聚落在塔里木盆地、河西走廊、中原北方、蒙古高原等地区都有存在，散布十分广泛。通过学者历年来对粟特文古信札、敦煌吐鲁番发现的汉文和粟特文文书、中原各地出土的汉文墓志材料的研究，我们可以清晰地勾勒出一条粟特人东行所走的迁徙之路，这条道路从西域北道的据史德（今新疆巴楚东）、龟兹（库车）、焉耆、高昌（吐鲁番）、伊州（哈密），或从南道的于阗（和田）、且末、石城镇（鄯善）进入河西走廊，经敦煌、酒泉、张掖、武威，再东南经原州（固原），入长安（西安）、洛阳，或东北向灵州（灵武西

---

① 注：荣新江:《从撒马尔干到长安——粟特人在中国的文化遗迹》，北京图书馆出版社2004年版，第74页。

图1—2 萨保率众外出经商（安伽墓围屏石榻）①

南）、并州（太原）、云州（大同东）乃至幽州（北京）、营州（朝阳），或者从洛阳经卫州（汲县）、相州（安阳）、魏州（大名北）、邢州（邢台）、定州（定县）、幽州（北京）可以到营州。在这条道路上的各个主要城镇，几乎都留下了粟特人的足迹，有的甚至形成了聚落。②例如在宁夏固原南郊隋唐墓地出土的显庆三年（658年）《史索岩墓志》志主"建康飞桥人也"③，仪凤三年（678年）《史道德墓志》，"其先建康飞桥人氏"④。元和六年（811年）《史然墓志》载，"公康城郡人也"⑤。其封爵

---

① 注：荣新江、张志清主编：《从撒马尔干到长安——粟特人在中国的文化遗迹》，北京图书馆出版社2004年版，第77页。

② 荣新江：《北朝隋唐粟特人之迁徙及其聚落》，《国学研究》第6卷，北京大学出版社1999年版，第27—85页；收入《中古中国与外来文明》，生活·读书·新知三联书店2001年版，第37—110页。

③ 吴钢：《全唐文补遗》（第七辑），三秦出版社2000年版，第261页。

④ 毛汉光：《唐代墓志铭汇编附考》（第九册），台湾"中研院"历史语言研究所1987年版，第959页。

⑤ 赵君平：《邙洛碑志三百种》，中华书局2004年版，第273页。

为建康郡开国公。建康郡指十六国前凉张骏在河西地区设置的建康郡，具体位置在甘州西200里处。河西建康是史姓粟特人迁居的重要聚居地，可见"建康飞桥"是中古时期粟特人，尤其是史姓粟特人的聚居区。

唐代粟特移民迁徙路线详见下图（图1—3）：

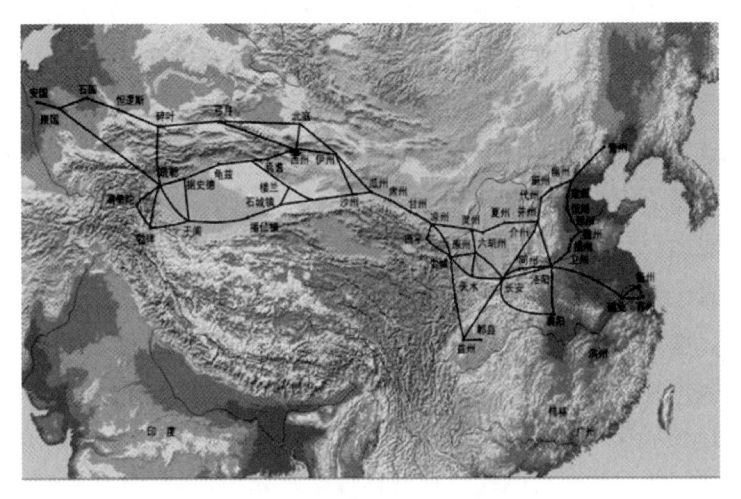

图1—3 唐代粟特移民迁徙路线

资料来源：http://kaogu.cn/html/cn/xueshuyanjiu/yanjiuxinlun/qita/2014/0909/47471.html。

北朝、隋、唐时期的中央和地方政府为了控制这些胡人聚落，把萨保纳入中国传统的官僚体制当中，以萨保为一级职官，作为视流外官，专门授予胡人首领，并设立萨保（萨宝）府，其中设有萨宝府祆正、萨宝府祆祝、萨宝府长史、萨宝府果毅、萨宝率府、萨宝府史等官吏来控制胡人聚落，管理聚落行政和宗教事务。就史籍和墓志辑录的材料来看，从北魏开始，中原王朝就在都城洛阳设京师萨保，而在各地设州一级的萨保。我们见到有雍州、凉州、甘州等地萨保的称号。之后西魏北周、东魏北齐都继承了此制度。北齐有京邑萨甫、诸州萨甫。《康元敬墓志》里还有"九州岛岛摩诃大萨宝"的称号，可能是北齐管理全国萨保府事务的官职，也可能是京邑萨甫——北齐都城邺城的胡人聚落首领。[1] 北周

---

[1] 洛阳市文物工作队编：《洛阳出土历代墓志辑绳》，中国社会科学出版社1991年版，第330页；周绍良编：《唐代墓志汇编》，上海古籍出版社1992年版，第572页；荣新江等编：《从撒马尔干到长安——粟特人在中国的文化遗迹》，图版34及荣新江解说。

有京师萨保，墓志材料还有凉州、酒泉、同州、并州、代州、介州等州一级的萨保，如新发现的史君墓主人是凉州萨保，安伽是同州萨保，还有中央政府派出的检校萨保府的官员，即虞弘。隋代有雍州（京师）萨保和诸州萨保。唐朝建立后，把正式州县中的胡人聚落改作乡里，如西州的胡人聚落设为崇化乡安乐里，敦煌则以粟特聚落建立从化乡，两京地区城镇中的胡人同样不再以聚落形式存在，但边境地区如六胡州、营州柳城等地的胡人聚落，应当继续存在，因此萨保府制度并未终结，所以《通典》卷40《职官典》以及其他史料仍有萨宝府职官的记录。事实上，北朝隋唐的中央政府对粟特聚落的控制是一个漫长的过程。

安史之乱后，因发动安史之乱的安禄山、史思明出身粟特，唐朝统辖地区有一种排斥胡化的思潮，对这里的粟特人心理和生存产生了一定的影响，他们除了用改变姓氏、郡望等方法来主动使自己"变胡为汉"外，同时也有大量的粟特人迁徙到河北地区，在安史部将建立的藩镇里求得生存和发展。直到中晚唐的河北及其周边地域，胡人的文化继续顽强地生存，新的祆祠和已经变种的祆神崇拜在河北地区得以建立，使之成为一定范围内的各族民众的普遍信仰，并且为胡汉民众所敬事，有的一直延续到北宋。到了宋代，粟特人已与汉族完全融合。

六　陇右党项的来源

据中国史籍记载，党项族最初居住在今四川西部、甘南和青海等地，原属我国历史上西北民族羌族的一种，目前主要观点认为党项族是由汉魏以来的西羌发展、演变而来的。也有党项源于鲜卑之说，主要理由是，公元1038年元昊在向宋朝呈送的表文中自称他们的先世出于元魏拓跋氏之后，是鲜卑的后裔。

《旧唐书》卷198《党项传》等记述了汉魏以来西羌与党项的关系："党项羌在古析支之地，汉西羌之别种也。魏、晋之后，西羌微弱，或臣中国，或窜山野。自周氏灭宕昌、邓至之后，党项始强。"汉代的西羌主要居住地，"滨于赐支，至乎河首，绵地千里。赐支者，《禹贡》所谓析支者也"[①]。析支，指今青海河曲一带，是羌族发源之地。党项既然在古

[①] 《后汉书·西羌传》卷87，中华书局2000年版，第1939页。

析支之地，从分布的中心来看，他是与西羌同源的。西羌早在汉代就大量内徙于河陇及关中一带。而遗留在原居地的广大羌族，在西晋末则为原属东北慕容鲜卑的一支——吐谷浑所统治。因此可以说，党项羌应是汉魏后居于今青海、甘南和四川西北的西羌诸部发展而来的，是居于这些地区的西羌在北周后的泛称。①

西魏、北周之际，党项之名始见于中国文献。周击灭宕昌、邓至两个役属于吐谷浑的酋邦之后，削弱了吐谷浑对党项诸部的控制，党项开始独立发展而显露头角。

杨坚任北周丞相时，因中原战乱无暇西顾，党项乘机发展势力，多次寇掠边境。隋朝建立以后，开皇四年（584年），党项千余户归降隋朝，其后陆续有一些党项的部落归降隋朝。

武德年间，党项寇扰唐西北诸州十分频繁，而且往往是与吐谷浑一起行动的。② 四年七月，党项与吐谷浑寇洮（治今甘肃临潭）、岷（今甘肃岷县）二州，③ 七年十月，又寇叠州（治叠川县，今迭部县境内），陷合川（今迭部县）。④ 八年四月，党项寇渭州（治今甘肃陇西）。⑤ 九年三月，吐谷浑、党项寇岷州，⑥ 五月，寇河州。⑦

党项的大规模内徙大致开始于贞观末，主要原因是吐蕃的侵逼，而内徙的高潮是在唐永隆元年前后，吐蕃占领原党项居地之时。党项的内徙并不是唐朝有计划地按原党项羁縻府州进行内迁，而是他们以姓氏、部落为单位自发地陆续向北迁徙，最后散居于陇右北部诸州及关内道的庆、灵、银、夏、胜等州。在这种情况下，唐朝才又复置或重置一些党项羁縻府州，寄治于庆、灵、秦等州。党项的内徙活动是陆续进行的，从贞观末开始，一直到天宝末安史之乱前内徙活动基本完成。

"内徙党项的分布，据一些史籍记载，主要在陇右道的洮、秦、临等

---

① 周伟洲：《唐代党项》，三秦出版社1988年版，第1—2页。
② 同上书，第19页。
③ 《资治通鉴》卷190认为事件发生在武德六年六月，《唐会要》卷94则认为发生在武德四年七月，从《唐会要》。
④ 《资治通鉴》卷191，高祖武德七年十月第24条。
⑤ 《资治通鉴》卷191，高祖武德八年四月第5条。
⑥ 《资治通鉴》卷191，高祖武德九年三月第7条。
⑦ 《资治通鉴》卷191，高祖武德九年四月第23条。

州和关内道的庆、灵、夏、银、胜等州之内。"①

最后还必须提及的是,"在党项原居地被吐蕃占领后,内徙的党项仅是一部分,而留在那里的党项部众则为吐蕃所统治,人数仍然不少。《新唐书·党项传》说,吐蕃称其为'弭药'(minyag)"②,经过与吐蕃长期的交流、融汇,相当一部分党项人逐渐融合到藏族之中。

内徙党项的再次迁徙起于安史之乱后的至德年间,一直持续到永泰元年,前后约十年。迁徙的情况,先是至德后原迁至陇右的党项部落以"寇掠"的形式向东迁徙至庆、盐诸州,其中可考的有干封等十州及永定等十二州党项;到永泰元年,唐朝为了阻止吐蕃与庆、盐等内徙党项的勾连,将这部分党项又东迁至银州之北、夏州之西及绥、延等州。这样,经过党项第二次大的迁徙,内徙党项逐渐集中到灵、庆、夏、银、绥、延、胜等州,其余留在陇右的党项则为吐蕃所统治。

七 陇右卢水胡、屠各的来源

卢水胡由卢溪水得名,东汉明帝和章帝时在西宁一带活动。"从张掖以南直达湟中都有小月氏人的分布,从地域上来看小月氏的分布与沮渠氏及湟中卢水胡之分布相合,将卢水胡定为小月氏种。"③ 卢水胡在汉末三国时的分布极为广泛,后汉时文山郡(今天四川茂县)有卢水胡的活动;三国时武威显美(今甘肃永昌县东)和关中渭北地区都有卢水胡的活动。"西晋时,除了关中等地有卢水胡外,并州上党(今山西沁源东)也有卢水胡分布,《晋书》卷56《江统传》称'郝散之变,发于谷远',按谷远属上党属县,郝氏为卢水胡大族。"④ 此外,秦陇地区也有卢水胡,《晋书》卷125《乞伏乾归载记》:"鲜卑豆留鞬、叱豆浑及南丘鹿结并休官易呼奴、卢水尉地拔并率众降于乾归。"前秦瓦解后,张掖的卢水胡乘机兴起,建立北凉。

屠各,据唐长孺先生考证"武威在西汉初本属匈奴休屠王居地,东

---

① 周伟洲:《唐代党项》,三秦出版社1988年版,第39页。
② 同上书,第43页。
③ 唐长孺:《魏晋杂胡考》,《魏晋南北朝史论丛》,中华书局1955年版,第413页。
④ 姚微元:《北朝胡姓考》,科学出版社1958年版,第251页。

汉初年武威郡的休屠应该就是休屠王所统之众遗存于故地者"。① 休屠王部众及其后裔，除屠各外还有"休屠""休屠各""休着各""休着屠各"等称谓。唐先生认为屠各即休屠各的省称，也称为休屠。② 魏晋时屠各主要分布在：1. 太行山东麓，载于史书的有元城屠各，即今天的大名东南，赵郡（河北省赵县）屠各和列人屠各，列人在肥乡北。2. 凉州，原本就是匈奴休屠的原始居地。3. 秦陇地区，这里的屠各分布最广。三国时期雍州高平即今天固原一带有屠各的分布，五胡时期有黄石屠各路松多曾起兵新平。黄石即今平凉县地，新平即今邠县。《晋书》105 卷《石勒载记下》云："秦州（即今天水）休屠王羌叛于勒，……陇右大扰，氐羌悉叛，勒遣石生进据陇城。"4. 陕西渭水北岸，《晋书》105 卷《石勒载记下》中记载石勒曾"徙秦州夷豪五千余户于雍州"。我们知道秦州即天水，《晋书》卷 14《地形志上》"晋初于长安置雍州，统郡国七，县三十九，户九万九千五百"。由此可知渭北由天水迁入一部分屠各。北周之后，秦陇屠各方不见于史。

第三节　魏晋至隋唐时期陇右地区政权更迭

魏晋南北朝上承秦汉、下启隋唐，是中国历史上典型的分裂割据时期。就甘肃而言，三国时，诸葛亮"五出祁山"；十六国时期，仅河西地区就建立了五个凉国；至于北朝，北魏统一北方 100 多年后，又分裂为东魏、西魏和北齐、北周等。他们或在甘肃境内争夺政权，或对甘肃进行统治。直至 581 年，隋取代北周，灭齐亡陈，结束了长达 400 余年的分裂

---

① 唐长孺：《魏晋杂胡考》，《魏晋南北朝史论丛》，中华书局 1955 年版，第 383 页。
② 陈勇在《屠各的称谓的变化与部落迁移》一文中认为屠各的称谓与民族的迁徙有关，称谓的变化是随迁徙地的方言决定的，这种变化大致是：西汉武帝时匈奴休屠王部众在河西武威一带定居，官方称之为"休屠"；东汉安帝以后，"休着"是"休屠"的转写，并取代"休屠"成为休屠部落的正式称谓；此后，"休屠"一部转移到陇右、五原、西河，其称谓则增加了"各"字的语缀，或转写为"休着各"，进而衍变为"休屠各""休着屠各"，并最终简化为"屠各"。武沐《匈奴史》研究："东汉以来的休屠与屠各基本上是以天水、平凉为界。天水、平凉以东主要为屠各的活动的区域；天水、平凉以西主要为休屠各活动的区域；而天水、平凉则是休屠与屠各共同活动的区域。"

局面。隋、唐前期的大统一带来政治稳定、经济繁荣、文化昌盛的局面，甘肃的社会经济各个方面得以长足发展，达到了鼎盛。《资治通鉴》记载了唐朝开元、天宝年间甘肃经济的发展情况：是时"自安远门西尽唐境万二千里，闾阎相望，桑麻翳野，天下称富庶者无如陇右"。755 年"安史之乱"爆发后，在藩镇割据的大形势下，唐末时期中央政权也只能控制甘肃东部一小块地区。

在这一历史时期，甘肃陇右地区的统治政权也在不断地发生着更迭。政权的更迭，对陇右地区民族的迁徙、流动与融合产生了广泛而深远的影响，当时北方的几个重要的少数民族如氐、羌、匈奴、鲜卑、羯等几乎都在这个舞台上演出过历史剧目。民族的变迁也对陇右地区的独特地域文化的形成产生了深远的影响。

下面根据这一历史时期陇右地区的政权更迭情况，谈谈民族迁徙与流动。

一　三国时期的陇右

自古以来，黄河上游一直是羌、氐等民族世代生活与聚居之地。河西走廊至陇山山麓特有的自然地理环境，使勤劳的羌氐各族过着畜牧加农耕的生活，很少与内地的汉族发生关系。但西汉中叶以后，随着大汉王朝对西部的开拓，羌、氐民族开始遭受汉族封建统治者的奴役，而羌氐诸族也因不甘奴役开始反抗。东汉中后期，羌族人民有过三次大规模的起义，[①] 斗争时间长达半个多世纪，但每次起义都遭到东汉统治者的残酷镇压。在镇压结束以后，东汉朝廷将被他们蔑称为"降羌"的羌民分隔迁徙，易地安置，严加防范。今天的陇东就是徙置"降羌"的地方之一。据《后汉书·郡国志》记载，北地郡（治富平，故城在今宁夏灵武境内）内参䜌县有座山叫青山（山在今甘肃庆阳环县西边），这里有"属国降羌胡数千人居山田畜"[②]。这些"降羌胡"既有反抗过两汉的羌人，

[①] 第一次爆发在汉安帝永初元年（107 年），元初元年（114 年）遭到镇压，历时七八年；第二次是汉顺帝永和五年（140 年）至汉冲帝永嘉元年（145 年），历时五年；第三次是汉桓帝延熹二年（159 年）至永康元年（167 年）。

[②] 《后汉书·郡国志五》注引谢沈《后汉书》。

也有其他民族，他们是被分批徙置过来的。其中最早的一次徙置在建武六年（30年），当时担任北地太守的是冯异，经由他一次收降和徙置的羌人就有"万余人"①。之后紧随黄巾起义，北地羌胡再举义旗，《后汉书·西羌传》记载："中平元年，北地降羌先零种因黄巾大乱，乃与湟中羌、义从胡北宫伯玉等反，寇陇右。"后因东汉政府的镇压和义军内部的分裂，历时两年多的凉州羌胡起义宣告结束，但此后，东汉政权从此再也无力驾驭陇右，关陇地区遂由篡夺了羌胡义军军权的韩遂、马腾割据。

汉末，董卓乱汉，群雄并起。曹操为了解除袁绍的威胁，决定采取主动，夺取关陇。基于当时态势，荀彧建议先招抚关陇割据者韩遂、马腾，与他们"连和"，待日后再论。官渡之战后，曹操自任汉丞相，韩遂、马腾等感到末日临近，开始做防御曹操的准备，曹操得知韩、马的动作后，也加快了对西征关陇的部署。后曹操虽遭赤壁之败，但就扫除进取关陇的障碍而言，他的目的可以说已经达到。因为战后刘、孙两家忙于划分疆界，一时都无力与曹操再去争夺，使得曹操可以放心为进取关陇做准备。建安十六年（211年），在渭南大捷后，曹军十月穿越长安，攻安定郡（治临泾，今镇原县南五十里，另一说为今泾川县），将追随马超（马腾之子）的杨秋围困在临泾城中，迫之投降后给予优容，让他继续留治临泾。这样，安定郡及其所在的陇东一域又从割据者手中重回东汉朝廷之手。曹操回到邺城后，于建安十七年五月诛杀了早先被囚禁在此的马腾全家，夷其三族，导致马超纠合羌、氐，再度兴兵抗曹，陇上诸县也响应马超，接二连三纷纷背曹。建安十八年（213年），马超集中陇右"诸戎"军队，猛攻唯一固守顽抗的陇右重镇冀城（今天水市甘谷县），攻破冀城后，马超带兵攻卤城（今礼县盐官镇）不下，几经辗转，投入刘备帐下。同一时期，韩遂因曹进攻陇右，退到显亲县（治今秦安县西北三十里叶堡乡），曹军将领夏侯渊因韩军中有许多长离羌人（住长离水，即今秦安县境内葫芦河流域的羌人），通过攻击长离，引诱韩遂回援，将韩军击破。后韩遂为部下所杀，韩遂势力就此覆亡。总之，截至建安十九年（214年），曹操对陇右先得后失，失而复得，经过与马超、韩遂势力的反复较量，终于将陇西郡以东的汉阳、安定以及北地郡所属

---

① 《后汉书·冯异传》卷17，中华书局2000年版，第431页。

的陇上全部占领，这等于是占领了河陇半壁江山。到建安二十四年（219年）年底，曹操拥有西起关陇，东达江淮，南起襄樊、寿春一线，北达长城以南和辽东半岛的整个北方地区。

上述情况说明，东汉时，陇右地区基本上属于东汉政权管辖，在汉末战乱中，陇右地区参与战争的群体中，有大量的羌、氐等少数民族的参与。由于战乱频仍，大量的羌、氐等少数民族遂在陇右地区迁徙流动，进而居住生活，给陇右地区的历史文化带来了深远影响。

三国鼎立局面正式形成后，陇右一域兵连祸结，成为魏蜀两国交锋的重要地带。

陇右一带之所以成为魏蜀两国争夺的重要地带，是因为当时双方情势决定了双方谁存谁亡的决战定会从陇右开始。但由于双方实力悬殊，攻守之势又各异，所以无论是诸葛亮，还是遗志继承者姜维，他们主动进攻曹魏陇右的军事生涯注定要以悲剧收场。当这些悲剧结束时，魏军灭蜀也就水到渠成了。双方屡次在陇右交锋的过程中，一支被双方看重的重要力量，就是陇右地区的氐、羌群体。同时，羌、氐各民族也成了魏、蜀军队在陇右作战的重要兵源。

二　西晋时期的陇右

入晋后，陇右一带属西晋管辖，民族成分已很复杂。

此际，留居天水、南安一带的氐人形成了以略阳为中心的聚集地，酋豪成为其中最强盛的宗族势力。留居武都的氐人以白马部最为强大，形成了以仇池山为中心的聚居地，西晋元康六年（296年），杨茂搜以此为根据地，收集其部众，建立起仇池国，尽占武都之地，势力最强时曾占据汉中、川北、陇右一带，政权延续200多年。

东汉后期，在击破烧当羌后，东汉政府迁徙其族人到汉阳、安定、陇西一带，使得羌人逐渐遍布关陇各郡县，总计达八九十种，数十万人。到西晋初年，陇西、安定及关中羌人遍布。其中南安的赤亭（甘肃陇西一带）是重要的聚集地之一。酋豪姚柯曾做过曹魏的西羌都督，到他儿子姚弋仲时，已形成了强大的民族势力。

早在三国时期从辽东南下的拓跋鲜卑逐渐进入河西地区，史称河西鲜卑。他们席卷了原来居住于这一带的羌、丁零、大胡等民族，在形成部落联盟的同时，拓跋部的习俗、血缘等发生了很大变化，并以"秃发"为其姓氏，与东部鲜卑已有很大区别。因此，西晋称其为"凉州虏"或"羌虏"。到西晋初年，河西鲜卑已拥有二十余部，二十多万人；而另外一些沿着阴山南下的鲜卑部落在高平（宁夏固原）、宛川（甘肃榆中）一带经过数次兼并战争，建立起了以宛川为中心的部落联盟，亦拥有数十部，二十多万人，他们被称为陇西鲜卑。

上述陇右一带的几个主要民族中，氐、羌与汉族杂居，汉化程度相当高，其生活习俗也与汉族无明显区别，秃发鲜卑则保持着其自身的民族特点。这几个民族在西晋末年都参加了推翻西晋政权的战争，彼此之间也发生过激烈的民族冲突，并先后建立起前秦、后秦、西秦等几个割据政权。

西晋时期，关陇一带戎狄遍布，内迁民族受汉族豪强势力欺凌、排挤的情况不时发生，各少数民族的反抗情绪不断酝酿、上升，不时发生的小规模的冲突此起彼伏，大家对统治者的怨恨在不断积累。统治者看到这些情况，内心充满恐惧，于是对这些民族的态度和政策发生了明显转变。一些大臣甚至认为"胡夷兽心，不与华同"[①]。断言内迁诸族将成"为害之势"[②]，于是主张对内迁各民族早加防范。在这方面，江统的徙戎主张最有代表性。种种对内迁民族的认识和观点，使得西晋政府的民族政策相比曹魏更加严苛，主要表现为：强制各民族改变部落制生活，将他们置于州郡控制之下，并进行赋税搜刮；对内迁后转徙的各民族实行围追堵截；对羌胡进行歧视和压制，有才不用，有功不录。诸如此类的民族压迫措施，使陇右地区各少数民族对西晋政府充满不满和仇恨，导致陇右地区民族战乱纷起。最先反抗西晋民族压迫的起义是历时35年（270—305年）的河西鲜卑起义。该起义爆发早、历时久、规模大，成为各民族反抗西晋统治的先声和序幕。它一度造成河陇一带"非复晋有"的局面，同时，由于它集合了河陇地区许多少数民族联合进行斗争，因此对西北民族的彼此融合起了促进作用。河陇各族民众的起义尽管主要战场在河西一带，但对陇右地区的农业生产和社会发展仍造成了极大的

[①]《晋书·傅玄传》卷47，中华书局2000年版，第872页。
[②] 同上。

破坏。元康六年（296年）起，秦、雍二州持续干旱，并引发空前的粮荒和疾疫。西晋统治者在无力赈济百姓的情况下，下诏让百姓卖儿鬻女，以存活命。而坐镇关中的赵王司马伦重用亲信孙秀等人，"刑赏失中"[①]，欺压百姓，导致雍、秦二州氐、羌大起义。他们共推氐帅齐万年为帝，与晋军展开战斗。直到元康九年（299年），晋将孟观才最后镇压了这次起义。永康元年（300年），关西扰乱，连岁饥馑，略阳、天水等六郡的氐、汉十余万百姓向梁、益二州流徙。略阳巴氐人李特也随流民流徙四川剑阁一带，益州刺史罗尚等地方统治者为防止流民为乱，强迫他们还归故地，还屠杀流民劫取财物。六郡流民在请求放宽归乡时间得不到允许，又不断遭到地方贪官暴吏暗算和围攻的情况下，被迫铤而走险，在略阳巴氐李特兄弟的带领下起而反抗，爆发起义。永安元年（304年），李特的儿子李雄攻下成都，称成都王，两年后称帝，国号大成，追李特为景皇帝，庙号始祖。

西晋后期随着"八王之乱"的发生，各少数民族亦借机南下，纷纷起事，陇右地区一片战火纷飞。八王之乱虽以洛阳为中心，但波及范围广，死亡人数多，破坏程度大。混战中，参战诸王为击败对手，将能召集到的军队全都召集起来，连远在陇右的秦州也未能幸免。另外，诸王还纷纷借助少数民族，如成都王司马颖引匈奴贵族刘渊入邺城、东瀛公司马腾引乌桓羯朱部入塞、幽州刺史王浚引辽西鲜卑攻邺城等，使得这些少数民族进入黄河流域，获得很大发展。西晋内迁各族的分布，详见图1—4。

刘聪（刘渊第四子）即位后，永嘉五年（311年），派刘曜（刘渊养子）等人逼迫晋怀帝投降，之后纵兵在洛阳掳掠，杀士民三万余人，使一代名都变成了灰烬，史称"永嘉之乱"。建兴四年（316年），刘曜匈奴兵攻陷长安，晋愍帝出降，西晋灭亡。

三 东晋十六国时期的陇右

东晋大兴元年（318年），刘聪死后，刘汉政权经过一番争夺，刘曜获得胜利。他率军占领关中，杀南阳王司马模，迁都长安，改国号为"赵"，史称"前赵"。前赵政权建立后，整个国内形势尚处于分裂割据之

[①] 《晋书》卷59《赵王伦传》，中华书局2000年版，第1059页。

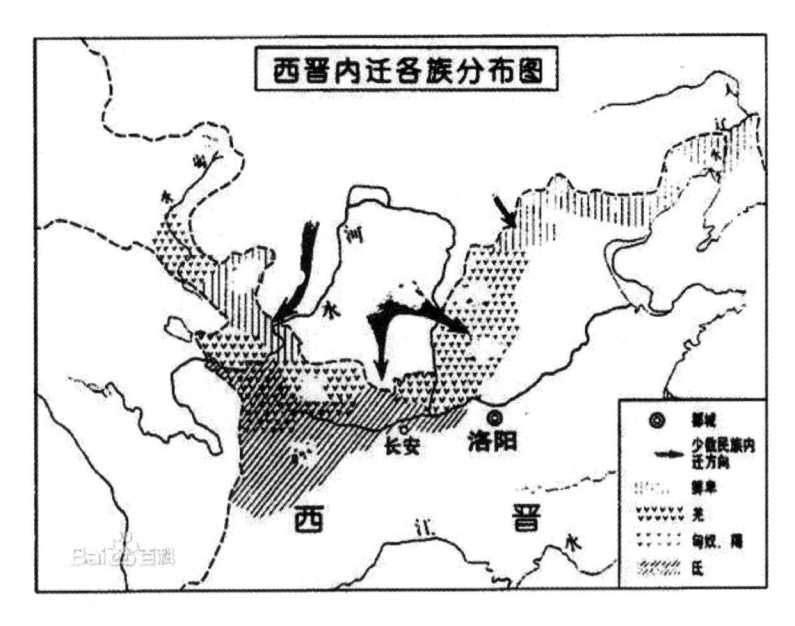

第一章　魏晋至隋唐时期陇右少数民族及其政权　/　45

图1—4　西晋内迁各族分布图

资料来源：http://baike.baidu.com/item/五胡内迁？fr=aladdin。

中。其中在陇右，有占据秦州的西晋宗室司马保的势力，还有氐杨割据的仇池政权。因此，刘曜的首要目的就是平定各地的割据势力，稳定社会秩序。由于陇右、河西的割据势力相对于关中以东而言比较弱小，因此，陇右也就成为刘曜进攻的主要方向和首选目标。

东晋太兴二年（319年），陇右氐酋蒲洪归附刘曜，被拜为率义侯。此时，居住在黄石（今陕西关中西部）一带的屠各首领路松多起兵于新平、扶风，并归附秦州司马保，由司马保率领联军向关中进攻，直接威胁前赵政权，于是在东晋太兴三年（320年），刘曜率军向司马保占据的陈仓（今陕西宝鸡）大举进攻，陈仓守将杨曼逃往仇池。接着，刘曜又率军北上，进攻屠各路松多占据的草壁（甘肃灵台），路松多败逃陇城（甘肃秦安县陇城镇）。刘曜又接连攻下了阴密（甘肃灵台县西南），安定（甘肃泾川）。这时，在陇城的陈安趁机进占上邽，投归了前赵。占据了陇右大部分地方的刘曜，在平定关陇羌、氐后，为了解除攻取凉州的肘腋之患，于晋永昌元年（322年），迫降了仇池杨难敌。当他经秦州返回长安时，陈安求见被拒绝，早就不满匈奴人建立的前赵政权的陈安，借机反叛，后为刘曜大将呼延青所杀。陈安死后，陇城、上邽守将相继献城投降，前赵正式占据了秦州，陇右大部分地方被前赵所占据。

328年（前凉张骏五年、前赵光初十一年、后赵太和元年），秦州以东的形势有了变化。年底，石勒（羯人，属于匈奴羌渠部，内迁后住上党郡武乡县，今山西榆社县北）建立的后赵军队攻洛阳，活捉前赵主刘曜。刘曜太子刘熙和南阳王刘胤弃长安逃到上邽，后赵军队追击陇上，陇右氐羌闻风而降。其中秦州休屠王羌部降而又叛，并煽动其他氐羌部落叛赵，第二年（329年）八月，后赵俘虏了前赵太子刘熙和南阳王刘胤。河东王石生为防陇右再生变故，将秦州各族豪酋5000余户徙往雍州，前赵灭亡，而原属前赵的关陇地盘也转入后赵之手。

后赵太和二年（329年），就在石虎消灭前赵太子刘熙及南阳王刘胤的时候，曾趁刘曜败于石勒之际而占据陇山（今六盘山）的氐人苻洪率其部两万余户投降石虎，被拜为光烈将军、护氐校尉，迁长安。公元349年年底，后赵国都邺城（今河北临漳县）发生了冉闵、李农屠杀羯人的事，一日之中，羯人被杀者二十余万。原先被迁到关东的关陇百姓纷纷思归，他们推举苻洪做领袖。组成十多万人的返乡大军，于是，苻洪和儿子苻健开始介入群雄角逐。后，投降苻健的后赵名将麻秋毒死苻洪，苻健诛杀麻秋，并按其父生前所嘱，作西取关中的准备。东晋永和六年（后赵永宁元年、350年）八月，准备完成，苻健便公开与后赵决裂，向关中挺进，十一月，苻健进入长安。在争取到关陇各族的支持后，苻健又向陇右用兵，年底，攻入上邽。东晋永和七年（351年）正月，苻健称天王、大单于，建国号大秦，改元皇始。苻健大封氐族官僚，并宣布与东晋断交。次年，苻健改称皇帝，定都长安，正式建立了前秦。352年，苻健趁前燕、冉魏交争之际，派苻雄和苻菁东进，陈兵许昌。在击败谢尚统帅的晋军后，回军陇上，将后赵将领王擢击败，而后命苻雄驻守陇东郡（治泾阳，今平凉市西北40里）。353年年初，苻雄、苻菁击败凉军，苻健任命苻愿为秦州刺史，镇上邽。永和九年（353年）五月，投降前凉的王擢率军攻克秦州，苻愿失败，逃回长安。前凉占据秦州后，与东晋相呼应，攻击前秦。而前凉新主张祚怀疑王擢有谋反之心，派人谋杀，未遂后又调遣"平东将军秦州刺史牛霸、司兵张芳率三千人击擢，破之"。同年（354年）"十一月，擢奔苻健"①"秦以（王）擢为尚书，以上将军啖铁为秦州刺史"②。随后，前秦趁势占领了秦州地区。永和十一年（355年）六月，苻健死，太子苻生即位。东晋升平元年（357年），由于前秦主苻生荒耽淫虐，杀戮无道，其堂弟苻坚废杀苻生，自称大秦天王，改元永兴。东晋咸安元年（371年），稳居关陇的前秦开始做灭凉准备，后因前凉与东晋之盟没有达到"会于上邦"的目的，太元元年（376年）八月，前凉主张天赐素车白马向前秦投降，至此，前凉张氏政权彻底覆灭，前秦基本上统一了中国北方。因苻坚对凉州氐、羌采取恩信政策，氐、羌各部落纷纷归附前秦。"初，秦人既克凉州，议讨西障氐、羌，秦王坚曰：'彼种落杂居，不相统一，不能为中国大患，宜先抚谕，征其租税，若不从命，然后讨之。'乃使殿中将军张旬前行宣慰，庭中将军魏曷飞率二万七千随之。曷飞忿其恃险不服，纵兵击之，大掠而归。坚怒其违命，鞭之二百，斩前锋督护储安以谢氐、羌。氐、羌大悦，降附贡献者八万三千余落。"③

但淝水之战（东晋孝武帝太元八年，383年）后，前秦王朝走上了衰亡之路。苻坚将领羌人姚苌于东晋太元九年（384年）自称大将军、大单于、万年秦王，改元白雀，创建后秦政权。同年八月，姚苌将苻坚缢杀于新平佛寺中。之后，苻丕即皇帝位，改元太安，秦州刺史王统等陇右州郡的刺史均表示拥护苻丕。当时前秦虽在名义上控制着陇右，但诸路将领却内讧不断。太安二年（386年），经过半年征战，"枹罕诸氐"拥立昔日被苻坚派到河州任狄道长的宗室疏属苻登为主，拥称他为使持节、都督陇右诸军事、抚军大将军、雍河二州牧、略阳公。苻登率众五万进占南安郡（治豲道，今陇西县东南），苻登占领南安后，后秦主姚苌之弟姚硕德带所属羌部在冀城（今甘谷）起兵，进占陇城（今秦安县陇城镇）和南安赤亭（今陇西县西三十里），与前秦秦州刺史王统相持。姚苌为夺取秦州，从安定出发，与姚硕德会合，进攻王统。一时天水屠各胡、略阳羌胡两万户连同任略阳太守的王猛之子王皮都降了后秦，王统后举上

---

① 《晋书》卷86《张轨传》，中华书局2000年版，第1498页。
② 《资治通鉴》卷99晋穆帝永和十年九月第24条。
③ 《资治通鉴》卷104孝武帝太元元年十一月第10条。

邽投降姚苌。这样，前秦失掉了秦州。就在苻登入南安时，苻丕不敌慕容永，逃跑时被驻陕城的东晋北伐军杀死。386年年底，苻登因苻丕已死，便在陇东郡（治泾阳，今平凉市西泾水北岸）即皇帝位，改元太初。太初四年（389年）春，苻登与姚苌在陇东厮杀。其间，姚苌在大界（今泾川县南）袭杀苻登之子苻尚及皇后毛氏。太初五年（后秦建初五年，390年），苻登几次攻打长安无果后转攻安定（治今泾川县北）。后秦建初八年（前秦太初八年，393年）十二月，姚苌病死，太子姚兴继位后，派尹纬、狄伯支率军反攻苻登。苻登全线崩溃后收集残余，逃进马毛山（亦称马髦岭、马屯山，属六盘山脉，在今平凉市西北，一说即今崆峒山），前秦太初九年（后秦皇初元年）七月，姚兴在马毛山南俘杀苻登。之后，苻登的太子苻崇被乞伏乾归将领轲弹击杀，被苻崇立为太子的苻宣逃往陇南，投奔了杨定叔父杨佛狗的儿子杨盛。至此，陇上前秦的残余势力被消灭，前秦政权也彻底灭亡。

前秦统治瓦解后，北方重新陷入了分裂割据状态，从386年到439年，黄河流域形成了被称为十六国后期的许多政权。关中、陇右为诸秦政权所统治，即后秦、西秦。

由前文可知，羌人姚苌于前秦建元二十年（东晋太元九年，384年）创建后秦政权始，至386年姚苌实现了"秦亡燕去"、轻取长安的计划。386年（东晋太元十一年，前秦太元初年，后燕建兴元年，吕光太安元年），姚苌在长安即皇帝位，建国号为大秦，正式建立后秦政权。后经连年征战，姚苌病死，姚兴于394年5月即皇帝位，改元皇初。前秦政权灭亡后，安定、平凉及其东部的北地郡，都归于后秦。

皇初元年（394年）七月，姚兴削平了窦冲势力，关中和陇东得以平定，在陇右观望的一些地方民族势力纷纷倒向后秦。皇初三年（396年），保据仇池的杨盛向姚兴请命，陇西鲜卑酋长越质诘归脱离西秦，率部众两万投奔后秦。因386年前秦秦州刺史王统投降后秦，秦州被后秦接管。之后杨定逐出在上邽镇守的姚硕德，杨定死后，天水人姜乳攻占了上邽，自称秦州牧。皇初三年（396年）十二月，后秦又展开了对秦州的争夺，并取得胜利，进而巩固了对秦州的占领。

弘始二年（西秦太初十三年、400年），后秦与西秦（394年建立，先建都金城，后迁都苑川，今兰州市榆中县夏官营附近苑川）创建者乞伏乾归（陇西鲜卑人）在柏阳堡（在今清水县西南）和侯长谷（地不详，当在今陇西县境）交战，西秦军防线被摧毁，后秦拥有了今兰州黄河以东陇上土地。

姚兴时，赫连勃勃（？—425年，字屈孑，匈奴右贤王去卑的后裔）在高平川（今宁夏固原清水河）建立了夏政权，史称大夏或赫连夏。大夏建立后，与后秦对峙并不断蚕食后秦疆土。从后秦弘始九年（夏龙升元年、407年）至后秦永和三年（夏昌武元年、418年），勃勃在灞上即皇帝位，后秦与大夏连年征战，尤其是在姚兴时代（姚兴在弘始十八年二月因病去世），赫连勃勃充分发挥其好战和兵疾马利的特点，对后秦的陇东、陇右和关中发动不间断的进攻，后秦连续失地，勃勃即位时，后秦的陇东、陇右都已被夏军夺取，姚兴的继位者姚泓只能穷守关中。在此期间，西秦也曾蚕食过秦陇的部分地区。东晋义熙十三年（417年）八月，王镇恶率晋军攻破长安，姚泓出降，后被移送建康后斩首，后秦灭亡。

五胡十六国分布情况，请看图1—5。

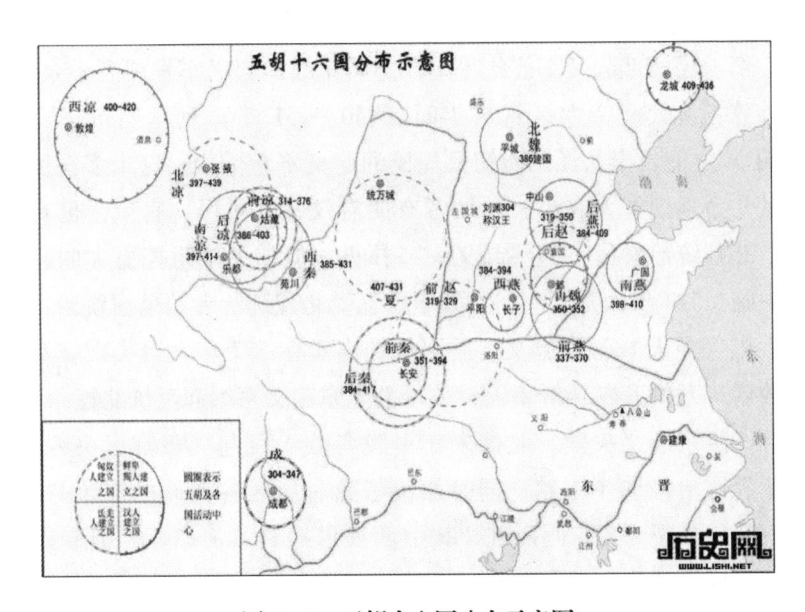

图1—5 五胡十六国分布示意图

资料来源：http：//www.chnlung.cn/ls/zgls/2017/0102/408984_2.html。

四 南北朝时期的陇右

北魏是鲜卑拓跋氏建立的政权，魏始光三年（夏承光二年，426年），赫连勃勃死，赫连昌继位。次年，北魏开始攻取关陇。始光五年（428年）二月，魏军攻上邽。赫连昌向平凉逃跑，在安定被魏军俘虏。六月，太武帝拓跋焘（北魏第三位皇帝，424—451年在位）占领了统万城。这时，赫连定所率夏军在长安城外与北魏大将奚斤的守军相持。赫连定久攻长安不下，随后撤至平凉自称夏皇帝。431年春，赫连定攻南安，灭西秦。是夏，携西秦百姓十余万口，从治城（今临夏市西北百里渡）渡河逃往河西，渡河中突遭吐谷浑军的袭击，赫连定被俘，夏国灭亡。北魏从此占领了关陇大地。

但是，从北魏建立到所谓的"太和盛世"，河陇诸州，特别是秦、泾各族人民却所受压迫最重，生活也最痛苦。因此，这里的民族矛盾和反抗统治的斗争也显得格外激烈。例如，正始三年（506年）秦、泾二州爆发了规模较大的起义。是年初，秦州屠各胡王法智聚众两千，推主薄吕苟儿为主以反魏，改元建明。与此同时，泾州人陈瞻也聚众称王，改元圣明。秦、泾两部起义军彼此呼应，协同作战，起义军发展到十余万人。粗略计算，从太武帝太平真君年间（440—451年）到孝明帝正光元年（520年）之前，秦、泾二州初具规模的起义不止十次。这十多次反魏斗争，其斗争规模有大有小，参加者有胡有汉，有平民、官吏，也有佛教僧侣。北魏统治者虽将这些起义一一扑灭，但却无法阻挡更大的起义风暴的来临。524年六月，秦州百姓不堪忍受北魏统治者的酷虐统治，推举莫折太提（羌人）举行起义，后因叛徒出卖在527年九月失败。秦州起义失败后，万俟丑奴（鲜卑人）领导的陇东起义军继起反抗北魏，至531年四月，陇东起义失败。北魏末年秦陇各族人民起义虽都以失败告终，却将北魏统治推向了末路，同时加快了陇右地区各民族的交流与融合。之后，北魏分裂为东、西两魏。其中西魏占据着黄河以西、河套以南关陇土地，后经扩张，又占据了巴蜀和汉水流域。

西魏时期，控制关陇一带的是西魏的统治者宇文泰。西魏恭帝三年（556年），宇文泰死，557年正月，宇文泰嫡子宇文觉继位为帝，称周天王，建立了北周。这样，南北朝就形成了北方北周、北齐与南方陈朝三足鼎立的政治格局。武成二年（560年），宇文邕继位为帝，是为周武帝，他在位期间，进行了一系列卓有成效的改革措施，为北周统一北方积攒了力量。建德五年（北齐隆化元年、576年），周武帝统率十四万大军攻入平阳（今山西临汾西南）。十一月初，周军攻克晋阳，将临时被推为皇帝的高延宗俘虏。公元577年（陈太建九年）年初，周军攻克邺城，北齐后主高纬被周将尉迟勤抓获，北齐亡，北周统一了北方。陇右地域转属北周管辖。

五 隋唐时期的陇右

大定元年（581年）二月，北周相国杨坚接受北周静帝的"禅让"称帝，国号"隋"，建元"开皇"，北周灭亡。陇右地区先后由隋凉州总管贺娄子干和秦州总管秦王杨俊（杨坚第三子）统辖。

大业十三年（617年）六月，李渊宣布起兵反隋。大业十四年（618年）五月，杨侑禅位于李渊，李渊称帝，是为唐高祖，建国号为唐，建元武德，618年为武德元年，唐朝自此建立。

在隋唐之际，陇右地区曾转入薛举割据势力之手。隋炀帝大业末年，陇右一带大旱，百姓饥饿困迫，纷纷揭竿而起。趁此时机，兰州金城人薛举与其子薛仁杲起兵反隋。大业十三年（617年）秋七月，薛举在兰州称帝。不久攻下陇右战略要地秦州，薛举迁都秦州。在薛举东进之时，李渊父子十一月攻入长安。薛氏政权和李唐的战争从武德元年七月起到十一月薛仁杲被李世民击败投降止，薛举父子割据陇右，前后共五个年头。薛举父子失败后，陇右归唐朝管辖。

从7世纪后半叶始，当时处于奴隶制阶段的吐蕃开始进攻陇右诸州。"安史之乱"爆发后，由于大量边防军内调"勤王"，直接导致边防空虚。曾与唐朝在西域互争雄长的吐蕃统治者，看到有机可乘，便从西域腾出手来，集中兵力在河西、陇右地区向唐朝发起进攻。自肃宗至德元年（755年）至广德元年（763年），吐蕃占据了陇右大部地区。直到元和元年（806年）正月，宪宗首先向吐蕃表示友好，释放俘获的吐蕃将士，主动修好，国力日衰的吐蕃自然是求之不得，此后双方关系不断改善，出现了持续、健康发展的态势。元和五年，吐蕃愿将秦（今天水市）、原（今平凉市）、安乐（今宁夏同心县东北）三州退还给唐朝。而陇右其他诸州，吐蕃则一直统治到9世纪中叶。

会昌二年（842年），吐蕃赞普朗达磨（Glang dar ma）遇刺身亡，吐蕃本土统治集团陷入矛盾斗争之中。军阀的混战造成了吐蕃军事实力的衰微，给唐收复失地提供了良机。大中二年（848年），敦煌张议潮发动起义，陇右地区的吐蕃边将由于旷日持久的混战，已组织不起力量与起义军及唐军对抗，对该地区失去了有效的控制，唐朝的势力遂逐步占领了上述地区，恢复了旧有的统治。但这时唐朝的国立也日趋衰微，对陇右的统治十分松散，有的地方仅是名义上的收复，实质上仍由边将甚至吐蕃的旧将在进行统治。而随着吐蕃王朝的崩溃，大量未迁走的吐蕃部落遂散居于甘肃各地，种族分散，大则数千家，小则数百家，不相统属，散居于仪（今华亭县）、渭（今平凉）、泾（今泾川县）、原（今镇原县）、环（今环县）、庆（今西峰市）等地及河西、甘肃南部一带。这些吐蕃后裔中，一部分以凉州为中心，形成势力强大的凉州六谷部联盟；另一部分退往今甘肃南部，与当地的党项、氐、羌等部落结合，成为甘南藏族的直系祖先。

以上就是这一历史时期陇右地区所属政权情况。

从对陇右地区在这一历史段管辖权归属的梳理，可知在这一时期，统治陇右全部或部分的有魏、蜀、西晋、东晋、仇池、前赵、后赵、前秦、后秦、西秦、大夏、北魏、西魏、北周、隋、唐等政权，这些政权中，有好几个政权本身就是少数民族所建立，如氐人建立的仇池、前秦，羌人建立的后秦，鲜卑建立的西秦、北魏、西魏，匈奴建立的前赵、大夏，羯建立的后赵等，以及唐后期吐蕃对陇右地区的占领与管理，在这段纷繁复杂的历史大剧中，频繁的战争和灾荒、政权的兴起与废退轮番上演，卷入其中的各少数民族在陇右地区的迁徙流动加剧，对各民族文化的发展和种族的交融产生了巨大的影响，使得关陇地区民族关系复杂多变，民族文化独特丰富，呈现一幅异彩纷呈的历史画卷。

第二章

陇右少数民族碑铭数量及类型

第一节 碑铭统计

我国碑刻的发展，有一个漫长的历史过程，下面从三国时谈起，简单回顾一下碑刻发展的主要过程。

三国时期，曹魏统治者为维护自身统治和遏制社会奢靡之风，明令不得厚葬，严禁立碑，因而存世碑刻极少。传世的有《曹操"衮雪"刻石》《曹真残碑》等，不能不提的还有《正始石经》，亦称"魏石经"，因碑文以古文、小篆、隶书三体蝉联书刻，又称"三体石经"或"三字石经"。我国历史上共刻有7种规模宏大的"石经"，用三种书体书刻仅此一种。此石经与东汉所刻《熹平石经》最初同立于洛阳城南开阳门外太学讲堂西侧。孙吴碑刻很少，传世的有《谷郎碑》《禅圆山碑》《天发神谶碑》等。

西晋沿袭魏制，禁令立碑，晋武帝司马炎于咸宁四年（278年）下诏重申禁碑："碑表私美，兴长虚伪，莫大于此，一禁断之。"故两晋十六国传世碑甚少，最为珍贵者为王羲之独笔《鹅字碑》《王羲之"振衣濯足"摩崖石刻》以及"兰亭序拓片"。还有陕西蒲城的《邓太尉祠碑》、西安的《司马芳残碑》等都较有名。魏晋时期墓志有了长足发展，数量较前代大为增加。

南北朝是我国多民族文化交融时期，碑刻的发展进入了一个新的高峰。南朝仍承袭东晋遗风，严禁立碑，立碑者极少，墓志数量也不多。但20世纪80年代在南京尧化门附近出土的几方梁墓志，如《梁桂阳国太妃墓志铭》《故侍中司空永阳王墓志铭》《故永阳敬太妃墓志铭》均为千字长文，这在稀少的南朝墓志中实属珍贵。

北朝碑碣与墓志的发展都上了一个新台阶，造像记与摩崖呈现鼎盛局面，名碑辈出。如《北魏太武帝东巡之碑》《中岳嵩高灵庙碑》《张猛龙碑》《晖福寺碑》《唐邕写经碑》等，数量相当可观。南北朝是墓志定型期，北朝墓志数量猛增，且不断有新墓志出土。以"龙门石窟"为龙头的北朝造像记，更是碑刻中的大手笔，数以万计。除传世的北朝石刻外，对北朝时期造像碑的收集和发现，是20世纪古代碑刻研究收获颇丰的一个领域。在陕西关中、渭河流域散布的造像碑至今保存并陆续发现的多达300余件，其中尤以道教造像与佛道教混合造像碑为可贵，数量也相当可观。这些造像碑中的供养人题名内容丰富，反映了当时这些地区的民族迁移、分布、融合及其宗教生活的情况；还有大量氐、羌、匈奴、鲜卑、杂胡等少数民族人口的记载，是研究当时社会与民族状况的极好材料。另外，这些造像记还有书法上乘的精品，其雕刻艺术具有鲜明的时代特征。

隋代虽然只有短短的37年，在历史的长河中只是极短暂的一瞬，但隋代的碑刻艺术却对我国雕刻艺术的发展起到了承上启下的作用。而陆续出土的隋代墓志，为我们了解隋代的历史、文学、艺术等提供了珍贵的资料。

唐代是我国历史上最辉煌灿烂的时期，伴随着国力的强大与文化经济的繁荣，碑刻文化进入巅峰期。唐碑在中国碑刻史上无与伦比，光前耀后，其数量之多，种类之众，碑雕之华丽，碑形之高大，碑体之完备，都是其他时代所无可比肩的。唐碑还形成了刻署撰写人、书丹人、刻工、刊石人姓名的惯例。

从形制的角度来看，墓志形制起源于秦汉，变化于魏晋，定型于南北朝，兴盛于隋唐，经元明清仍然行用。

与本选题有关的碑刻，因时间、地域和研究问题的范围所限，数量不是很多，且时间分布不很均匀，涉及具体问题而又未在陇右地区出土的碑铭材料中体现的，本选题将不予论述。根据现有资料，南北朝时期碑刻最多，尤其是造像碑，这与造像碑的发展历史有关，也证明了造像碑在这一历史时期的兴盛。南北朝前与本选题相关的材料也较少，所以在叙述时重点就会集中在南北朝时期，上下时间段会因材料而作相互勾连。下面仅将在陇右地区发现的与少数民族有关的碑铭石刻材料以表格的形式罗列，包括名称、来源、碑名、碑主、年代、发现地、所涉族属等内容，从而首先对陇右地区的民族成分有一个宏观的认识，以便对本选题各方面问题的开展打下基础。碑铭所反映的少数民族的族属问题，在第三章将予以列表详述。

现将相关碑铭大体按照时间先后顺序列表如下（见表2—1）：

表2—1　　　　　　　　陇右少数民族碑铭汇总

序号	碑名	碑主或核心人物	年代	发现地	所涉少数民族
1	护羌校尉彭祈碑	彭祈	西晋	定西陇西县（今佚）	汉化卢水胡等
2	梁阿广墓表	梁阿广	前秦	平凉崆峒区	氐
3	苟头赤鲁地券	苟头赤鲁	北魏太武帝太延二年（436年）	平凉灵台县	羌或鲜卑、西域胡人
4	北魏追远寺造像碑	权彦等人	北魏天和元年七月①	天水	氐、羌
5	成丑儿等造像碑	成丑儿	北魏孝文帝太和十二年（488年）	庆阳宁县	屠各
6	大代持节豳州刺史山公寺碑	山累	北魏正始元年（504年）	庆阳宁县（即北魏豳州）	羌、鲜卑等
7	嵩显（禅）寺碑	高绰	北魏永平二年（509年）	平凉泾川县②	羌、氐、匈奴、鲜卑等
8	南石窟寺碑	奚康生监造③	北魏永平三年（510年）	平凉泾川县王家沟出土	鲜卑等
9	北魏熙平元年造像塔	张氏	北魏熙平元年（516年）	平凉华亭县安口镇谢家庙社出土	屠各
10	北魏熙平二年郭熙造像	郭熙	北魏熙平二年（517年）	平凉华亭县安口镇谢家庙社出土	屠各

---

① 据中国历史年表，北魏无天和年号，似乎应为太和，则为477年。
② 现仅有拓本，存甘肃省博物馆。
③ 奚康生时为泾州刺史。

续表

序号	碑名	碑主或核心人物	年代	发现地	所涉少数民族
11	王真保墓志	王真保	北魏永安二年（大赵神平二年）（529年）	天水张家川县	屠各或氐
12	禄文造像碑	禄文	北魏	出土地未知，应在平凉华亭县①	鲜卑、粟特、氐
13	权氏石造像塔	权丑仁	西魏大统二年（536年）	天水秦安县	氐
14	獦生墓志	獦生	西魏大统九年（543年）	天水	氐或羌
15	邑子共造释迦像		北周保定元年（561年）	庆阳正宁县	羌、氐、屠各、粟特等。
16	豆卢子等结社造释迦像	豆卢子	北周保定元年（561年）	庆阳正宁县	氐、羌、匈奴、鲜卑、粟特、其他西域胡人
17	王文超造像碑（又名"还鹯寺"碑）	王文超	北周保定四年（564年）	天水秦安县	氐
18	张丑奴造像碑	张丑奴	北周保定四年（564年）	平凉华亭县	屠各
19	北周天和元年佛造像碑座	路氏	北周天和元年（566年）	平凉华亭县神峪乡中心小学出土	屠各
20	王令猥造像碑	王令猥	北周建德二年（573年）	天水张家川县	鲜卑
21	建崇寺造像碑	吕建崇	北周建德三年（574年）	天水秦安县	氐等
22	史射勿墓志	史射勿	隋大业六年（610年）	固原②	粟特

---

① 王晓红：《甘肃省博物馆藏两件北朝佛教石刻》，《丝绸之路》2004年第S1期，第32页。

② 墓志载："公讳射勿，字槃陀，平凉平高县人也。"平凉平高县，今固原。

续表

序号	碑名	碑主或核心人物	年代	发现地	所涉少数民族
23	李阿昌造像碑	李阿昌	隋	平凉泾川县	羌、氐
24	吕瑞墓志铭	吕瑞	隋	天水清水县	氐
25	大唐隋故车骑将军金公墓志铭并序	金行举	唐贞观十六年（642年）	发现地未知①	羌②
26	唐故齐州历城县令库狄君墓志铭并序	库狄通	唐咸亨元年（670年）	洛阳③	鲜卑④
27	大唐故右监门卫将军魏公墓志铭	魏哲	唐咸亨元年（670年）	庆阳合水县⑤	突厥、吐蕃
28	康智墓志	康智	唐	庆阳正宁县	粟特
29	唐故游击将军穆泰墓志	穆泰	唐开元十八年（730年）	庆阳庆城县⑥	鲜卑
30	唐李将军碑	李宪或李悬或李钦	唐天宝六年（747年）	甘南卓尼县	党项羌⑦
31	大唐之国碑	李延玉	后唐长兴四年（933年）	庆阳华池县	党项
32	唐狄梁公碑	狄仁杰	明（重刻）	庆阳宁县	反映唐时戎狄状况

---

① 墓志载："陇西伏羌人。"
② 李鸿宾：《唐朝中央集权与民族关系》附录一"《唐代墓志汇编》所见非汉族人名统计"认为金行举是羌族。民族出版社 2003 年版，第 224 页。
③ 墓志载："君讳通，字丰仁，天水人也。"
④ 李鸿宾：《唐朝中央集权与民族关系》附录一"《唐代墓志汇编》所见非汉族人名统计"认为库狄通是鲜卑。民族出版社 2003 年版，第 227 页。
⑤ 反映了庆阳地区的民族状况。
⑥ 墓志载："陇西天水人也。"根据史料，当时州名确切应为秦州。
⑦ 李为赐姓。

第二节 碑铭类型及简介

碑有广义和狭义之分，从广义上说，以石头为载体的铭刻都可称碑；从狭义上说，碑是一种专门的刻石形制，如我们常见的竖石形状，有碑身、螭首、龟座。汉代的碑较为简单，碑首与碑身连为一体，下有碑座。碑首有尖首、圆首、方首。尖首如古代的玉圭，如西安碑林藏的《汉仓颉庙碑》；圆首如《汉仙人唐公房碑》，碑中有穿，仍保存着施辁辘引棺下葬的遗意；方首如《汉曹全碑》。汉代的碑首有简单的纹饰雕刻，有瑞兽、四神（青龙、白虎、朱雀、玄武）等。至魏晋时，碑首演变为螭龙，碑首上有圭形的碑额，上刻碑的名称。碑座起初是长方形，至隋唐时出现了龟形，俗称"赑屃"，相传为龙的第九子，好负重，故用于碑座，有长久、吉祥之意。碑身的两边称为碑侧，多刻有各种纹饰图案、画像等，以线刻的手法为主。如《唐大智禅师碑》碑侧刻有蔓枝莲花、菩萨像等，富丽华美；《唐兴福寺残碑》碑侧有表现唐代柘枝舞的形象，造型优美生动。

为了尽可能使用材料，本选题使用广义的概念。

本节对上节所罗列的碑刻予以分类，以图对其类型及碑刻本身进行简单的介绍，以期对后文的叙述有所帮助。

一 墓志[①]

墓志，是埋于地下，记载死者生平的刻石。[②] 墓志来源于墓碑。树立于坟前的叫作墓表，随死者埋入地下的叫作墓志。关于墓志的起源：《西京杂记》说西汉杜子春临终作文刻石，埋于墓中，但形制、内容不详；东汉时的《马姜墓记》，金石学家认为此"墓记"为墓志之滥觞；较定形的墓志则始于魏晋南北朝时期。魏晋时皇帝多次下诏，废弃厚葬、严禁立碑，倡导"不封不树"。《三国志·魏书·武帝纪》卷一："令民不得复私仇，禁厚葬皆一之于法。"这样一来，使东汉盛行的那种树立丰碑的

[①] 包括神道碑、墓表以及地券，同时本条目将《天水隋唐彩绘围屏石榻》一并介绍。
[②] 秦公、王春元：《秦说碑贴》，中国青年出版社1997年版，第34页。

风气一定程度上得以遏制。然而，碑的内容并没有消失，东汉以来盛行的立于坟前的墓碑遂转入地下，依照碑形缩小而置于墓中，如西安碑林藏《晋菅夫人墓碑》呈小碑状、龙首、两面刻字。后逐渐演变为墓志平放，上面刻字。并出现了墓志盖，将标题刻于盖上，墓志及盖的四边刻有各种纹饰，隋唐时盖多为覆斗形，这种形式一直沿袭至清代。也有一些特殊的形制，如《唐李寿墓志》为龟形，可能是受碑的龟座影响。墓志虽然埋藏地下多年，但未遭风雨侵蚀，较一般而言保存完好，文字清晰，书韵犹存，为历史研究提供了可靠的实物资料，特别是北朝墓志，尤为提倡碑学者所推崇。

北朝墓志最为勃兴，有其机缘。东晋南朝禁碑遗风从曹魏一直绵延下来，碑刻未能产生新的发展。此时反观由少数民族控制的北方，碑刻却呈现一派欣欣向荣的状态。北朝，尤其是北魏时期，既无禁碑政策，又方便就地取材，石刻艺术空前发展，这一时期出现设立墓志、镌刻摩崖等承袭前朝已有的成果并蔚然成风。此外，这一时期佛教广泛传播，南朝主要表现为兴建寺庙，北朝则表现为兴建大量石窟、佛像，伴生的石刻造像题记也极大丰富起来。孝文帝就是一个倡导立碑的皇帝，太和十八年（494年）迁都洛阳过程中，孝文帝"经比干之墓，伤其忠而获戾，亲为吊文，树碑而刊之。"[1] 十九年（495年）夏四月，"又诏兖州为孔子起园柏，修饰坟垄，更建碑铭，褒扬圣德"[2]。在这种情况下，中原顺应墓志之礼俗，北方鲜卑跟随汉人并推波助澜，于是北魏时厚葬之风大兴，朝廷对臣僚葬事也大行赏赐。孝文帝太和二十三年（499年）赵郡王元干卒，被赐"东园秘器、敛服十五称""帽帛三千匹"[3]。宣武帝时，宗室元舰薨，"世室为举哀于东堂，给东园第一秘器、朝服一袭、赗钱八十万、布二千匹"[4]。元澄于神龟二年薨，"澄之葬也，凶饰甚盛"[5]。史书对此多有记载，不一而足，此乃北朝墓志碑铭勃兴的机缘。

---

[1] （北齐）魏收：《魏书·高祖纪》卷7下，中华书局2000年版，第118页。

[2] （北齐）魏收：《魏书》卷7下，中华书局点校本1974年版，第177页。

[3] （北齐）魏收：《魏书》卷21上，《献文六王列传·元干传》，中华书局点校本1974年版，第543页。

[4] 《魏书》卷21下《献文六王列传·元舞传》，中华书局点校本1974年版，第583页。

[5] 《魏书》卷19中《景穆十二王列传·元澄传》，中华书局点校本1974年版，第480页。

最初的墓志，纯粹是一种应用文体，龚自珍在《说碑》中称它是"仁人孝子，于幽宫则刻石而埋之"。

作为应用文体的墓志，一般由志和铭两部分组成，"志"是逝者的传略，多用散文撰写，叙述死者的姓名、籍贯，以及把死者在世时，无论是持家、德行、学业、技艺、政绩、功业等生平事略，浓缩为一份个人的历史档案，在客观上弥补了家族史、地方志乃至国史的不足。"铭"是颂词，用韵文概括全篇，主要是对死者一生的评价。正如刘勰在《文心雕龙·诔碑》中所说："夫属碑之体，资乎史才。其序则'传'，其文则'铭'。"刘勰所说的"序"就相当于"志"，而"文"就相当于"铭"。当然，铭文不一定必须有。从内容上看，铭文要比志文的文学色彩强烈，也更抒情，尤其在早期的单纯应用文性质的墓志铭中体现更为明显。这大概是因为在追述了死者的生平事迹后，在文章末尾便自然而然、情不自禁地抒发一下生离死别的悲痛与哀思，所谓"不为平生，应为此别"。西安碑林藏《隋关明墓志》云"疑陵谷之易迁，刊金石之难改，寄万古而扬名，托流芳于千载"。这很符合国人光宗耀祖、泽及后代、流芳千古的社会风尚。这些文字，现常称作墓志铭。褚斌杰先生在《中国古代问题概论》一书中也以大致相同的内容定义了墓志铭："墓志铭，是古代墓碑文的一种，它前有一篇记述死者生平的传记，后有一篇颂赞体的铭文。"①

格式的固定，使得这种文体看起来千篇一律，缺少变化而较为呆板。记载墓主的生平事迹，志文就很容易变成各种事件的简单罗列；而作为颂词的铭文则千篇一律，更容易落入虚浮夸饰的俗套。②但在墓志铭写作和发展过程当中，由于文人的介入，使得墓志铭的写作发生了巨大的变化，很多墓志铭已具有了鲜明的文学性，并逐渐由纯粹应用文体向文学领域转变。例如：甘肃张家川回族自治县的《王真保墓志》，志文思路清晰，详述王氏家族历代功绩，语言优美、情感真挚、气势磅礴，言语间可深切感知王氏家族的卓著功勋。如"历代名位，左右贤王""因朝入士（仕）、鸣玉西都""后中国失御，魏晋迭升，或龙腾白马，凤飏金城，所

---

① 褚斌杰：《中国古代文体概论》（增订本），北京大学出版社1990年版，第445页。
② 李慧、王晓勇：《唐碑汉刻的文化视野》，人民出版社2009年版，第102—103页。

在立功，图勋帝室"。志文末在叙说墓主逝世时，感情充沛，痛惜之情沛然，但又充满赞誉之意，"公执操自高，每多慷慨，志兼择翻之规，情念矫鳞之望，风随之节未申，腾雾之忧未举，寝疾不豫，奄然即逝"，读之令人潸然。很明显，此碑文应为当时文人作为，具有鲜明的文学性。

在上节表格所列的碑刻中，墓志等有以下几通，下面按照时间先后顺序予以介绍，并将材料所能体现的陇右相关少数民族的历史与文化问题予以说明。

（一）《梁阿广墓表》

碑身与碑座以榫卯结构组合在一起，均为灰砂岩质，其中，碑额为圆弧形，碑身为方形，通高 36 厘米，宽 27.5 厘米，厚 5 厘米；碑座高 10 厘米，长 29 厘米，宽 20 厘米，为长方体，四周为水纹和莲花浮雕。碑额正面阳刻小篆体汉字"墓表"二字。碑身正面阴刻竖排 9 行隶书体汉字，每行均为 8 字，共计 72 字，即"秦故领民酋、大功门将、袭爵兴晋王、司州西川梁阿广。以建元十六年三月十日丙戌终，以其年七月岁在庚辰廿二日丁酉葬于安定①西北小卢川大墓茔内，壬去所居青岩川东南卅里。"② 碑身背面阴刻竖排 2 行隶书体汉字，每行均为 6 字，共计 12 字，即"碑表及送终之具于凉州作致"。

"建元"是前秦苻坚使用的第三个年号，共计 21 年（365—385 年）。从墓表得知，梁阿广去世与下葬的时间间隔四个多月，这不难理解——在古代殡葬习俗中，有"一月殡、三月葬"之说。③ 梁阿广四个多月的时间间隔属于正常现象。

梁阿广的籍贯为司州西川，家庭住址在青岩川，茔地在小卢川。魏晋隋唐元明清的文献均能找到泾河北部支流小卢河的记载，民国和当代书籍中多将其称为小路河。小路河位于大路河的南面，两河均发源于甘肃平凉市崆峒区西北，并行东南流，于崆峒区东部（四十里铺东）注入泾河。

梁阿广是一个民酋，所授军职是大功门将，仅仅是一名低级军官，

---

① 此时安定郡治临泾，今镇原县东南，该墓址当在今平凉、镇远彭阳地区之间。
② 张有堂：《〈梁阿广墓表〉之考释》，《彭阳史志》2015 年第 2 期。
③ 《清史稿·礼志》，中华书局 1977 年版。

但爵位是"袭兴晋王"，根据《十六国春秋·前秦录》可知，他可能是苻生所诛杀的车骑将军梁楞的儿子，后苻坚为了笼络梁氏家族，恢复了梁楞的荣誉，从而让梁阿广继承了兴晋王的爵位。据《十六国春秋·前秦录》记载，梁平老、梁谠、梁畅、梁熙祖籍地均为略阳（今甘肃秦安县境），均与前秦皇族同属氐人，所以梁阿广是氐人。

从墓志文的书法艺术上看，其文既有浓重的汉代隶书特点，又有魏体的端倪，书体苍劲，结构严谨，有力地佐证了书法从汉隶到魏碑的转变。

（二）《苟头赤鲁地券》

此券初见于柯昌泗《语石异同评》卷5，谓光绪二年（丁丑，1877年）出自甘肃灵台县，砖质①。于省吾《双剑誃古器物图录》卷下亦有著录，谓券宽12.8厘米，长25.6厘米。文5行，行字不等。张传玺《中国历代契约会编考释》（上）亦录有释文，② 具体内容参见附录。

鲁西奇根据地券具体内容考证，表明在北魏时期，泾州安定郡地区应是羌、胡、汉杂居之地。而土地之所以能够交易，可以说明两个问题：一是这些少数民族已在此地居住较长时间，并且已从事农耕很长时间；二是说明在当时战乱不已的情况下，土地权属依然分明，基层经济活动依然有序。

（三）《王真保墓志》

墓志首题为"王司徒墓志"，下称："君讳真保，秦州略阳人。实轩辕之裔，后稷之胄。盖隆周即豫，霸者专征，陈生磋去，获兆西域，遂飞实武威，别为王氏。历代名位，左右贤王。暨汉世大统，诸国内属，因朝入仕，鸣玉西都。后中国失御，魏晋迭升。或龙腾白马，凤飏金城，所在立功，图勋帝室。受晋茅土，遂家略阳。"（全文参见附录）从上引墓志首段看，王真保系秦州略阳人。

这通碑是记载北魏末年北镇起义时高平镇胡琛的部将万俟丑奴所建立的割据政权为拉拢陇西豪族王氏，而给该家族已死的王真保赠"天水郡开国公""太原王""谥曰懿"的碑铭。

---

① 叶昌炽撰，柯昌泗评：《语石异同评》卷5，中华书局1994年版，第262页。
② 张传玺主编：《中国历代契约会编考释》（上），北京大学出版社1995年版，第117页。

这通记有绝对年代的墓志，是研究北魏晚期甘肃少数民族政治活动弥足珍贵的资料，墓志铭对研究魏晋时期的西部民族关系具有重要意义。周伟洲先生根据墓志铭文，认为"王真保一族不是氐族，而是属于匈奴中的屠各，即魏晋以来称为'杂胡'中的一种"。①马明达先生持相同看法。也就是说，通过该墓志，我们可以知道，魏晋南北朝时期活跃于秦州、陇西等地的休屠王氏家族来源于匈奴休屠部。也有些学者认为：王真保应为氐族。不论是匈奴屠各还是氐族，属于北方少数民族应是无疑的。

年号为神平的"大赵"政权建立于北魏永安元年（528年），其建立者是高平镇匈奴人万俟丑奴。

（四）《獨生墓志》

甘肃天水出土墓志所载獨生及其父步肱，不见史传所载，然父子二人均于边地重镇担任行政长官，对探讨北魏末及西魏时期边疆形势变化多有帮助。在步肱除授诸职官中，以都督秦州诸军事、秦州刺史最为值得注意。太延五年（439年），北魏以故南秦王世子杨保宗为征南大将军、秦州牧、武都王，镇上邽，始经略秦州。时秦州下辖天水、略阳及汉阳三郡，步肱爵封略阳郡开国公也本于此。稽之史志所载，北魏末期除授秦州刺史者有元谭、骆超、元逻及侯莫陈悦等人，皆宗室功勋，身份显贵。加之秦州地处关中咽喉，战略位置重要，步肱能任都督秦州诸军事、秦州刺史，亦非等闲之辈。

墓志言獨生"在职薨殒"（全文参见附录），卒前任使持节、安北大将军、都督南荆州诸军事等职。相比秦州，南荆州地理位置更为重要，其东接东魏，南临萧梁，处于政治敏感的三角地带。獨生能与其父步肱分别镇守西魏南部边境东西两边，可谓虎门将子，世代良将。墓志只载步肱、獨生名讳，未及姓氏。以名讳用字情况观之，步肱、獨生族属应为秦州羌、氐。西魏建国之初，对秦州给予特别关注，宇文泰平定秦州刺史侯莫陈悦后，即命心腹赵贵"以本将军、持节、行秦州事、当州大都督"②。赵贵即天水南安人，只是后来秦州刺史之位为李弼接任。

---

① 周伟洲：《西北民族史研究》，中州古籍出版社1994年版，第430页。
② 《周书》卷16《赵贵传》，中华书局1974年版，第262页。

（五）《史射勿墓志》

宁夏回族自治区固原市出土。志称"公讳射勿，字盘陀，平凉平高县人也。其先出自西国"（全文参见附录）。此处虽未言明是史国，但从其姓氏及子史诃耽墓志中"史国王之苗裔"语，可以肯定他们一家就是从粟特地区的史国迁徙而来的。史射勿墓志说他"讳射勿，字盘陀"，但在其子史道洛墓志中却说"父射勿盘陀"，① 在敦煌粟特人聚落中也有名射勿盘陀者。可能射勿盘陀才是史射勿的全名。敦煌出土的《天宝十载敦煌县差科簿》上就有名为安射勿盘陀的粟特人，可知系粟特人常用之名。② 史射勿本人墓志中的写法或许是粟特人为了模仿汉人之名与字而将一名拆分开来而用的，如"安菩，字萨"，可见其逐渐汉化的痕迹。据墓志记载，"史姓"是魏晋以来由乌兹别克内赫里夏勃兹地区东迁后定居原州的，我国史籍中称之为"昭武九姓"中的史姓。史姓墓地对研究当时落籍固原的史姓家族及粟特人东迁后的许多历史问题提供了实物资料，且填补了固原地方志中中亚粟特人史系家族生活状况的相关记载的空白。

据史射勿墓志记载，北魏中期，史射勿祖先就告别了中亚粟特城邦来到了中国，老祖先妙尼、波波匿还当过萨宝这类的大官，管理着祆教、摩尼教、景教等。

史射勿跟着北周重臣宇文护讨伐过北齐，随固原人、北周开国元勋李贤的儿子李询镇守过河东，参加过固原人、北周大将李穆指挥的轵关战役，追随宇文惠掩讨伐过稽胡。到了隋朝，史射勿跟着隋炀帝下过扬州，成为隋炀帝集团成员之一。史射勿官至帅都督、大都督、骠骑大将军。史射勿有7个儿子，大儿子史诃耽善于养马，留在宫中给皇室养马；懂点外语的儿子，是皇帝的资深翻译。固原南塬出土了史射勿孙子、史诃耽侄子史铁棒的墓志，史铁棒给皇帝当过贴身保镖，后担当起为朝廷养马的重任。

历史学家普遍认为，公元3世纪至8世纪，由于商业利益的驱使，以及粟特地区的动乱、战争等原因，粟特人沿着漫长的丝绸之路大批东行，

---

① 罗丰：《隋唐史氏墓志》附录，《胡汉之间——"丝绸之路"与西北历史考古》，文物出版社2004年版，第483页。

② 池田温：《唐研究论文集》，中国社会科学出版社1999年版，第19页。

经商贸易。在魏晋南北朝至隋唐时期，粟特人入华逐渐达到高潮，他们在东行的丝绸之路沿线不但留下了足迹，还形成了聚落。

20世纪以来，中国境内丝绸之路沿线重镇陆续发现了入华粟特人墓葬，分布在新疆、甘肃、宁夏、陕西、山西、河南等地。

20世纪80年代，宁夏考古研究所在固原南塬发现了粟特史氏墓葬群，有5座墓葬出土了墓志。墓志中显示史氏聚族而居的处所："万福里第""招远里私第""劝善里舍""延寿里第"等。而且，史索岩之妻安娘为中亚安国人后裔；史道洛妻康氏出身于萨马尔罕，为中亚康国人后裔。史、安、康等都是中亚"昭武九姓"的一组典型姓氏。

由于固原与甘肃庆阳、平凉为邻，故此碑的发现，可以说明当时在陇东地区也有着粟特人的活动。

（六）《吕瑞墓志铭》

张维《陇右金石录》记载：

> 天水县志：吕瑞墓志铭在县东北十里丰盛川坪头砦山神庙，光绪一十二年掘土得之，石今存。
>
> 按此志旧志不录，天水新修县志始搜录及之。志前题大隋车骑将军左金紫光禄都督左八军属民复襄如二县令襄州鹿门县开国男吕公之墓志，惟未见拓本，恐有误字。吕氏为天水豪望，婆楼光隆，承家开国，见于金石者，君延碑有吕云，建崇寺碑有吕兴成、兴进。此志文字无阙，尤可珍也。

在十六国时期，吕氏为天水豪望，后凉的建立者为吕光，吕光即前秦太尉吕婆楼之子。吕光建立后凉后，追尊吕婆楼为景昭帝。吕婆楼的先祖名叫吕文和，在汉文帝初年为避难而从沛郡迁徙到略阳（今甘肃天水）。吕姓子弟因吕光建立政权而得以发迹。北魏《君延碑》中有吕云，北周《建崇寺碑》中有吕帛冰等，碑载吕帛冰为秦州都酋长。并且该碑中姓宇文的也应该是吕姓氏人，因为碑文记载："惟建德三年岁次甲午二月壬辰朔二十八已未佛弟子本姓吕蒙太祖赐姓宇文……"（全文参见附录）故根据常识判断，吕瑞应为氏人，但从史籍上已经不能详细考证，只能期待更多的相关墓志的出土以进行更深入的探讨。

（七）《大唐隋故车骑将军金公墓志铭并序》

北京图书馆藏拓本。墓志载：

> 公讳行举，字义起，陇西伏羌人也。夫笃慎忠贞，日䃅见称于强汉；经明行着，钦赏播美于元成。……其词曰："长源洪族，遂古金天，休屠特挺，乃诞贞贤。灭亲存乎大义，拜泣发乎天然，盛德不泯，嗣后光前"。

可见，金行举应是匈奴的后裔。金姓源流有三：一说出自少昊金天氏，东汉应劭《风俗通义》所云，金姓是"少昊金天氏之后"；一说源于匈奴族，金姓出自西汉时期匈奴休屠王之子金日䃅，属于帝王赐姓为氏，西汉王朝时期，南匈奴休屠王的儿子名叫日䃅，在汉武帝执政时期随母亲归顺于汉室，汉武帝因获休屠王祭天金人故赐其姓为"金"；一说源于改姓，出自五代时期吴越国刘氏一族，属于因谥改姓为氏。唐朝末期至五代时期，吴越大豪钱镠创建了吴越国，他成为开国第一任君主。由于钱镠的"镠"与"刘"为同音字，为了令辖下皆避自己的名讳，钱镠便下诏将吴越国中所有的刘氏族人皆改为金氏，世代相传至今。从碑志可见，金行举应为匈奴后裔，因为志文曰："夫笃慎忠贞，日䃅见称于强汉；经明行着，钦赏播美于元成。"（全文参见附录）根据匈奴发展历史可知，南北朝时期是匈奴在中国历史舞台上的最后一场演出，此后，匈奴就融入了各民族之中。所以金行举虽为匈奴后裔，但是从隋这一历史时期来看，应为羌族。

（八）《唐故齐州历城县令库狄君墓志铭并序》

《元和姓纂》载库狄氏乃鲜卑段匹䃅后裔，因避难"改姓库氏，先世居代北，后迁中夏"[①]。库狄氏早期活动在史籍中并无明确记载，而据河北唐县"赛斯颠窟"摩崖造窟碑记（《库狄太傅公石》）之叙述，可适当呈现其早期活动轨迹。在北朝乃至隋唐期间，库狄氏各支族频频出现于史籍。北魏末，有库狄氏追随河阴之变前后一度控制朝局的尔朱氏的记

---

① （唐）林宝：《元和姓纂》，岑仲勉校译，郁贤皓、陶敏整理，中华书局1994年版，第1232页。

载,如库狄干追随尔朱荣,库狄洄落追随尔朱荣、尔朱兆,库狄伏连追随尔朱荣,库狄昌追随尔朱天光等。随着军事实力派宇文泰和高欢集团的崛起,因追随的集团不同,库狄氏分散为两支,追随高齐的以库狄干、库狄洄落、库狄伏连为代表,追随宇文周的以库狄峙、库狄昌为代表。于是其部族随着政局变化分裂为河西、河东两支。河西库狄氏历经北魏、北周、隋而入唐,所任职官多为太守、刺史、总管以至千牛、郎中及库部郎中等职,其显贵不及同一时期的河东库狄氏。

碑文:"君讳通,字丰仁,天水人也。因家河南县永泰乡焉。"(全文参见附录)根据以上分析,可知库狄通籍贯属于隋唐统治中心区域的京兆—洛阳的两京地区。河东、河西两支库狄氏在隋唐期间分别定居于长安、洛阳两京地区,且间有历任高官者。库狄氏在时代浮沉之中历经荣辱坎坷,其陆续迁徙、开枝散叶以及接受他族异姓的过程,为我们呈现了一个少数民族的兴衰史。从士族迁徙着籍并中央化的意义来看,库狄氏亦属隋唐时期的一个家族案例。[①]

(九)《大唐故右监门卫将军魏公墓志铭》

直接反映唐代庆阳地区民族情况的碑刻目前尚无发现,《庆阳金石碑铭菁华》中只收录了一通唐咸亨年间(670—674年)的《大唐故右监门卫将军魏公墓志铭》。碑中追述了碑主一生功业,以及跟随唐太宗征战西北的大量史实,从中可以反映出当时陇右地区的民族状况。

公讳愁,字知人,河阳都尉之孙,通议大夫之子……若夫投笔从戎之岁,弹冠筮仕之年,将军校尉之名,建国承家之号……太宗以英雄立隧神武,开阶集丹,浦以陈兵,指青丘而顿纲。天子之剑代钌燕锋,王者之师有征无战。公体仁成勇,资父事君。来干肉食之谋,即预戎衣之业。宏图远略,气惜千夫。考绩论功,荣参五校。

庆阳地区处于与游牧民族的交界地带,"弘化郡连接山胡"名将辈

---

① 毛汉光:《从士族籍贯迁移看唐代士族之中央化》,《中国中古社会史论》,上海书店出版社2002年版,第234—333页。

出,"人谙武事,以故闲韬晓略,怀忠奋义之士,每每杰出于时。"① 汉代班固在《汉书》中就已经清晰地说明了庆阳地区将才云集的原因:"何则?山西天水、陇西、安定、北地处势迫近羌胡,民俗修习战备,高上勇力鞍马骑射。故《秦诗》曰:'王于兴师,修我甲兵,与子皆行。'其风声气俗自古而然,今之歌谣慷慨,风流犹存耳。"② 清代的《庆阳府志》称庆阳"为西北重地,古名贤夙将,每建奇勋"③,碑主为"右监门卫将军""河阳都尉之孙,通议大夫之子",其祖父是"都尉",可见碑主家族当是以武职起家。

唐高祖李渊曾担任过庆阳地区的行政长官,即弘化郡留守。庆阳是中原王朝防御突厥等民族势力的重地,许多重臣都被派往庆阳一带备防。隋河间王弘、沁原公虞庆都曾在庆阳地区组织防御突厥入寇,并与突厥大战互有胜负。"隋以河间王弘为宁州总管。时突厥屡为边患,以行军元帅率众数万,出灵州道,与虏相遇,战,大破之,斩数千级。赐物二千段,出拜宁州总管,进位上柱国。弘在州,治尚清静,甚有恩惠。"④ "十二月,隋遣沁原公虞庆则屯弘化备胡。时突厥入寇,以庆则为元帅讨之,部众失所,士卒多寒,冻堕指者千余人,偏将达奚长孺率骑兵二千人别道邀贼,为虏所围甚急,庆则案营不动。于是,长孺孤军独战,死者十八九。"⑤ 在严峻的形势中,李渊被派往庆阳地区的目的当然也是防备突厥。唐代陆贽曾说过宁州、庆州是"凭山河之形胜,宅田里之上腴,为昭德蓄威之地。"⑥ 李渊"素怀济天下之略,有经论天下之心,接待人伦,不限贵贱,一面相遇,十数年不忘,山川险要,一览便忆,远近承风,咸思托付"⑦。在驻守时间里,李渊"历试中外,素树恩德,及是接纳豪杰,众多款附"⑧。他依靠庆阳地区丰富的资源招兵买马,收拢地方豪强,

---

① 傅学礼:《庆阳府志》卷2,甘肃人民出版社2001年版,第28页。
② 《汉书·赵充国、辛庆忌传》,中华书局2007年版,第697页。
③ 杨藻凤:《庆阳府志·兵防》,清顺治十七年(1600年)刻本,第57页。
④ 《隋书·河间王弘传》,中华书局1973年版,第1211页。
⑤ 慕寿祺辑著:《甘宁青史略正编》卷5,赵元贞、李炳校,兰州俊华印书馆1936年版,第37页。
⑥ 顾祖禹:《读史方舆纪要》卷57《陕西六·宁州》,中华书局1955年版,第2768页。
⑦ 温大雅:《大唐创业起居注》卷1,上海古籍出版社1983年版,第4页。
⑧ 《旧唐书·高祖纪》,中华书局1975年版,第2页。

暗自发展壮大自己。从碑中的家世叙述中，可以看出碑主家族极有可能是这一时期投靠李渊的地方豪强之一。

碑主"投笔从戎之岁，弹冠筮仕之年，将军校尉之名，建国承家之号"，可知由于受家族的影响在弱冠之年就立下投笔从戎的志愿。唐太宗"以英雄立隧神武，开阶集丹，浦以陈兵，指青丘而顿纲。天子之剑代钎燕锋，王者之师有征无战"，召集兵士，准备对西北用兵。碑主因为"才优上席，学富中经；宣室宾王，承明谒帝"得到唐太宗的赏识，"体仁成勇，资父事君"跟随唐太宗"来干肉食之谋，即预戎衣之业""扬旌马窟，按剑龙堆。一战而扫天山，再举而穷地络"在西北地区立下卓著的功勋，因此得到"荣登上将，秩亚通侯。亲陪日观之祠，躬睹云封之庆"这样的殊荣。碑主是什么民族不可得知，但是他所处年代正是西北多事之秋，也是突厥、吐蕃等民族进犯庆阳地区最频繁的时候。从公元618年到625年，李世民先后带兵破"西秦霸王"薛举、庆州都督杨文干、突厥等各路大军，战争异常频繁。① 所以碑主的主要战功也是在与西北民族的战争中获得的：

玄塞百重，黄沙千里。寒胶甫折，遂闻鸣镝之喧；夜魄初圆，仍听哀笳之响。公扬旌马窟，按剑龙堆。一战而扫天山，再举而穷地络。璇衡台上，恒沉朔野之氛。玉树官前，永灭幽都之火……

这些描述西北战场的内容，表现了此时唐与突厥、吐蕃等西北民族相互征战，各民族在战争的激烈冲突中急剧融合的状况，也从侧面表现了庆阳地区当时民族纷争的现实。

（十）《康智墓志》

《陇右金石录》载："在正宁杜树原今佚。"其注解云：

庆阳府志唐康府君墓碑在正宁县杜树原康智墓智字元功任县令与父谷城令寿俱以美政闻②

---

① 《宁县志》编委会：《宁县志·大事记》，甘肃人民出版社1988年版，第6—7页。
② 张维：《陇右金石录—附补》，民国三十二年甘肃省文献征集委员会校印，唐59，第16013页。

《唐代墓志汇编》中也有一方名"康智"的墓志，即《大周故康府君墓志铭并序》[①]，墓志载：

> 君讳智，字感，本炎帝之苗裔，后有康叔，即其先也。自后枝分也散，以字因生，厥有斯宗，即公之谓也。

粟特人的历史前文已有交代，由于其在古代东西方的文化交流中所发挥的重要作用和产生的价值，被称为古代中亚地区最为活跃和神秘的民族之一。[②] 由于政治、商业等原因，随着张骞凿空，丝路开通，粟特人与中原开始发生越来越频繁的联系，从魏晋至隋唐持续不断。陇右作为丝路重地，粟特人的广泛存在与繁衍生息当是必然。

在与汉民族的长期共同生活中，粟特人最终融入中原民族成为必然，在融入中原民族的过程中，意识观念上的民族认同发挥了重要作用，他们在墓志中往往给自己找一个显赫的中原家世渊源，表现出对汉文化的主观依附，这点我们可从《大周故康府君墓志铭并序》看出。当然，这种意识观念是有一个发展演变的过程的，举例说明如下。

首先是有清晰的异族观念和心态的类型。如康婆（573—647年），见《大唐故洛阳康大农墓志》：

> 君讳婆，字季大，博陵人也，本康国王之裔也，高祖罗，以魏孝文世，举国内附，朝于洛阳，因而家焉，故为洛阳人也。[③]

又如安菩（601—664年），见《大唐定远将军安君志》：

> 君讳菩，字萨，其先安国大首领，破匈奴衙帐，百姓归中□国。首领同京官五品，封定远将军，首领如故。[④]

[①] 周绍良：《唐代墓志汇编》，长寿031，上海古籍出版社1992年版，第855页。
[②] 克林凯特著，赵崇民译：《丝绸古道上的文化》，新疆美术摄影出版社1994年版，第138页。
[③] 周绍良：《唐代墓志汇编》，贞观139，上海古籍出版社1992年版，第96页。
[④] 周绍良：《唐代墓志汇编》，景龙033，上海古籍出版社1992年版，第1104页。

其次是过渡类型，在家世渊源的说明中不再明确表明自己来自他方异域，但在其叙述中仍能看出其异族的特征，但又能感觉到其主观上对汉文化的一种接近。如康郎（660—702年），见《大周故康府君墓志铭》：

  君讳郎，字善庆，魏州贵乡人也。植性中鲠，立志清勤。或葱岭尘惊，唯欣逐鸟；蒲山雾起，情切鹰鹯。①

李元谅（安元光727—793年），见《唐故李公（元谅）墓志铭并序》：

  公本安姓，讳元光，其先安息王之胄也，轩辕氏廿五子在四裔者，此其一也。立国传祚，历祀绵远。及归中土，犹宅西垂，家于凉州，代为著姓。三明盛族，每联姻媾；五凉霸图，累分珪祖。②

最后是完全认同的类型，在家世渊源的叙述中，已经完全没有了异域特征，开始自觉或不自觉地依附于中原传统渊源或观念。如康武通（585—649年），见《唐故陪戎副尉康君墓志铭并序》：

  公讳武通，字宏达，太元祁人也。远派洪流，导长澜于汉浦；崇基峻阯，擢远条于邓林。芳声与史册俱传，珪祖与图缃并载。③

如安度（582—659年），见《大唐故陪戎副尉安君墓志铭》：

  君讳度，字善通，长沙人也。其先弈叶相承，根扶疏而不朽；洪源远派，等松竹而长荣。④

---

① 周绍良：《唐代墓志汇编》，长安036，上海古籍出版社1992年版，第1016页。
② 吴钢：《全唐文补遗》（第三辑），三秦出版社1996年版，第128页。
③ 周绍良：《唐代墓志汇编》，咸亨051，上海古籍出版社1992年版，第545页。
④ 周绍良：《唐代墓志汇编》，显庆116，上海古籍出版社1992年版，第303页。

入华粟特人家世渊源观念的上述三个阶段，只是一种相对的区分，由于入华粟特人所处环境、个人生活背景、入华后的个人生活状况等等的不同，其汉化的程度与过程也是异常复杂的，上述的分析，只是为了从总体上把握这一趋势，对此问题，后文仍有阐释。

（十一）《唐故游击将军穆泰墓志》

该墓葬所处的位置在庆城县城关镇封家洞行政村赵子沟自然村中山梁，于2001年发掘。随葬物品有陶俑、陶器、墓志、铜镜、货币等。其中有不少胡人陶俑、骆驼、马等草原游牧民族生活的景象。据《甘肃庆城唐代游击将军穆泰墓》发掘公报分析，"墓葬有袒胸胡人俑1件、牵夫胡人俑3件，还有骆驼俑3件，马俑3件和羊俑4件。其中袒胸胡人俑和牵夫胡人俑的造型明显不同于汉人，可以轻易的分辨出来，具有鲜明的胡人形象。这些胡人俑之所以放在穆泰的墓葬作为随葬品，应当是刻意安排的结果。这些随葬品为确定墓主穆泰家族为北方鲜卑民族提供了依据"[①]。

墓志，灰陶质地，呈正方形。盖、底形制相同，为盒式相扣。盖顶以白粉饰菱花纹，底内铭文自右起竖排，以白粉书小楷15行，满行31字，字径1厘米。字体工整，内容翔实。长、宽36厘米，厚10厘米。志文详见附录。

（十二）《天水隋唐彩绘围屏石榻》[②]

1982年6月，天水市市区石马坪文山顶发现隋代墓葬一座。墓向正北，为竖井单室。墓室正中处有围屏石榻一座，砂页岩质地。石榻通高123厘米，宽115厘米，长218厘米。有大小不等的17方画像石和9方素面石条组成床座、床板和屏风。其中凡是有雕刻的地方均施红彩，彩上以细墨线勾勒，部分贴金，可以想见文物当时的辉煌灿烂的景象。榻上残存木椁和人骨痕迹。随葬器物有：坐部伎俑五件、烛台一件、金钗一件、石枕一件、铜镜一件、墓志一件。墓志长、宽各43厘米，厚4.5厘

---

① 庆阳市博物馆、庆城县博物馆：《甘肃庆城唐代游击将军穆泰墓》，《文物》2008年第3期，第32—51页。

② 此"石榻"是天水地区发现的研究粟特日常生活及祆教祭祀的主要文物，由于不属于碑铭，故在表2—1中未列举，但因其不言而喻的重要性，故将它在此处予以阐释。

米，纵横各刻方格九行，志文不清，隐约可见朱砂痕迹。

正面床座由两方浮雕画像石拼成，画像石减地雕六组，上下两层圆底莲瓣形壸门，上层壸门为六个男性乐伎，从左到右为执笙俑、弹半梨形曲项琵琶俑、吹洞箫俑、手击腰鼓俑和奏竖箜篌俑。下层壸门内与乐伎上下对称雕刻六个神兽，两臂生翼，反掌托举，这六个神兽应属于托天"畏兽"。我国自汉代以来就有以动物形象出现的异兽图像，亦即"畏兽"图像，祆教传入中国后多有采用，"畏兽"艺术形象在祆教艺术中比较多，多以有翼兽头人身形象出现，是祆教艺术表现天神的一种图像。石榻前方两侧还有神兽两尊，是床体的组成部分，目前国内发现的其他有围屏石榻或石椁没有类似装饰。神兽前腿直立，后腿弯曲成蹲卧状。前后两爪撑在石墩上，后背凿成平面，支撑在床板左右两角下。这两件神兽应是祆教中的"神犬"，信奉祆教的胡人十分重视犬，这两只床侧蹲卧着的犬，正是粟特人"犬视"仪式的体现。姜伯勤在《中国祆教艺术史研究》一书中引火教经《阿维斯托注释》（The Zend-Avesta）中《闻迪达德》（Vendîdâd）的Ⅷ章49云：

> 如果我之双犬，牧羊犬与家犬，打从我的任一忠实人民家宅经过，勿令走开。若没有我之两犬，牧羊犬与家犬，根本就没有任何家宅可在阿胡拉所创之大地上生存。[①]

床板由长51.5—59厘米、宽115厘米、厚9厘米的四块石板拼成，床板正面上下沿分别镌刻有一行连续的联珠纹，在联珠纹中间又镌刻有忍冬纹，联珠纹是萨珊波斯及粟特祆教艺术中的常见纹饰[②]，在北周安伽墓、北齐安阳石棺床等祆教墓葬和其他艺术品中多见。其余三面距床沿4厘米处刻成深3厘米、宽4厘米的凹槽。

屏风由11方均长87厘米、宽30—46厘米、厚3—4厘米的浮雕彩绘屏板组成，床榻左右各3块，正面5块。11块屏风的底部镶嵌在床板边

[①] 姜伯勤：《中国祆教艺术史研究》，生活·读书·新知三联书店2004年版，第240页。
[②] 施安昌：《北齐粟特贵族墓石刻考——故宫博物院藏建筑型盛骨瓮初探》，《故宫博物院院刊》1992年第2期，第78页。

沿的凹槽内。屏风采用平地减底浅浮雕，雕工精湛，内容丰富，画面形象生动。屏风9的画面较为特殊，一共描绘了7个人物，其中有坐地饮酒者，有搬运酒罐者，还有从酒缸里向外盛酒者。姜伯勤等学者研究指出这幅画面刻画的是祆教雩祭"酒如绳"的场面，有一定的可靠性。[1] 总体而言，石棺床围屏的整幅画面以主人夫妇对坐宴饮为中心，分别刻画出宴饮、车马出行、亭台楼阁、狩猎等日常生活场景，充分展现了墓主人的日常生活，以及祆教祭祀等主题。

上述分析可以概括为以下几点：一是根据石棺床及其随葬的物品，可知该墓葬的年代应为北朝至隋；二是墓葬体现了粟特祆教信仰；三是该墓主在粟特人当中具有较高的社会地位；四是天水在北朝晚期至隋代时期是粟特人居住较为集中的区域。从天水境内出土了许多带有西域文化特点的文物，证实了当时胡人在天水活动是很频繁的。2002年，在该围屏石榻墓地约100米处发现被盗掘的又一座围屏石榻墓，2005年案件告破，但随葬文物已流失海外，仅追回床板一块和部分床板残件（见图2—1）。

目前，国内外研究祆教艺术的重点在甘肃的河西走廊地区和山西太原、山东青州、河南洛阳及安阳、陕西西安、新疆、宁夏固原等地区，多种现象表明，陇右的天水在中古时期也是粟特人比较集中的经商和聚居区，他们在传播祆教文化的同时，也积极吸收当地的文化因素，成为我们研究祆教艺术的主要材料。

二 造像碑

法国研究东方文化的著名学者雷纳·格鲁塞在《从希腊到中国》一书中，提到了一个饶有趣味的现象：佛教诞生在印度，而给佛造像的不是创立并信仰佛教的印度人，而是在印度居住的希腊人，之后佛教沿着丝绸之路传入中国，中国反倒成了世界上佛教造像最多的国家。接着他又解释了这一现象发生的原因：根据古印度的传统思想，佛教徒不敢在今世用肉眼可看见的雕像去直接表现他们所敬仰的佛，为使信仰有所寄

---

[1] 姜伯勤：《天水隋石屏风墓胡人"酒如绳"祆祭画像石图像研究》，《敦煌研究》2003年第1期，第15页。

图 2—1 2005 年天水市公安局移交的被盗掘石棺床墓床板及其他残碎件

资料来源：李宁民《天水出土屏风石棺床再探讨》，《中原文物》2013 年第 3 期，第 91 页。

托，而采用借代的方式，这就是早期佛教中对佛的足印、佛塔、宝座等物的崇拜的来源。公元前 4 世纪晚期希腊人来到印度，他们接受了佛教，又根据希腊文化传统，同时借鉴西亚、埃及文化，开始了佛造像，这就是"犍陀罗"艺术。中国自古就具有雕塑艺术传统和很高的造型艺术水平，在佛教和佛教造像艺术传入中国的过程中，出现了将佛教内容和中国表现形式融为一体的现象，将佛教造像中国化推向高潮。

中国中原北方与南方广大地区，东汉、三国时期已出现了地面寺院，至东晋、十六国时期，石窟寺院也发展起来。泥塑、壁画是最初地面寺院的主要艺术形式，石窟艺术在中原北方地区兴起以后，石刻成为陇右至中原东部地区石窟的主要造像形式。相对泥塑和壁画而言，石刻具有比较长久的生命力。

单体石造像包括造像碑、背屏式造像、圆雕造像和造像塔四种基本类型，其中造像碑是一种综合性的佛教艺术形式。从东汉开始记事碑碣迅速发展起来，石刻造像与传统的碑碣形式结合，产生了造像碑艺术。印度次大陆和朝鲜半岛均有造像碑遗存，印度次大陆造像碑产生与建筑造像构建有密切关系，朝鲜半岛则继承了中国模式。中国造像碑的显著特点在于大多数个体既造像又刊铭，在各类造像上题刻发愿文、造像缘由及供养人姓名、籍贯、官职等文字，以期佑福，有时也有线刻的供养人像。从而将印度次大陆的佛教艺术与刊石记功垂名千古的中国儒家思想融为一体，兼施浮雕、减地平雕和线刻等技法，在相对较小的个体上镌刻种种形象，形成深为中国民众接受和喜爱的佛教艺术形式。

我国造像碑多与佛教有关，少数与道教有关，主要分布北方地区，盛行于北朝时期，多发现于河南、陕西、山西、甘肃等省。现存最早的造像碑是藏于陕西省耀县药王山的北魏正始元年（424年）的《魏文朗造像碑》，而以东魏至北齐和西魏至北周时期的数量最多，说明其最盛期在北朝晚期。造像碑至隋代日趋衰落，唐代仅偶有发现。北朝造像题材和造型风格等方面的特征，一般近似于同时期的石窟寺艺术。但因雕刻于碑石上面，故多系高浮雕作品，且形体较小，雕琢得更加精细，是研究当时宗教艺术及宗教史的重要实物资料。造像碑大体有三种形式：第一种是通碑四面雕为排列整齐的小型佛像，千篇一律，少有变化，这种形式，称为"千佛碑"或"万佛碑"，如上海博物馆藏《北周千佛石碑》。第二种则是在碑的前后两面各雕出二层或三层的佛龛，龛中雕出一佛二菩萨或一佛二弟子二菩萨，龛楣雕有飞天伎乐及天幕等。第三种是全碑仅雕为一龛，龛中雕一佛二菩萨，菩萨脚边雕有护法狮子，这一类造像，多在龛上层雕出供养人和供物，左右还多有文字题记等。上述三类是大多数造像碑的构造模式。

造像碑的施主主要有社邑、家族或宗族、个人以及共事者四种。一乡或一村的佛教徒集体出资雕刻，南北朝时期非常普遍，这是与当时紧密的村社组织结构相联系的。如甘肃正宁博物馆收藏的北周保定元年（561年）的《邑子共造释迦像》《北周立佛像》《禄文造像碑》《豆卢子等结社造释迦像》。隋唐时期村社组织较松散，社邑组织造像的形式锐减，以家族或宗族为单位经营造像碑则一直流行，其一为个体家庭，如《建崇寺造像记》；其二是大家庭，如《大统二年权氏石造像塔》《曾恭姬造像碑》《李阿昌造像碑》《荔非明达等四面造像题名》。宗族造像北朝时期比较常见，如《成丑儿等造像碑》。个人出资经营造像碑一直比较普遍，如北周的《王令猥造像碑》。在隋唐时期个人出资经营造像碑成为主流形式，个人施主包括平民、官吏与比丘三种，共事者多为来自不同地域的人，他们出于共同目的临时组织起来，属此情况者多为官吏或比丘众。当然，上述形式有时并不是截然分开的，它们之间会有某些成分的交叉。

造像碑一般置放佛寺供养，这也是造像碑多出土于寺址的原因，视碑之大小，具体场所又有室内和室外之别。

造像碑同其他的佛教艺术品一样，主要承担佛教徒做功德结善缘，以期佑福的功能。但同时还有其他功能，如慕化民众，偃师北魏正光四年（523年）《翟兴祖造像碑》记：

众生抱迷，群生丧目，若非大觉无以济其明；耶（邪）徒觅兴，有生到成佛道长远，非善不诣……童子拥沙，皆成佛果。此下法义卅人等建造石像一区……睹者生善，归心正觉。仰为皇帝陛下、七世父母、边（遍）地众生、有形之类，咸同斯福。

造像碑在佛教宣传方面尤其具有直观效果。河南东魏武定元年（543年）《道俗九十人造像碑》记：

妙色湛然，假朱紫以显其真；法性无为，托形言而标志德。

解救人们现实生活中的各种痛苦，希冀光明的未来，则是善男信女蜂拥出资经营造像碑最直接和根本的原因。陕西洛川西魏大统十二年（546年）《法龙造像碑》记：

>合邑六十人……敬造释迦石像一区……伏愿……四方宁静，干戈永戢……四土普升常乐。

人们希望佛陀保佑，结束战乱割据局面，过上太平日子。又如山西黎城隋开皇二年（582年）《赵仁惠造像碑》记：

>佛弟子赵仁惠在镇……敬造释迦石像一区。仰为……父母、兄弟、姊妹、妻子、眷属平安，早得相见；又愿部内五百人，法界众生，俱登正觉。

人们往往希望借助佛恩，解除疾病痛楚。武平年间（570—576年）《陈今刚造像碑》记：

>佛弟子陈今刚多患，愿造像一区，今得成就。愿于今以后，合门家口平安，无病苌（长）受（寿），普及一切众生，一时成佛。

陕西户县大业二年（606年）《李渊陕西户县草堂寺还愿碑》记：

>郑州刺史李渊为男世民，因患先于此寺求佛，蒙佛恩力，其患得捐，今为男敬造石碑像一铺，愿此功德资益弟子男及合家大小，福德俱足，永无灾障。

其实在大业元年（605年）李世民已经病过一次。在清代王昶的《金石萃编》卷四十收录的《大海寺唐高祖造像记》（此碑又名《李渊河南荥阳大海寺还愿碑》）中有云：

>郑州刺史男李世民遏染时疾。比闻大海寺有双王像，治病有验，故就寺礼拜，其患乃除，□[1]于此寺愿造石弥勒像一铺。

---

[1] "□"代表碑铭上一个未识别的字，后同。

超度逝者也是一个重要方面。梁天监五年（506年）《萧渊藻造像碑》记：

> 益州刺史萧渊藻，为削平乱践，士求国永隆，□不幸□亡群生，愿腾游诸佛之所……敬造石佛碑像一区，普同供养。

下面将相关碑刻予以介绍。
（一）《北魏追远寺造像碑》
《陇右金石录》记载：

> 新通志稿：追远寺造像在天水县北乡之新阳川，距城四十里，矗立道旁久无知者，拓者仅就有字处施毡捶，不见全豹。为可叹也。镌文处高二尺，广一尺二，存五分。凡十二行，行二十字。碑阴亦十二行，分两排。上排每行人名下均有供养佛三字，下排颇有泐缺。碑额有追远寺寸许大字三，通体大致完好，隶法略有云峰矩度，是北朝佳品，可宝也。权氏为显亲望族，隋唐时冠盖相继，世有闻人，宜其制作，不苟旧志。秦州石佛像残字亦有一权字，三景字，与此石可互证也。
>
> 按，此碑通志作太和，县志作天和，拓本殊模糊，未知孰是。通志生因误其因，住相作佳相，县志不误。今依拓本录入。[1]

志文请参见附录。
（二）《成丑儿等造像碑》
1999年5月28日出土于宁县新宁镇新宁村南坡组。高60厘米、宽30厘米、厚9厘米，红砂岩质，碑碣形，上部雕小龛两排，内各雕一化佛，中部雕倒凸形龛，龛眉两侧各一雕化佛，龛内雕一佛二胁侍，下部并排浅刻供养人，隙间浅刻供养人姓名，右侧阴刻铭文：

> 太和十二年岁次戊辰二月十二日，弟子成丑儿合家眷属为七世

---

[1] 张维：《陇右金石录—附补》，北魏31，民国32年甘肃省文献征集委员会校印，第15968页。

父母历劫诸一切众生敬造石像十四区（躯），成双会，成发文，成□□，成□□。

（三）《北魏熙平二年郭熙造像》

1990年华亭县安口镇谢家庙社出土，砂岩质，高41.5厘米、宽21.5厘米、厚7厘米。造像左右两侧面题记如下：

熙平二年（517年）太岁次申七月三日平凉郡郭熙张妃为七世父母｜造像供养愿□张妃河门大小当得□□

（四）《禄文造像碑》

是一种典型的社邑造像，是同邑异族异姓人的造像，右侧刻有9位邑主的姓名，背面下部刻30多位邑主及寺院维那的姓名。北朝时期，个人出资经营造像碑比较普遍，也是隋唐时期造像碑的流行式。个人施主身份包括平民、官吏与比丘3种情况。从这种现象中可以研究佛教对各族人们关系的影响，及在各族人们关系中所起的作用。

"社邑"也称为"邑"或"邑义"，为建造佛教造像碑的宗教团体，后文有详细介绍，此处不赘。题名参见附录。

（五）《邑子共造释迦像》

《邑子共造释迦像》，甘肃正宁博物馆收藏，151名邑子题名中，部族人士占100%。

（六）《豆卢子等结社造释迦像》（《北周立佛像》）

1984年甘肃正宁县罗川镇聂店村出土，石雕立佛像，现藏正宁县博物馆。据发愿文，题记为北周保定元年（561年）造，砂岩，通高207厘米，佛高169厘米。据发愿文，此像为"人中释迦石像"，该造像为佛社造像。

造像题名对于研究北周时泾河以北民族分布及其相互关系具有重要的意义。第一，造像题名共计158人，通过姓氏分析，有鲜卑族21人、羌族17人、匈奴屠各族13人、氐族4人、西域胡3人、吐谷浑族2人、高车族1人、尉迟部1人、不明族属者3人。（题名参见附录）可见在北周今甘肃正宁罗川一带，即泾河以北地区，居住的民族十分复杂，几乎包括了北方所有主要的民族。汉族人口最多，占一半以上，可见此邑各族融合的进程，已经发展到相当成熟的阶段了。第二，题名中"邑生范阿姊斤""尹妻比阿珠"，应该是汉族范姓与少数民族的胡姓"阿姊斤"之名的结合，汉族尹姓的妻子是一位有少数民族姓氏的"比阿珠"，说明此邑已流行各族相互通婚，这正是各族融合的标志之一。第三，题名中有官爵的少数民族（主要是北方的鲜卑）约有10人，而汉族只有5人，且官衔较低。由此可见，在北周地方一级的政权体系中，当权者仍主要为北方少数民族上层，但汉族也逐渐加入了统治阶级的行列。从民族关系的角度来考察，则说明该地民族差别的矛盾正在逐渐削弱。第四，各族百姓能够结社造像，可见当地百姓已有共同的信仰，上层百姓大都信仰佛教，甚至可以说已经有某种程度的共同的心理状态。我国整个北方（特别是关中和河陇地区）传世和出土的有关佛教的碑石、造像碑等，很好地反映了佛教在古代各族人民相互交往、相互融合中所起的重大作用。

上文说到，据发愿文，此像为"人中释迦石像"，何为人中像？根据中国佛教史文献《梁高僧传》《洛阳伽蓝记》等记载，佛教造像中有一种人中像。由于《授堂金石跋》云"未解是何像也"，于是产生了人中像是否存在的疑问。日本学者吉村怜认为：第一，人中像是特殊形态的卢舍那像，其全称为卢舍那法界人中像。第二，"人中""法界人中"是表达这个像的特殊形态的形容词。[①] 卢舍那梵语是光明普照的意思。洛阳龙门西山南部山腰奉先寺有一尊卢舍那大佛，通高1714厘米，是龙门石窟中艺术水平最高、整体设计最严密、规模最大的一处。传说是按照武则天的形象塑造的，作于唐高宗咸亨四年，即公元672年。

在佛教中，卢舍那是报身佛。卢舍那这个名字其实就是法身"毗卢遮那"的简称，释迦如来在立名时，把他的报身和法身立在同一个名中，表示法、报不二。

佛有三身，即法身、报身、化身。法身即最本质、最圆满的智慧，是无相可言的。法身佛就是宇宙的人格化，一切佛的智慧和宇宙本身平等不二，所以一切佛的法身根本无分别，都是摩诃毗卢遮那佛（汉译为"大日如来"）。

[①] ［日］吉村怜：《卢舍那法界人中像的研究》，《敦煌研究》1986年第3期，第70页。

报身是佛的修行依因果感召而来的报应身，是修行圆满、大彻大悟的表现。阿弥陀佛、药师佛等都属于报身佛，卢舍那如来也属于报身佛。释迦如来原本是莲华藏世界中卢舍那座下的十地菩萨，也是卢舍那的化身、分身之一，他来到娑婆世界，依照法门修行而成就了卢舍那的报身。

释迦牟尼佛则是化身。他以卢舍那化身的身份，来到娑婆世界示现成佛。一切佛像实际上都是以他为根本原型而塑造的，包括我们不曾见过的阿弥陀佛、药师佛、卢舍那佛，甚至毗卢遮那佛等。

(七)《王文超造像碑》

天水市秦安县出土，又称为《还鹊寺碑》，时间为北周保定四年 (564年)，碑高96厘米，宽43厘米，厚12厘米。

甘肃佛教文物最多的地方有两个，一个是敦煌，另一个就是陇右的天水秦安，秦安陇城西番寺积麦崖凿洞的历史可以追溯到前秦时，说明很早以前佛教已在秦安境内开始传播。秦安为前秦王苻坚的割据区域，苻坚为略阳人，诞生在秦安本土，对佛教非常推崇，在他的带动下，秦安境内的佛教活动非常兴盛。吕光是苻坚手下的一位名将，前秦灭亡后，吕光的后裔回归故里秦安略阳，在秦安广建寺院、佛塔，秦安境内几乎每一个偏远地方的寺院都有南北朝至北周、隋代的石造像塔存在。今秦安县城附近出土的大量吕氏后裔所建佛塔可以证明，秦安佛教在魏晋南北朝时达到鼎盛。现今保存在甘肃省博物馆中的国家一级文物石造像塔西魏大统十二年 (546年)《权氏造千佛碑》、西魏大统二年 (536年)《权氏造像塔》、北周《王文超造像碑》等，其上皆有发愿文、人名和年号。另有隋代《石观音菩萨立像》等精美绝伦的菩萨造像。秦安县博物馆所存历年出土的造像亦不下百座，其中最为著名的为1990年发现于原郭集乡邵庄村的《大统四年石造像塔》，上文提到的现藏于陕西碑林的北周《建崇寺造像碑》也是很著名的造像碑。

(八)《张丑奴造像碑》

该造像碑1991年出土于华亭县南川乡谢家庙。砂岩质，通高84厘米、宽29厘米、厚8厘米。题记为：

> 保定四年 (564年) 十一月巳卯朔岁次佛弟 张丑奴为身为息墉仁为忘息墉子父子三人造石像一区愿忘者三 人三除地狱速令解脱愿

忘者上生 天上愿得佛道□息母路女妃愿身 □梁长命百岁愿息女□女息墉女 愿长命□长祐得佛道所愿从心

华亭县地处陕甘宁交界地带，在小陇山东麓。北朝属泾州平凉郡，向西翻越小陇山至秦州，北达丝绸之路重镇高平，南与陇东要地汧县接壤。自两汉以来，陇山左右羌、氐等胡族遍布。北朝时期，这一地区的胡族反抗活动频见于文献。

华亭境内出土的北朝佛教石刻造像有着浓厚的"胡风"，如安口镇谢家庙窖藏出土北魏圭形造像碑，男供养人头束双髻，着袴褶服，上穿交领窄袖短襦，双手笼于袖间，下穿小口裤，足似登靴；神峪乡出土佛立像，左边供养人头戴垂裙风帽，身穿长袍，腰间似系带，右手托举莲蕾，整个着装显得笨拙厚重。袴褶服和垂裙风帽皆属胡服系统，流行于北朝北方胡族当中。

华亭县出土的有题记的造像碑除北周天和元年佛造像碑座外，其余均出土于华亭县安口镇谢家庙社，主要是张氏家族的历代造像，时间最早为北魏熙平元年（516年），最晚为北周保定三年（564年）。从题记内容看，与张氏家族生活在一起的还有郭氏、路氏，其中张氏分别与郭氏、路氏通婚。前面提到的《北魏熙平二年郭熙造像》男供养人郭熙与女供养人张妃先后一同出现，为"河（合）门大小"发愿祈福，他们应是夫妻关系。《张丑奴造像碑》男供养人张丑奴和女供养人路女妃分别为家中男、女性成员发愿祈福。张丑奴儿子名墉仁、墉子，路女妃女儿名墉女，且称"息母路女妃"，由此可见二人为夫妻关系。张氏家族居住在"郡平里"，路氏家族居住在"郡安家口"，两个家族的造像掩埋在一起，据此推测两地相距不远。

华亭北朝佛教石刻造像是陇东地区为数不多的反映北朝时期统治者对待本地胡族政策的实物资料。北朝时期，某一区域完成"编户化"后，当地造像题记刊出造像人籍贯或墓志上表述墓主人卒地或埋葬地点时，一般会明确表述出各级行政建制——州、郡、县、乡、里，甚至是村庄（村庄不是基层行政单位）。1964年在宁夏彭阳县彭阳乡出土一块北魏墓志砖，记载墓主人贠标卒于北魏景明三年（502年），籍贯为泾州平凉郡阴槃县武都里。表明平凉郡北部的阴槃县民已经成为政府管理下的"编户"。而西南方的华亭境内，从北魏熙平二年（517年）"平凉郡"以及永熙三年（534年）"□县"可知设县较晚，在公元517—534年。这是因为平凉郡西部、西南部系陇山山区，羌、氐、屠各等胡族盘踞，朝廷的力量还未足以有效控制当地部族。到永熙三年，华亭境内始设"□县"。而西魏大统十六年（550年）造像碑上的"郡平里"表明，此时当地已经完全转变为政府最基层的政权组织形式——里，张氏、郭氏等屠各族已经成为政府管理下的"编户"。值得注意的是，西魏造像碑上出现了屠各与氐人共存现象，说明他们处于杂处或融合状态。

从部落到乡里，从部民到编户，西魏延续了北魏对境内胡族一贯采用的"离散部落"策略。北魏的编户过程遇到了部分胡族的抵制，没能完全顺利实施，这种情况在华亭造像题记中也有反映。路为夫造像塔供养人籍贯"郡安家口"的称谓又与纳入政府"编户"的"郡平里"不同，考虑到路氏的胡族身份，"安家口"不仅是地名，而且还是部落名称，说明路氏家族到北周仍然保留着部落制，其部民并未被纳入政府的"编户"，整个北朝时期朝廷对陇山左右胡族推进"编户化"的困难程度可想而知，进度是非常缓慢的。

（九）《北周天和元年佛造像碑座》

1987年华亭县神峪乡中心小学出土。砂岩质，长34厘米、宽22厘米、高12.5厘米。碑座上面有套接固定造像碑凹槽，造像碑已佚。正前面刻有题记：

　　天和元年（566年）十月十日为忘 □路□族造石像一区愿使忘□免坠三途 八难速令解脱

（十）《王令猥造像碑》

该碑造于北周建德二年（573年），1973年出土于张家川回族自治县马关乡。碑通高113厘米，额高23厘米，宽42厘米，碑身高67厘米，宽39厘米。根据发愿文可知，这件石碑是王令猥为亡去的子女及双亲而造。祈愿亡者往生弥勒净土参加龙华三会。碑志全文参见附录。

（十一）《建崇寺造像碑》

北周《建崇寺造像碑》高110厘米，宽53厘米，呈三级造型。"建崇"为吕建崇之名，后被宇文泰赐姓"宇文"，碑文载记"惟建德三年岁次甲午二月壬辰朔二十八己未佛弟子本姓吕蒙太祖赐姓宇文……"碑志全文参见附录。

（十二）《李阿昌造像碑》

隋开皇元年（581年）四月二十三日，佛弟子李阿昌等20家结社造此碑，碑高146.5厘米，宽50厘米，厚16厘米，碑原存泾川水泉禅寺，现存甘肃省博物馆，是一件内容丰富的多龛高浮雕敷彩造像碑。碑志全文参见附录。

三　庙碑

庙碑常指宗庙、祠庙中所立的石碑，也指刻于庙碑上记述死者功德的文字。我国古代寺庙建筑颇多，都是难得的名胜古迹，需要修补或重建，修建时立碑记事，以垂示后人，现在把此类碑刻也称为庙碑。

（一）《嵩显（禅）寺碑》

嵩显禅寺原址位于泾川县城南面的高峰寺山上，建筑宏伟，北魏始建，唐、金代多次重修，可惜毁于兵燹。清代犹存嵩显寺碑，现仅有拓本，存甘肃省博物馆。据考证，北魏孝文帝元宏的文昭皇后为渤海高飏的女儿，文昭皇后生宣武帝元恪。元恪即位后，为了表达对舅父的追思，诏封高飏的儿子高肇为平原公，高肇的弟弟高显为澄城公，高飏的嫡孙高猛为渤海公，三人同日受封。过了一段时间，元恪再次对高肇、高猛进行封赏，并将高猛招为元恪同母胞妹长乐公主的驸马，出任雍州、泾州刺史。嵩显寺即为高氏感报皇帝恩施所建，《嵩显禅寺碑》是受皇帝之命于永平二年（509年）所立的建寺碑，碑文主要是怀念和赞誉高飏，因而嵩显禅寺又叫高公寺、高峰寺。碑志全文参见附录。

（二）《南石窟寺碑》

刻于北魏永平三年（510年）四月。碑通高225厘米，宽105厘米。楷书23行，每行38字。额篆书"南石窟寺之碑"，额上横列楷书云："石窟寺主僧斌"。碑文魏书，详载泾州奚康生开凿南石窟的情况和对佛的赞语。碑阴有58人题名。该碑民国初年在甘肃泾川王家沟出土，现由泾川县博物馆收藏。碑志全文参见附录。

南石窟寺、王母宫石窟寺是泾州籍胡太后（胡充华）代行朝廷旨意大兴佛事的产物。因泾州籍胡太后之子孝明帝元诩幸视洛阳南石窟寺、胡太后之夫宣武帝元恪敕赐嵩显禅寺碑记、胡太后回泾州娘家等三件大事都发生在嵩显寺、南石窟寺、王母宫石窟寺建造时期，奚康生因此仿国都洛阳南石窟寺建造了泾州南石窟寺并命名。

(三) 《唐狄梁公碑》

该碑是唐武则天时宰相狄仁杰庙碑。现在很多资料认为，范仲淹知环庆（治庆州，后升庆阳府，今甘肃庆阳）时（宋仁宗庆历元年，1041年），祭宁州狄梁公庙，感其政绩卓著，作记以表其事。这种说法，应不可信，理由如下：

狄仁杰在武则天垂拱（685—688年）年间做过宁州（今甘肃宁县、正宁一带）刺史，在宁州为官三年（685—688年），前后共计27月，兴利除弊，政绩卓著。州人感其德政，为其立生祠，碑曰"德政碑"。宋仁宗保元元年（1038年）正月十三日，范仲淹被贬，从饶州（即鄱阳郡）赴润州（即丹徒郡，今江苏省镇江市）任知州，途经彭泽县，拜祭了此间的狄梁公祠，他为狄梁公的功德所感动，写下了洋洋洒洒1907字的饱含敬仰之情的《唐狄梁公碑》。全篇碑文不但盛赞了狄梁公一生的重大功绩，而且抒发了自己愿以狄梁公为榜样，报效国家、报效民众的思想感情。

故范仲淹亲题的狄梁公庙碑应在彭泽县，他在碑文中说得很清楚："某贬守鄱阳，移丹徒郡，道过彭泽，谒公之祠而述焉。"而宁县《唐狄梁公碑》实为明代边国柱将范文正公之文重刻于石。《狄梁公碑》在树立时，范文正公的碑文已刊行于世，范公乃天下大家，借用范公之文极为正常。狄事范文，珠联璧合，在宁县历史上交相生辉。

碑原在庙咀坪，现收藏于宁县博物馆。

四 经幢

本书没有涉及经幢，下面只将该类型做一简单说明。

经幢的产生深受传统刻经的影响，下面先简单说说刻经的传统，再介绍何为经幢。

汉代以降，儒家学说在中国思想文化领域占据统治地位。古人将儒家经典刊刻于石，作为正本，以防止在流传过程中讹错，于是石质的经典图书——刻经就出现了。中国历史上有几次著名的刻经。最早的刻经出现在东汉熹平四年（175年），汉灵帝下令将《周易》《尚书》《诗经》等七种典籍，由著名学者蔡邕等订正文字，以隶书刻石，该刻经字体典雅规整，刻成后立于洛阳太学，后几经战乱、迁徙，多半毁亡，现只有残石存世，弥足珍贵。三国曹魏正始年间（240—249年），相传由当时著名书法家邯郸淳、嵇康等人书写，又在洛阳刊刻《尚书》和《春秋》二书，用古文、篆书、隶书书写，故称《正始石经》或《三体石经》，后亦几经迁徙战乱，所存残石无几。唐代的《开成石经》是继汉《熹平石经》和魏《三体石经》后，又一次大规模的刻经。唐文宗时，国子监祭酒郑覃建议刊刻石经，以防儒家经典讹传。唐文宗遂命将儒家的十二种经典刻石。此次刻经共计一百一十四石，双面刻，共二百二十八面，六十五万余字，这项宏伟浩瀚的文化工程，历时七年，于开成七年（842年）完成。《开成石经》至今还基本完好地保存在西安碑林。"唐代以后，还有几次著名的刻经活动。五代时蜀国所刻的《蜀石经》，北宋嘉祐年间时所刻的《嘉祐石经》，清代所刻的《十三经》等。另外，还有一些单刻的经书，如《石台孝经》碑，四面刻字，碑体宏伟高大，周至楼观台的《道德经》为道教经典，还有经幢等各种形式的佛教经书。"①

幢，原是中国古代仪仗中的旌幡，是在竿上加丝织物做成，又称幢幡。随着印度佛教的传入，特别是唐代中期佛教密宗的传入，人们起先是将佛经或佛像书写在丝织的幢幡上，后来为保持经久不毁而刻在石柱上，因刻的主要是《佛顶尊胜陀罗尼经》，因此称为经幢。经幢一般由幢顶、幢身和基座三部分组成，主体是幢身，刻有佛教密宗的咒文或经文、佛像等。这种石刻绝大多数为棱形石柱，其中又以八角形棱柱为最多，也有少数是六面或四面体。在我国五代和两宋时最多，一般安置在通衢大道、寺院等地，也有安放在墓道、墓中、墓旁的。后来道教也模仿此形式，所以也有经幢刻道教经典。

五　塔铭

佛教僧尼的墓志，多称塔铭（幢），或嵌于塔上，或置于塔内，是独

---

① 赵力光：《碑石文化》，http://www.chinatoday.com.cn/china/z200311/58.htm。

具中国特色的涉佛文体。由于其文体、内容、埋设目的与墓志相近，金石家也将其列入墓志一类。叶昌炽撰《语石》卷四塔铭条云：

> 释氏之葬，起塔而系以铭，犹世法之有墓志也。然不尽埋于土中，或建碑、或树幢。①

名称有塔铭、卵塔记、幢记、实行录等。塔铭除铭文外，间刻有咒文或经文、佛像等。

塔铭出现得很早，从现有材料看，大约在南北朝时期就有了雏形，此后不断演化，渐成规模，隋朝不多见，最盛之期在唐代。当时有众多文学家参与其中，如李邕、王维、李华、独孤及、梁肃、柳宗元、刘禹锡、白居易、皎然等。从地理分布上来看，唐代的塔铭主要集中在长安、洛阳及其近郊区域，目前出版的《隋代墓志汇编》《唐代墓志汇编》《新中国出土墓志》等书均有塔铭收录。如《新中国出土墓志·北京〔壹〕》，收有佛教僧尼塔铭16件，最早为辽天庆十年（1120年）十一月二十三日，最晚为民国三十年（1941年）秋，堪称洋洋大观。陇右地区的塔铭材料不多，与本书有关的塔铭有二座，现简介如下。

（一）《北魏熙平元年造像塔》

"1990年华亭县安口镇谢家庙社出土。砂岩质。通高26.5厘米。塔顶有凸榫以承接塔檐。四面开龛造像，正立面龛内雕一佛二菩萨，龛外左、上、右面依次刻题记；右立面龛内亦雕一佛二菩萨，龛外题记顺序与正立面同；背立面龛内雕交脚弥勒及二胁侍菩萨，龛外左侧刻题记；左立面龛内雕佛本生故事'燃灯授记'，龛外无题记。"② 题记录文如下：

> 熙平元年（516年）……太岁在申 为张 何迴 张双□…… 清信

---

① 叶昌炽撰，韩锐校注：《语石校注》卷四塔铭条，今日中国出版社1995年版，第402页。

② 王怀宥、杨庆宁：《华亭县博物馆藏北朝佛教石刻造像题记校录及其相关问题探析》，http://www.htxbwg.com/bencandy.php?fid=58&id=896。

士供养□□河门 大小 张永 奴□ 所愿 从心 河门大小……□者得……

图2—2 北魏熙平元年造像塔

资料来源：http：//blog.sina.com.cn/s/blog_6ddbd0b10102v6mk.html。

(二)《权氏石造像塔》

1999年出土于甘肃天水市秦安县。塔高172厘米。三层塔身呈方形，楼阁式，每层之上有塔沿覆盖，檐角平直，无起翘，雕出瓦垄和屋脊。塔每层四面开龛，分别雕刻佛、菩萨、弟子、侍者及供养人。最下层刻有"大统二年岁次□□"之句，即公元536年，属西魏早期的作品。带纪年的西魏造像塔存世不多，而且该造像塔是一石一层多级造像塔中最完整的一件。为研究北魏向北周时期的佛教艺术风格的转变提供了实物资料。基座有供养人题名，具体参见附录。

发愿文为当时北朝常见的造像发愿文的格式。由发愿文可知，此为权丑仁兄弟出资为全家大小祈福所造，供养人多姓权，也有吕姓和王姓。权姓为略阳（今甘肃秦安陇城）氏族大姓，西魏北周时期有著名的权景宣。吕姓为略阳氏族，十六国时吕光在姑臧（武威）建后凉政权。该造像塔属家族造像，由具有姻亲关系的权、吕和王姓为成员的邑社组织共同供养。

六　纪事纪功碑

(一)《护羌校尉彭祁碑》

碑今佚。碑文《全晋文》中有收录。具体参见附录。

彭祁（241—289年），字子玄，陇西襄武（今甘肃陇西县东南）人，汉化卢水胡，西晋官吏。生于魏齐王曹芳正始年间（240—249年）。255年，当时的彭祁不满十五岁，为魏军中一名普通士卒。在"洮西之战"中。少年彭祁于危难之际出奇谋，掩护刺史王经突围，得到上级赏识，逐渐在军中崭露头角。彭祁成年后因功升任陇西郡右职，从此由军旅转入仕途。郡府中的右职是地方上分管军务的高级职位，彭祁在任职期间得到了很大的历练，后因表现出色而被擢升为雍州别驾从事。由于对辖境内的羌胡酋豪剿抚并用，治理得法，州府呈奏其功，拜为太子舍人，入京为官。泰始六年（270年）河西鲜卑秃发树机能起兵反晋，但是西晋、鲜卑两军经过长达一年的交战，官军不仅没有消灭树机能，反而引起今陕甘宁地区的各少数民族纷纷加入反晋的斗争中去。各民族的军队相互配合，并肩战斗，一举攻占了金城郡（今甘肃兰州），斩凉州刺史牵弘，使得北边的凉州、南边的秦州等战略要地都被民族军控制。晋廷朝野大为震动，晋武帝"每虑斯难，忘寝与食"（《晋书·贾充传》）。彭祁于271年牵弘死后，临危受命为凉州护军将军，再次投身军旅，奔赴河西以收复凉州。彭祁在任凉州护军期间，与先后继任的凉州刺史苏愉、杨欣密切配合，稳扎稳打，终于收复了凉州。事后，晋武帝也给予了他充分肯定。272年，朝廷改派彭祁到酒泉郡担任太守。咸宁三年（277年），彭祁因弟弟去世，母亲年迈无人侍奉为由辞官，晋武帝念其孝道，改任他为略阳（今陕西省西南部的略阳县）太守，略阳地近陇西，方便他照顾母亲。彭祁到略阳上任后不多久，其母便不幸逝世，于是回家为母守丧，长达三年。太康三年（282年），晋武帝下诏军州分制，拜彭祁为使持节领护羌校尉。彭祁在平定变乱、安抚西陲的过程中劳心劳力，功业显隆，七次获得封侯的资格，每次都谦逊退让。后于太康十年（289年）三月卒于任上，年仅49岁，晋武帝派使者前往凉州监护他的丧事，并表示"君秉心公亮，所莅有方，不幸殒殁，朕甚痛惜"。

彭祁一生的经历几乎都在甘肃，他对凉州的治理前后长达十年，改变了前任牵弘、杨欣对少数民族采取的高压政策，推行和戎统治，从而消解了自秃发树机能起事以来长期困扰凉州的兵祸问题，稳定了西部局势，缓和了民族矛盾，使得凉州成为西晋各州中最为稳定的地区，为五胡十六国时期立国最久的前凉政权打下了坚实的基础。

（二）《大代持节豳州刺史山公寺碑》

庆阳地区现存涉及南北朝时期具有代表性的民族碑刻，据现有资料来看，只有刻于北魏的《山公寺碑》。该碑2004年7月发现于甘肃省宁县，碑身仅存上半部，"碑残高1.35、宽1.1、厚0.37米，碑额篆刻'大代持节豳州刺史山公寺碑颂'，共3行，13字，中有界格。碑四面均刻有文字。"① 具体参见附录。

该碑为豳州刺史山累为孝文帝建寺立碑之事的题记，虽可归为庙碑，但内容主要记述了北魏正始元年（504年），时任豳州刺史的山累以祖父、父亲及其本人名义为孝文帝立追献寺之事迹。文中追忆了孝文皇帝的英明睿智，山氏家族沐皇恩，历侍三朝，出牧汾蕃，迁任豳州，建造禅堂，立碑纪念的事迹，故把此碑归到此处进行介绍。在碑阴上部有隋开皇六年（586年）的一个造像题记及佛社成员的题名，所以此碑是一碑重刻。

碑阳分上下两部分，上部碑文完整，共27行，满行21字，共511字，中有方格。下部残存39字，内容似记述山累之家世渊源。碑阴亦以阴线刻将碑分为上下两部分。上部中央开一尖拱形小龛，龛内原有雕造，已毁，从残迹看为一佛二菩萨。龛外两侧刻发愿文18行，左侧10行，右侧8行，文首刻有"开皇六年（586年）"题记，其他内容为佛社内部首领提名及邑生名。下半部以双阴刻线将碑面上下分为四栏，每栏27行，雕刻各地方官吏官名及其姓名，其中第四栏仅残存官名。碑左、右两侧亦以双阴线将碑面分为四栏，每栏10行，题刻地方官吏之名。从内容及文字风格看，碑阳与碑阴下半部及两侧面是一完整的内容，应为北魏正始元年所刻。碑阴半部小龛及其两侧纪年、题名与小龛同时期，为隋开皇六年。该碑碑主为山累，史书无传。从碑文中看出，山氏祖孙三代皆在北魏军中任职。其祖父曾任羽真散骑常侍、安南将军、殿中尚书、泰

---

① 吴荭、张陇宁、尚海啸：《新发现的北魏〈大代持节豳州刺史山公寺碑〉》，《文物》2007年第7期，第89页。

山公。其父任安南将军、兵部尚书、泰山公。山累自任持节督幽州诸军事、冠军将军、幽州刺史。山累侍奉北魏三代皇帝，被委以重任。从碑文中可知，山累在出任幽州刺史前曾于汾州戍边。该碑涉及幽州地区一州三郡八县的地方军政官员，从中可以探究北魏幽州地区的州郡县三级政府及将军军府人员构成，同时可以具体分析部族官员所占的成分比例。当时幽州地方政府中，部族在州级官员中占87%，在西北地郡的郡级官员中占87.5%，在赵兴郡的郡级官员中占93%，在襄乐郡的郡级官员中占100%，而在幽州所辖的县级官员中占100%。而在这些部族中，又以羌族最多，占38.4%，屠各次之，占32.2%，氐族占13.7%，卢水胡占5.5%，粟特胡占0.7%，外来任职的鲜卑贵族仅占2%。由于十六国北朝时期，地方政府僚佐多用本地人，因此可以说，部族在幽宁地区居民人口中占绝对多数。

《山公寺碑》的价值主要有五个方面：一是该碑为甘肃省迄今发现最早的北魏石刻，四面刻字，雕造精致，形制独特，年代久远，具有非常重要的文物考古价值。二是该碑记载了大量的北魏地方官职及地理方面的信息，对进一步认识北魏地方官职制度、幽州地区的职官状况及地理信息具有重要的意义。三是该碑碑铭所见的姓氏及其民族很多，其民族成分及关系也很复杂，进一步印证了此地在北朝时期是胡汉杂居之地，且以氐、羌部族为主，具有重要的文史资料价值。四是该碑也反映了当时佛教结社情况，说明了此地区北魏时期佛教信仰的发达与普及，为我们了解当时佛教结社情况提供了一定的信息。五是该碑为北魏正始元年（504年）所刻，碑文文字优美，感情真挚，雕刻苍劲有力，笔法古朴，为正宗魏体，是研究魏体书法艺术的珍贵资料。

(三)《唐李将军碑》

《唐李将军碑》是甘肃为数不多的唐碑之一，碑为红色细砂岩质地。通高445厘米，身宽127厘米，厚37厘米，额高124厘米，宽134厘米。碑正文共36行，行70字，刻于3.5—4厘米的方格内，系欧体风格，以楷书为主，间以行、草。中间圭首阴刻"唐故大将军李公之碑"九个隶书大字，因自然风化和人为破坏，现仅存上部文字和下部少量文字，共计462字，具体参见附录。龟趺昂首凸目，碑身巨大伟岸，螭首雕饰精美，呈现典型的盛唐碑式风格，对研究唐代边疆与吐蕃的关系具有非常重要的文物与史料价值。

（四）《大唐之国碑》

《大唐之国碑》为五代后唐长兴四年（933年）十一月凤川、静羌两镇镇边使李延玉故后，其子所立。碑文详细记载了李延玉及其父、静州防河大使同节度押衙野利阿胡的生平事迹，故此碑又称为《李延玉碑》。具体可参见吴景山著的《庆阳碑铭菁华》一书。

此碑虽刻于后唐，但距唐灭亡时间短暂，可以了解唐时庆阳地区的民族情况。

该碑立于后唐长兴四年（933年），原立于华池县林镇乡大凤川旧城子（原注：旧城子系指北宋名臣范仲淹于庆历年间修筑的凤川新寨。宋之前在此寨西侧还修筑有凤川旧寨，即旧城子老城）老城西口，现存华池县博物馆。"碑石为粉红色砂岩质，单面刻。高235厘米，宽93厘米，厚22厘米。碑石由碑帽、碑身两部分组成。碑帽为透雕盘绕腾飞双龙，正中为高30厘米、宽20厘米之圭形碑额，其上自右至左分两行竖刻：'大唐之国'4字，每字约6厘米见方。碑身为回形线条纹饰。碑文自右至左竖书，现仅残存18行，行约60字，字为楷书，全部碑文约1000字。"[1]

---

[1] 吴景山、李永臣：《甘肃唐代涉藏金石目录提要》，《西北民族大学学报（哲学社会科学版）》2012年第3期，第73—74页。

第三章

陇右少数民族碑铭所见人名研究

第一节　碑铭所见人名与少数民族族属

　　根据学者们考证，远在原始社会时期，姓就已经产生了。姓最早的主要来源是远古时代的各种图腾和地名，究其本意，姓是指源自同一母性祖先的群体所共有的符号标志。这种符号标志与图腾一样，具有精神纽带和血缘认同作用，同时体现了排他性。随着生产力的不断发展，生活资料的不断丰富，使得人口不断繁衍，社会不断分层，国家、阶级出现，姓显得不够使用了。于是在每个姓下面又分出若干个"氏"。《通鉴·外纪》云："姓者，统其祖考之所自出。氏者，别其子孙之所自分。"据学者们考证，氏的产生始于周代。《左传·隐公八年》记："天子建德，因生以赐姓，胙之土而命之氏。"即周天子分封诸侯时，大宗的族号为姓，小宗的族号为"氏"。秦代以前，只有贵族有姓氏，平民只有名而无姓氏。所以郑樵在《通志·氏族略》中称："三代以前，姓氏分而为二，男子称氏妇人称姓。氏所以别贵贱，贵者有氏，贱者有名无氏。"春秋以后，周王室衰微，已无分封新诸侯、继续"赐姓命氏"的能力。战国纷争，氏族之学则废而不讲。秦朝建立，六国贵族多沦为庶民。汉高祖起于布衣，祖上姓氏无可征引。于是，表示旧贵族血统与地位的姓氏制度也随之失去了存在的基础。继之发生的是姓与氏的合一。明代顾炎武在《日知录》中称："自战国以下之人，以氏为姓，而五帝以来之姓亡矣。"① "姓氏之称，自太史公始混而为一。《本纪》于秦始皇则曰'姓赵氏'，于汉高祖则曰'姓刘氏'。"② 秦汉以后，中国人开始以氏为姓、姓氏合一。

自秦汉姓氏合一以后的2000余年来，中国人的姓与中国古老深厚的文化和历史同步，一直在发展变化，不断丰富，日益复杂。其间各种各样的因素层出不穷、盘根错节，造成了姓氏的离合演化、扑朔迷离。如历代皇帝的赐姓、避讳改姓、避祸改姓、复音姓氏单音化、因事得姓等。其中少数民族与汉族的交往与融合是姓氏变化的一个重要因素，据学者们统计，中国历代汉文文献记载的姓氏共5730个，其中复姓2000多个，这些复姓大多来自历代少数民族姓氏的译音。如现代汉姓中的"呼延"，曾是匈奴贵族的姓；"尉迟"，是古代新疆塞种人的姓，如今这两个古老的民族都已消失，但他们的姓却保留在了汉人之中。历史上，进入中原的少数民族曾发生过多次大规模改汉姓的事件。其中以北魏汉文帝下诏，改鲜卑姓为汉姓最为著名。当时，一次就改了144姓。如将"拓跋"改姓为"元"，"贺鲁"改姓为"周"等。唐、宋时，一些少数民族首领则分别改姓为"李""赵"等贵姓。在少数民族入主中原时，也出现过汉姓胡化的现象。北周时，曾将诸多汉姓如蔡、张、周等分别改为大氏稽氏、叱罗氏、车非氏等。有些进入少数民族地区的汉人，也改了胡姓。历史上各民族之间姓氏的融合，也使今人能看到几千年来中华各民族间的血缘关系。

本书所选择的陇右地区与少数民族有关的碑铭，在判断是否与少数民族有关时，一个主要的标准就是碑刻上人物的姓氏。下面先将收集到的陇右地区与少数民族有关的碑铭以表格的形式予以罗列，然后通过对每块碑铭上出现的人名进行分析，来确定这些他们的族属，以图从人名的角度印证陇右地区在魏晋南北朝时期各民族状况。

一 碑铭所反映的少数民族情况

现将本书所收集的陇右少数民族碑铭所反映的少数民族情况列表如

---

① 顾炎武：《日知录集释全校本》，黄汝成集释、栾保群、吕宗力点校，上海古籍出版社2006年版，第1276页。

② 同上书，第1279页。

表 3—1 所示：

表 3—1　　　　　碑铭所见陇右少数民族一览

序号	碑名	所涉及少数民族
1	护羌校尉彭祁碑①	卢水胡等
2	梁阿广墓表②	氐
3	荀头赤鲁地券③	羌或鲜卑、西域胡人
4	北魏追远寺造像碑④	氐、羌
5	成丑儿等造像碑⑤	屠各
6	大代持节豳州刺史山公寺碑⑥	羌、氐、鲜卑、卢水胡、屠各、匈奴、粟特
7	嵩显（禅）寺碑⑦	羌、氐、卢水胡、屠各、匈奴、鲜卑、吐谷浑
8	南石窟寺碑⑧	鲜卑、氐、羌、屠各、卢水胡
9	北魏熙平元年造像塔⑨	屠各
10	北魏熙平二年郭熙造像⑩	屠各
11	王真保墓志⑪	屠各或氐

---

① 张维：《陇右金石录—附补》，晋28，民国32年甘肃省文献征集委员会校印，第15966页。

② 张有堂：《〈梁阿广墓表〉之考释》，《彭阳史志》2015年第2期。

③ 鲁西奇：《甘肃灵台、陕西长武所出北魏地券考释》，《中国经济史研究》2010年第4期，第10—17页。

④ 张维：《陇右金石录—附补》，北魏31，民国32年甘肃省文献征集委员会校印，第15968页。

⑤ 收藏于甘肃省博物馆。

⑥ 吴荭、张陇宁、尚海啸：《新发现的北魏〈大代持节豳州刺史山公寺碑〉》，《文物》2007年第7期，第89—96页。

⑦ 张维：《陇右金石录—附补》，北魏32，民国32年甘肃省文献征集委员会校印，第15968页。

⑧ 张维：《陇右金石录—附补》，北魏34，民国32年甘肃省文献征集委员会校印，第15969页。

⑨ 王怀宥：《甘肃华亭县出土北魏佛教石刻造像供养人族属考》，《敦煌学辑刊》2016年第2期，第133—134页。

⑩ 同上。

⑪ 周伟洲：《甘肃张家川出土的北魏王真保墓志》，《四川大学学报》1978年第3期，第79—84页。

续表

序号	碑名	所涉及少数民族
12	禄文造像碑①	鲜卑、粟特、氐
13	权氏石造像塔②	氐
14	獦生墓志③	氐或羌
15	邑子共造释迦像④	羌、氐、屠各、卢水胡、月氏、龟兹、粟特、吐谷浑
16	豆卢子等结社造释迦像（北周立佛像）⑤	氐、羌、匈奴、鲜卑、粟特其他西域胡人
17	王文超造像碑（又名"还鹭寺"碑）⑥	氐
18	张丑奴造像碑⑦	屠各
19	北周天和元年佛造像碑座⑧	屠各
20	王令猥造像碑⑨	鲜卑
21	建崇寺造像碑⑩	氐等
22	史射勿墓志⑪	粟特
23	李阿昌造像碑⑫	羌、氐

---

① 王晓红：《甘肃省博物馆藏两件北朝佛教石刻》，《丝绸之路》2004年第S1期，第32页。

② 收藏于甘肃省博物馆。

③ 王连龙：《西魏獦生墓志》，《社会科学战线》2011年4月，封底。

④ 暨远志、宋文玉：《北朝陇宁地区部族石窟的分期与思考》，云冈石窟研究院编：《2005年云冈国际学术研讨会论文集》，文物出版社2006年版，第76—109页。

⑤ 陈瑞琳：《甘肃正宁县出土北周佛像》，载《考古与文物》1985年第4期，第109页；周伟洲：《甘肃正宁出土的北周造像题名考释》，周伟洲：《西北民族史研究》，中州古籍出版社1994年版，第450—459页。

⑥ 收藏于甘肃省博物馆。

⑦ 收藏于甘肃省博物馆。

⑧ 王怀宥：《甘肃华亭县出土北魏佛教石刻造像供养人族属考》，《敦煌学辑刊》2016年第2期，第137页。

⑨ 王怡如：《北周王令猥造像碑》，《文物》1988年第2期，第69页。

⑩ 张维：《陇右金石录—附补》，北周50，民国32年甘肃省文献征集委员会校印，第15977页。

⑪ 荣新江、张志清主编：《从撒马尔干到长安——粟特人在中国的文化遗迹》，北京图书馆出版社2004年版，第90页。

⑫ 张维：《陇右金石录—附补》，隋54，民国32年甘肃省文献征集委员会校印，第15979页。

续表

序号	碑名	所涉及少数民族
24	吕瑞墓志铭①	氐
25	大唐隋故车骑将军金公墓志铭并序②	羌
26	唐故齐州历城县令库狄君墓志铭并序③	鲜卑
27	大唐故右监门卫将军魏公墓志铭④	突厥、吐蕃
28	康智墓碑⑤	粟特
29	唐故游击将军穆泰墓志⑥	鲜卑
30	唐李将军碑⑦	党项羌
31	大唐之国碑（也称《李延玉碑》⑧	党项
32	唐狄梁公碑⑨	反映唐时戎狄状况
33	天水隋唐彩绘围屏石榻⑩	粟特

二 碑铭所反映的少数民族情况分析

（一）《护羌校尉彭祁碑》

彭祁，汉化卢水胡，西晋官吏，由于他出身卢水胡，不是门阀世家，尽管有功于国、身居重位，其事迹却并未见诸史册，唯有《全晋文》中收录《晋护羌校尉彭祈碑》叙述其事。可惜碑阴提名者凡312人，人名

---

① 张维：《陇右金石录—附补》，隋58，民国32年甘肃省文献征集委员会校印，第15981页。
② 周绍良：《唐代墓志汇编》，上海古籍出版社1992年版，永徽002，第132页。
③ 周绍良：《唐代墓志汇编》，上海古籍出版社1992年版，咸亨012，第517页。
④ 甘肃省文物考古研究所、甘肃陇东古石刻艺术博物馆：《甘肃合水魏哲墓发掘简报》，《考古与文物》2012年第4期，第48页。
⑤ 张维：《陇右金石录—附补》，唐59，民国32年甘肃省文献征集委员会校印，第16013页。
⑥ 李鸿宾：《唐故游击将军穆泰墓志考释》，李鸿宾：《唐朝的北方边地与民族》，宁夏人民出版社2011年版，第286页。
⑦ 张维：《陇右金石录—附补》，唐32，民国32年甘肃省文献征集委员会校印，第15999页。
⑧ 吴景山：《庆阳金石铭菁华》，甘肃文化出版社2013年版。
⑨ 张维：《陇右金石录—附补》，唐5，民国32年甘肃省文献征集委员会校印，第15986页。
⑩ 天水市博物馆：《天水市发现隋唐屏风石棺床墓》，《文物》1992年第1期，第46—54页。

待考。但是从前文陇右地区匈奴来源的过程可知，在魏晋南北朝时期，陇右一带匈奴人为数不少。

（二）《梁阿广墓表》

前秦氏族民酋梁阿广。具体分析请见第二章第二节。

（三）《苟头赤鲁地券》

除买地人苟头赤鲁外，本券见证人（时人）中另见有苟头昨和、苟头阿小，则知"苟头"当为此部落之姓。《晋书》卷115《苻登载记》记东晋太元十四年（北魏道武帝登国四年，秦苻登太初四年，姚苌建初四年，389年）苻登与姚苌在平凉、安定一带交争，登以尚书苻硕原为灭羌校尉，戍平凉，自领军"进据苟头原以逼安定。苌率骑三万夜袭大界营，陷之，杀登妻毛氏及其子弁、尚，擒名将数十人，驱掠男女五万余口而去。登收合余兵，退据胡空堡"。则苟头原必在平凉郡与安定郡之间，当在今泾川县西、崇信县境内，亦属安定郡之地。"苟头原"显系因此"苟头"部落之长期居住而得名。此券所见之诸"苟头"，当是居于苟头原或其附近之羌、胡。"苟头"之姓虽于此券外不曾另见，但"昨和"却是羌姓，本券见有"苟头昨和"之名，颇疑"苟头"亦为羌姓。另，张传玺主编《中国历代契约会编考释》（上）第117页注云："此人与以下数人当是长居代郡的鲜卑人。"

此券所见之卖地人有二，即车阿姚和车高兴。车氏当是西域胡人。《魏书》卷30《车伊洛传》谓："车伊洛，焉耆胡也。"车伊洛虽称为焉耆胡，而实为车师人受高车之压迫、徙入焉耆者，故同书卷102《西域传》"车师"条称其为"车师王车夷落"[①]。据此券可知，部分车师人移居安定郡一带，已能出卖土地，则知其居于此地，已非一时。又，《魏书》卷77《羊深传》载："正光末，北地人车金雀等帅羌胡反叛，高平贼宿勤明达寇豳、夏诸州。"《北史》卷67《唐永传》亦记此事，谓："正光中，为北地太守，当郡别将。俄而贼将宿勤明达、车金雀等寇郡境，永击破之，境内稍安。"北地郡与安定郡相距不远，此处率羌胡反叛的车金雀很可能也是车师胡人。《八琼室金石补正》卷16录有大统元年

---

① 周一良：《〈魏书〉札记》，"车伊洛传"条，《魏晋南北朝史札记》，中华书局1985年版，第335—338页。

(535 年)《王慎宗等造四面像记》，未记其所出之地，但引《补访碑录》，谓"作《车枕洛等造四面佛象》，下云陕西，未审其详"。其文中所记诸佛弟子中，除第一人为王慎宗外，其他各可辨识者均姓车氏，分别为车枕洛、车永□、车虎仁、车枕栴、车天寿、车元兴、车太平、车洛□。据此，似可推知，北魏时期，车师胡人很可能集中居住在安定、新平及北地三郡间。

本券见证人（时人）中，除苟头昨和、苟头阿小外，另有王阿经、王吴生、彭兴生、杨鲜等。凡此四人，在未得其他证据之前，从姓氏分析，其中可能有汉人，但彭姓很可能为少数民族。

所以此地券可佐证泾川地区羌、胡、汉杂居之状况。

（四）《北魏追远寺造像碑》

该碑铭中的人名有：权彦、景晖、权徽、王妃、王妙、王俗、权睹、权□、男营、道妙、阳善、男容、显□、景逸、帛棠、善恭等（《陇右金石录》），上述姓氏究竟属于哪个民族，现在无法判断，但综合造像历史背景、地理位置，可能有氐、羌人员参与。另外，人名都是由两字组成，比较奇特。是本来如此，还是造像时因其他因素所制约，而不得不省俭为两字，导致有些人名没有姓只有名，也未可知。

但根据其他碑刻资料，权氏应为氐族大姓。

（五）《成丑儿等造像碑》

成氏供养人 4 人。成氏是匈奴屠各大姓。成丑儿可能为匈奴族。

（六）《大代持节豳州刺史山公寺碑》（后文简称《山公寺碑》）

碑中共保留人名 180 个，有姓者 177 人（见附录）。其中可推断为汉族的有 83 人，约占 47%。可推断为少数民族的有 94 人，约占 53%。无姓而不详族属的 3 人，□小李、□屈奴、□兴。

据考证①，该碑中羌族姓氏有：雷氏（16 人）、弥姐氏（10 人）、荔非氏（7 人）、凿氏（4 人）、昨和氏（4 人）、屈男氏（2 人）、彭氏（2 人）、姚氏（1 人）、姜氏（1 人）、地连氏（1 人），共 10 姓 48 人。雷氏、弥姐氏、荔非氏、昨和氏、屈男氏、姜氏、姚氏，此羌族七姓见于

---

① 高然、苑黎：《"大代持节豳州刺史山公寺碑"考释》，《考古与文物》2010 年第 3 期，第 71—77 页。

碑铭、史籍者甚多，且前人所论甚多，在此不赘。

甞氏。甞氏为羌中大姓。《通志·氏族略第四》称："党氏……本出西羌……世为羌豪。"《北朝胡姓考》云："党，石刻皆作'甞'。""冯翊党氏，本出党项，羌族人也。"马长寿则认为"《西羌传》中有煎、当阗诸种，'当'与'甞'同音；而宕昌之名又早于党项"，故甞氏未必一定源于党项。但其为羌姓则无疑问。

彭氏。羌族彭氏史籍中所见甚多，《乞伏乾归载记》即有"乾归率步骑三万征西羌彭利发于枹罕……"；姚薇元、马长寿书中又有卢水胡彭氏者；陈连庆书中又有氐族彭济者，是以羌、氐与卢水胡中均有彭姓。此碑彭姓二人中，有一名为"彭羌兴"，故其为羌族之彭氏的可能性较大。

地连氏。马长寿认为，地连"疑即汉代滇零羌的后裔。'地连'与'滇零'音全相同，可以为证。东汉时，滇零为西羌先零种之别种，移居北地郡，其盛时自称天子，东出冯翊，远及魏、赵。关中有其后裔是不足为异的"[①]。陈连庆则认为，"地连、地伦实即大连之异译"[②]，为高车十二姓中之大连氏。其具体族属尚待详考。

属鲜卑族姓氏有：山氏（1人）、长孙氏（1人）、拔拔氏（1人）、库氏（1人）、奚氏（1人）、陆氏（1人）、杜氏（1人）、寇氏（1人）、伏氏（1人）、受洛（干）氏（2人），共10姓11人。碑主山累应是鲜卑人。

山氏。《官氏志》云："土难氏，后改为山氏。"姚薇元、王仲荦均考"土"为"吐"之误。

长孙氏。《官氏志》云："拓拔氏，后改为长录氏。"陈毅考曰："拓拔帝姓也，此当为拔拔……盖拓拔本拔拔转声，先系一氏。献帝始因声分之，故诸书或称其旧。"姚薇元、王仲荦考同。

拔拔氏。此应即未改长孙以前之拔拔氏，详见上条"长孙氏"。此拔拔氏位于碑阴下部第二栏、第10，官职下仅有拔拔二字，应是受空间所限，只刻姓而未刻名之故。

[①] 马长寿：《碑铭所见前秦至隋初的关中部族》，中华书局1985年版，第72页。
[②] 陈连庆：《中国少数民族姓氏研究——秦汉魏晋南北朝少数民族姓氏研究》，吉林文史出版社1993年版，第182—183页。

库氏。《官氏志》云:"库褥官氏,后改为库氏。"陈毅考库褥官本慕容别部帅。姚薇元及周伟洲均考其为鲜卑徒何种,以部名为氏。库为库的俗字。

奚氏、陆氏、杜氏、寇氏。此四姓应为孝文帝太和年间鲜卑之达奚、步六孤、独孤浑、若口引各姓改汉姓者。

伏氏。《官氏志》云:"俟伏斤氏,后改为伏氏。"此伏氏为何族无法确知,暂列于此。

受洛(干)氏。《魏书》有辽西公意烈子,名拓拔受洛;《通志》记清河王绍,字受洛拔;《北齐书》载万俟普子万俟洛,字受洛干。万俟氏,陈毅、姚薇元、王仲荦等考为鲜卑族。故"受洛(干)"应是鲜卑人名或字中常用之词,而少数民族中例有以前辈大人之名、字为氏者。在此或有鲜卑部落以前辈大人名、字之"受洛(干)"为部落名,亦未可知。

属匈奴屠各姓氏有成氏(5人)、董氏(4人)、卜氏(1人)、曹氏(1人),共4姓11人。

成氏。《北朝胡姓考》中有屠各与卢水胡之成氏者。马长寿认为:"卢水胡是以匈奴为主而又融合其他成分的一种部族,所以谓之为匈奴,或谓之为卢水胡,皆无不可。"① 故列于此。

董氏。周伟洲考:"《魏书》卷2《太祖纪》亦记有'鄜城(今陕西黄陵东)屠各董羌'等。鄜城与正宁邻近,故题铭中的董氏,当为匈奴屠各。"② 而豳州亦与鄜城邻近,故推断此董氏亦为匈奴屠各。

卜氏。《官氏志》云:"须卜氏,后改为卜氏。"《魏书官氏志疏证》载"《汉书·匈奴传》云:其后有须卜氏,贵种也。"③

曹氏。曹氏族属复杂,周伟洲考:"泾河以北的曹氏并非是西域曹氏,而应是匈奴曹氏。因为在紧邻正宁的陕西黄陵、铜川等地,自十六国以来居有十余万的曹姓匈奴……东、西曹匈奴有部分迁入邻近之正宁

---

① 马长寿:《碑铭所见前秦至隋初的关中部族》,广西师范大学出版社2006年版,第18页。
② 王宗维、周伟洲:《马长寿纪念文集》,西北大学出版社1993年版,第262页。
③ (清)陈毅:《魏书官氏志疏证》(《二十五史补编》本),中华书局1955年版,第4655页。

境内，即是北周时该地有曹氏匈奴的原因。"① 北魏时正宁即在豳州境内，故此曹氏亦应为匈奴曹氏。

属氐族的姓氏有杨氏（3人）、樊氏（2人）、梁氏（1人）、苟氏（1人），共4姓7人。

杨氏。杨氏为魏晋以来秦陇之氐族大姓，典型如仇池氐族杨氏。前人论述颇多，在此不赘。

樊氏。《苻坚载记》云："特进樊世，氐豪也，有大勋于苻氏。"马长寿书亦有："苻生氏将强，其妻为樊氏，可知樊氏为氐族大姓。"②

梁氏。梁姓族属复杂，在此依周伟洲，以其地近陇右略阳，故列于氐族之中。

苟氏。马长寿书中云："苟氏为氐秦望族，苻坚的母亲和妻都姓苟……"③ 且豳州地近略阳，亦列于氐族之中。

属高车姓氏的有路氏（4人）、解氏（1人），共2姓5人。

路氏。《官氏志》云："没路真氏，后改为路氏。"《通志·氏族略第二》称，路氏为夷狄之国，赤狄别种。姚薇元认为，赤狄"元魏时号高车。魏初降附者极众，河南没路真氏，或即古赤狄潞国之裔胤，亦未可知。"④ 另有匈奴屠路氏者。此碑中之路氏为何族难以考证，在此依姚薇元考，列于高车族中。

解氏。《官氏志》云："解枇氏，后改为解氏。"陈毅考史籍中之"枇""批"二字当为"毗"字之误，解枇氏为高车内入者。⑤

属尉迟部2人，尉姓。

尉氏。《官氏志》云："西方尉迟氏，后改为尉氏。"其族源与关系学者尚无定论，还有待研究的进一步深入。

族属不详的有大非氏（2人，大非定成、大非午龙）、供乌氏（2人，

---

① 周伟洲：《甘肃正宁出土的北周造像题铭考释》，《西北民族史研究》，中州古籍出版社1994年版，第454—455页。

② 马长寿：《碑铭所见前秦至隋初的关中部族》，广西师范大学出版社2006年版，第31页。

③ 同上书，第24页。

④ 姚薇元：《北朝胡姓考（修订本）》，中华书局2007年版，第139页。

⑤ （清）陈毅：《魏书官氏志疏证》（《二十五史补编》本），中华书局1955年版，第4654页。

供乌仵明、供乌山寿)、未代氏（1人，未代天保）、盖同氏（1人，盖同仵明)、仵封氏（1人，仵封毕堕)、杂定氏（1人，杂定光生)、丁尾氏（1人，丁尾普贤)、者非氏（1人，者非安都），共8姓10人。

通过以上对碑中民族情况的分析可知：北魏之豳州地区（以今之甘肃宁县为中心的泾水以北地区）民族组成十分复杂。基本包含了这一时期北方的主要民族。

碑阴镌刻的捐款芳名录，涉及豳州地区一州三郡八县的地方军政官员，可以发现，在当时豳州地方政府中，部族在州级官员中占87%，在西北地郡的郡级官员中占87.5%，在赵兴郡的郡级官员中占93%，在襄乐郡的郡级官员中占100%，而在豳州所辖的县级官员中占100%。而在这些部族中，又以羌族最多，占38.4%，屠各次之，占32.2%，氐族占13.7%，卢水胡占5.5%，粟特胡占0.7%，外来任职的鲜卑贵族仅占2%。[①] 由于北魏州、郡、县之佐吏一般由长官自辟本地人充任，即地方政府僚佐多用本地人，因此可以说，当时豳州地区少数民族所占比重很大，而其中羌族应是少数民族的主体。

（七）《嵩显（禅）寺碑》

北魏世宗宣武帝（泾州籍胡太后丈夫）元恪敕建泾川嵩显禅寺，北魏奚康生监造（《石窟寺盂兰会计》亦为奚康生作。《嵩显（禅）寺碑》立于永平二年（509年）四月八日，《南石窟寺碑》则刻于次年四月十四日，前后不过一年，故官职、姓氏与民族可相互印证)。

碑阴题名44行（见附录）有姓氏的有：张（5人）、吐谷浑（1人)、皇甫（2人)、梁（5人)、元（4人)、郭（1人)、王（2人)、魏（1人)、宋（1人)、路（1人)、彭（2人)、程（1人)、阴（1人)、叱吕（1人)、茹（1人)、段（1人)、杨（1人)、庞（1人)、裴（1人)、尹（1人)、冯（1人)、负（1人)、姚（1人)、黄（1人)，共计38人。

通过对上面姓氏与族属关系的分析判断，应该有羌（庞、彭)、氐（梁、杨、张、彭、王、魏)、卢水胡（彭)、屠各（路、姚)、匈奴

[①] 暨远志、宋文玉：《北朝豳宁地区部族石窟的分期与思考》，《2005年云冈国际学术研讨会论文集》，文物出版社2006年版，第85页。

（郭）等少数民族，当然这只是根据当时的历史情况，根据学者们的研究成果进行的推测。

在《山公寺碑》中已经提出可以把"彭"氏归纳到三个民族中，及氏、羌和卢水胡，下面结合本碑继续予以论述。因为魏晋南北朝时期，秦陇"彭"氏，均非汉族，均为受过汉化的少数民族。当时的秦陇彭氏，实际分出以下四个少数民族：（1）卢水胡。如《晋书》卷六〇《贾疋传》有"泸（卢）水"之"胡"彭荡仲、彭夫护父子。彭荡仲曾任汉梁州刺史，彭夫护曾任汉凉州刺史。（2）羌族。如《晋书·姚兴载记下》有"西羌"彭奚念，此人同书《吕光载记》称为"南羌"。《通鉴》一〇七晋孝武帝太元十四年（389年）称为"枹罕羌"。又，《晋书·乞伏乾归载记》谓乾归曾率步骑三万"征西羌彭利发于枹罕"。（3）氐族。如《晋书·苻登载记》有"逆氐"彭济。前秦苻氏本出氐族，所用将帅多为氐豪，其中凉州刺史彭越、兖州刺史彭超、轻骑将军彭晃等，可能也都是氐人。（4）鲜卑。按《晋书·苻登载记》记苻纂受苻登官爵后云："于是，贰县氐帅彭沛谷，屠各董成、张龙世，新平羌雷恶地等，尽应之。""彭沛谷既为氐帅，可见彭氏还世为鲜卑酋豪。"①"姚氏"为羌族大姓。北魏《姚伯多造像碑》为著名的家属道教造像碑，太和二十年（469年）刻，1912年出于耀县文正书院，后移存药王山。碑高140厘米，宽70厘米，厚30厘米，上部略残，下部刻发愿文1100余字，记述姚伯多兄弟5人及其妻子造太上老君彩绘石像以祈家族吉祥、"所愿克成"的事情。

题名中有一人是"威远将军司马吐谷浑珂字伏□吐谷浑国□也"，可见此人应该是以族为姓，比如吐谷浑玑。所以此人应该是吐谷浑。

题名中有一人是"朝那令东阿子叱吕起字延兴，河南人"。叱吕，源于柔然族，出自魏、晋时期鲜卑族拓跋部叱吕氏族，属于以氏族名称汉化为氏。叱吕氏，是史籍《魏书·官氏志》《通志·氏族略》中记载的魏、晋至五胡十六国时期鲜卑族拓跋部叱吕氏部族的姓氏，史籍中最早称其为"叱閒氏"，著名的族人有蠕蠕别部大帅叱閒勤、叱閒引、叱閒神等，后又简笔为"叱丘氏"。叱吕氏部落，早先是蠕蠕别部的一支，即东

---

① 王素：《北凉沮渠蒙逊夫人彭氏族属初探》，《文物》1994年第10期，第45页。

胡之苗裔郁久闾氏的后裔，属于柔然民族的分支。叱吕氏部落在魏、晋时期归附于鲜卑拓拔部，逐渐融入鲜卑民族。北魏政权建立后，北魏孝文帝拓拔宏（元宏）于太和十七年至太和二十年间（公元493—496年）迁都汴梁（今河南洛阳），之后大力推行汉化改革政策，在这一过程中将复姓叱吕氏改为汉姓吕氏，其后族人大多融入汉族，世代称吕氏至今，成为吕氏大家族的一员。所以，此人应该为鲜卑族。

题名中有一人是"临泾令居延男茹荣字□生，河南人"。此人应该出自古代柔然部族。北魏时郁久闾氏建立柔然国，称受罗部真可汗。柔然国也称作蠕蠕、茹茹，其部族后人多以族名茹茹为姓，后融入鲜卑，一部分入中原后，以茹为氏，称茹氏。南北朝时，有三字姓普六茹氏（又作普陆茹氏或普陋茹氏），入中原后改为茹姓。所以此人应该属于鲜卑族。

（八）《南石窟寺碑》

碑阴题名三列，可见者共59人（见附录），姓氏有：段、冯、尹、张、赵、胡、负、梁、陈、马、王、董、皇甫、郭、席、田、胡、阴、扬、彭、雷等姓。

据马长寿等学者考证：张、董、赵、王、扬、梁、雷等姓应该为氐、羌民族姓氏，董姓也可能为屠各姓氏，彭氏为卢水胡大姓，其他姓氏有可能为汉族姓氏，也不排除有少数民族单姓。《姓氏考略》说："又氐有杨氏，世居仇池（见《晋书》）；有莫胡氏改为杨……"《辞海》云，"扬，石经初刻作'杨'"，可见古代扬、杨二字通用。

该碑为泾州刺史奚康生开凿南石窟寺时所立。据《魏书》记载，奚康生是名噪一时具有勇猛北方民族性格的代表性武将。

据《镇原县志》载"原州彭阳县石窟盂兰会记，寺在县东九十里元魏永平二年泾州刺史奚俟（奚侯之误）创置，窍石为龛，金碧辉煌，室内可容数百人。宋（唐之误）咸通八年，彭阳县令柳公图重修……"[①]

（九）《北魏熙平元年造像塔》

题记中有"张何迴张双□……张永奴……"族属分析详见《张丑奴造像碑》。

[①] 可见当地该时期奚姓人较多。奚姓出自中国古代北方少数民族。据《魏书·官氏志》卷113，载："达奚氏、薄奚氏均为改奚氏。"中华书局2000年版，第1999页、第2001页。

(十)《北魏熙平二年郭熙造像》

题记中有"平凉郡郭熙张妃为七世父母……"族属分析详见《张丑奴造像碑》。

(十一)《王真保墓志》

志云:"君讳真保,秦州略阳人。实轩辕之裔,后稷之胄。"实为伪托。据周伟洲考证,王真保应为匈奴休屠人,也有部分学者认为应是氐人。

(十二)《禄文造像碑》

造像题名共44人。有姓氏的共计35人。其中有:程(6人)、曹(1人)、宇文(1人)、屯(3人)、李(3人)、康(1人)、晋(1人)、梁(2人)、文(1人)、苟(3人)、郑(1人)、胡(3人)、侯(1人)、马(1人)、安(1人)、王(2人)、郭(3人)、匡(1人)。

宇文氏应为鲜卑人,康氏、安氏、曹氏很可能为粟特人,郭氏有可能为匈奴后裔。

苟氏、侯氏应该是鲜卑人。《洛川县志》:"《魏书·官氏志》载,孝文帝太和年间(477—499年)令改鲜卑姓为汉姓,讹干氏改为薛氏,胡谷口引氏改为侯氏,若干氏改为苟氏,费连氏改为费氏,贺拔氏改为何氏,今县境内薛、侯、苟、费、何诸姓分布地集中,疑为鲜卑姓氏所改。"

苟氏、李氏也有氐人的可能。

(十三)《权氏石造像塔》

由发愿文可知,此为权丑仁兄弟出资为全家大小祈福所造,供养人多姓权,也有吕姓和王姓的。权姓为略阳(今甘肃秦安陇城)的氐族大姓,"根据敦煌文书S.2052《新集天下姓望氏族谱一卷并序》记载唐十道诸郡所出姓望氏族,其中秦州天水郡出二十姓,其中就有权姓"[①]。西魏北周时期有著名的权景宣,唐有名臣权德舆等,都出自秦州,秦州一带出土了许多权氏造像。吕姓为略阳氐族,十六国时吕光在姑臧(武威)建后凉政权。这件造像上权姓和吕姓有姻亲关系,属家族供养,由具有姻亲关系的权、吕和王姓为成员的邑社组织共同供养。造像时间为西魏

---

① 郑炳林:《敦煌地理文书汇辑校注》,甘肃教育出版社1989年版,第323—328页。

大统二年，即公元536年，属西魏早期的作品。

天水市麦积区石佛镇石佛寺保存有一尊《北魏权氏石造像》[1]，后背刻有建造题记，部分文字漫漶不清，根据文献资料和题记文字考证，该造像应是西魏恭帝三年（556年）天水秦安权氏建造，这尊石造像是天水秦安北朝权氏建造的刻有发愿题记的佛教造像之一，是研究天水地区早期佛教传播的重要资料。

《唐故袁州刺史右监门将军驸马都尉天水权君（毅）墓志铭》墓主权毅（647—691年），"天水郡略阳县（今甘肃省天水市）人。曾祖权某玠，隋使持节仪同三司、淮成二州诸军事二州刺史、广川县开国公。祖权弘寿，唐秦王府长史、天水郡开国公、陕东道大行台□□□仆卿、兵户二部尚书。父权知节，郇王府长史、沁亳润三州刺史、使持节桂州诸军事桂州都督。夫人高宗长女义阳公主李下玉"[2]。

（十四）《獦生墓志》

墓志只载步胲、獦生名讳，未及姓氏。以名讳用字情况观之，步胲、獦生应族属秦州羌、氐。西魏建国之初，给予秦州特别关注。宇文泰平原秦州刺史侯莫陈悦后，即命心腹赵贵，"以本将军、持节，行秦州事、当州大都督"[3]。赵贵，字元贵，天水南安人。

（十五）《邑子共造释迦像》

该造像题名据暨远志、宋文玉考证发现，151名邑子题名中，部族人士占100%，其中，羌族占17.2%，氐族占18%，屠各占18.5%，卢水胡占8.6%，月支胡占0.7%，龟兹胡占0.7%，粟特胡占2%，吐谷浑占1.3%，而迁徙安置的六镇鲜卑也占18.5%。因此，即使到了西魏、北周，豳宁地区仍然是氐族、羌族、屠各、卢水胡、粟特胡聚居的地区之一，他们才是本地区佛教石窟艺术的真正创造者。

（十六）《豆卢子等结社造释迦像（北周立佛像）》

该像是典型的结社造像。四面题名共有158人，其中南面30人，西面49人，北面52人，东面27人。

---

[1] 汪明：《石佛镇权氏石造像题记简考》，《敦煌研究》2016年第5期，第71—75页。
[2] 吴刚：《全唐文补遗》（第5辑），三秦出版社1998年版，第22页。
[3] 《周书》卷16，中华书局1974年版，第262页。

结社所列人物头衔有斋主、典录、化主、唯那、都香火、都唯那、都邑政、邑主、都化主、都邑谓、师都督、都像主、大都督、都邑主、邑师、佛堂主、都典、邑生、典坐。以邑生人数最多,他们是一般成员。其他各面大体相同,四面各设斋主。泾川《李阿昌造像碑》则有像主、浮图主、都邑主、邑师、都邑正、都维那、典录、香火、斋主、邑生。《禄文碑》仅列邑主、维那,其他均为邑生。造像功德主及供养人中,官职最高的是州刺史、郡守、县令,同时也有数量不少的各种杂牌将军。

该造像结社民族成分十分复杂,属于同邑异族异姓人造像的类型。据魏文斌、郑炳林考证[1],该造像题名所见姓氏有:豆卢、成、阿六丸、皇甫、侯莫陈、刘、牛、徐、段、吐难、纥奚、步大汗、可频、地连、赵、六(陆)、孙、尹娄、粟、李、卫、库延、宇文、贾、程、郭、也丘目、安、王、支、吐谷浑、容、范、乐、弥姐、张、白、傅、江、雷、付、马、肖、梁、董、朱、毛、金、丁、畅、袁、呼延、尉迟、聂、唐华、魏、韩、辛、曹、孟、悦、杨、亓、柳、巍。其中复姓除皇甫为安定大姓,其余均为羌胡鲜卑等少数部族姓氏。单姓如刘、牛、徐、段、赵、孙、李、贾、程、王、张、江、马、丁、肖、朱、袁、聂、华、魏、韩、辛、孟、杨、柳等大多应为汉姓,或有少数部族单姓者,不好确定。悦、畅为比较稀见的姓,不知为何族。唐黄头之名颇似少数名,关中渭南县渭河北岸发现的北周武成二年九月的《合方邑子百数十人造像记》中有"斛斯黄头"。

从姓氏上基本可断定为汉族姓氏者共计有87人,约占全部题名人数的54%,北方少数民族姓氏者至少有63人,约占总题名人数的41%。此外,还有一些姓名难以断定属何族,计有5人,如:毛奴子、六(陆)道女、段阿亥女、范阿斤姊、比阿朱等,从名字判断应该是属于少数民族。周伟洲认为,属于鲜卑姓氏的有:豆卢氏(5人)、纥奚氏(4人)、吐难氏(4人)、宇文氏(3人)、侯莫成(陈)氏(2人)、阿六丸(1人)、丘穆陵氏(题名中有"也丘目归")(1人)、库氏(1人),共21人。属于羌族姓氏有:雷(11人)、地连氏(3人)、弥姐氏(1人)、罕

---

[1] 魏文斌、郑炳林:《甘肃正宁北周立佛像研究》,台湾《历史文物》月刊,2005年第9期。

开氏（1人）、荔非氏（1人），共17人。属于匈奴屠各族姓氏有：成氏（5人）、曹氏（2人）、卫氏（2人）、呼延氏（1人）、董氏（1人）、金氏（1人）、步大汗氏（1人），共13人。属于氐族姓氏有：梁氏（2人）、付氏（1人）、杨氏（1人），共4人。属于西域胡人姓氏有：安氏（1人）、支氏（1人）、白氏（1人）、粟（1人），共4人。属于吐谷浑族姓氏有2人。属于北方敕勒（高车）族姓氏有1人，即房氏，《魏书·官氏志》："屋引氏后改为房氏。"属于朔方尉迟部姓氏有1人。

下面通过墓志谈谈鲜卑"豆卢氏"。

豆卢氏是徒何鲜卑的姓，其他还有叱干氏、侯儿干氏（误作"侯几氏"）、万俟氏等。

永徽元年（650年）《唐故特进芮国公（豆卢宽）之碑》。豆卢宽，字某奴，隋开皇□年，授南陈公世子。"仁寿五年，以献后挽郎授吏部骁骑尉。大业九年，授河池郡梁泉县令。武德元年，迁秦王府司马，加授仪同。曾祖豆卢苌，祖豆卢永恩，父豆卢通。夫人杨氏，隋观王杨雄女。长子豆卢仁业，次子豆卢承基。"

景龙四年（710年）《大唐故开府仪同三司尚书左仆射上柱国赠司空芮国元公豆卢府君（望）之碑》。"公讳 望，字思齐，昌黎徒河人。曾祖通，周骠骑大将军、开府仪同三司、大□□、隋左武侯大将军、□□□尉、南陈安公。祖宽，……父仁业……""起家以门资补太子左千牛。""孝敬皇帝昔在储贰，妙择宫寮，除太子右卫率府中郎将，转左卫勋府中郎将，累拜太子左清道副率。……"

开元廿八年（740年）《唐睿宗大圣真皇帝故贵妃豆卢氏墓志铭并序》载，唐睿宗大圣真皇帝"贵妃姓豆卢氏，稽诸本系，受氏于系，因山为号，以冠易族。故在燕为慕容氏，在魏为豆卢氏"[1]。其曾祖豆卢宽，祖豆卢仁业，父豆卢钦素。伯父左仆射平章事兼相王府长史芮国公豆卢钦望。

天宝三载（744年）《大唐故银青光禄大夫太仆卿驸马都尉中山郡开国公豆卢公（建）墓志铭》载，"其先与前燕同祖，赫矣帝王之族；至后魏锡姓，蔚为公侯之家"[2]。豆卢建，尚玄宗女建平公主。曾祖豆卢怀让，

---

[1] 赵君平：《邙洛碑志三百种》，中华书局2004年版，第180页。
[2] 周绍良：《唐代墓志汇编》，上海古籍出版社1992年版，天宝051，第1565页。

曾祖母长沙公主。祖邠国公豆卢贞松,祖母邠国夫人窦氏。父豆卢光祚,母太平公主次女万泉县主薛氏。

天宝四载（745年）《崔君妻豆卢娥姑墓志》载,"夫人讳娥,始家北燕,徙宅中夏。其先本姓慕容氏""至后魏道武皇帝,念功建德,陈锡宠光,因赐为豆卢氏,自兹□发鸿源,焜耀京国"[①]。

赵万里《汉魏南北朝墓志集释》（上）234页所载《豆卢实墓志并盖》,大业九年（613年）十月十三日。释曰："豆卢氏本鲜卑慕容庑之裔,系出东胡,太平御览百二十一引十六国春秋前燕录'昔高辛氏游于海滨,流少子严越以君北夷,世居辽左,号曰东胡。'此志首称'肇洪源于帝俈,茂本枝于燕王',征之崔书亦合,其改姓豆卢,当在后魏初叶,文苑英华九百十九引庾信《豆卢宁碑》'曾祖尚书府君,因魏室之难,改姓豆卢,仍为官族。'唐书宰相世系表'豆卢氏本姓慕容,燕王庑弟西平王运。运生制,制生北地愍王精,降后魏,北人谓归义为豆卢,因赐以为氏,居昌黎棘城,精子丑,丑孙苌,苌生永恩,永恩生通,通生宽。'是寔与宁、宁弟子绩,绩兄子宽一系,必非疏族。"

《豆卢恩碑》,碑文的撰者庾信,是我国南北朝时期最负盛名的文学家。原题"周陇右总管长史赠太子少保豆卢公神道碑",又名"慕容恩碑""少保豆卢恩碑"。北周天和元年（566年）二月刻,碑原在豆卢恩墓前,后移至咸阳文王庙,清乾隆年间碑佚。碑主豆卢恩,也称豆卢永恩,本姓慕容,为前燕文明帝慕容皝之后,其生平事迹附于《周书》及《北史》的《豆卢宁传》之后,叙述较详。

豆卢氏作为北朝一支重要的贵族势力,入隋后依然家族显赫,豆卢恩之子豆卢通尚隋文帝妹昌乐公主,入唐后豆卢通之子豆卢宽及孙豆卢仁业均效忠太宗皇帝,两人蒙恩先后陪葬太宗昭陵,新旧《唐书》及立于昭陵的《豆卢宽碑》《豆卢仁业碑》中对宽、仁业的事迹均有较为翔实的记录。

"豆卢氏"是鲜卑慕容氏在北魏时因避难改姓而流传下来的一支。系统梳理该族碑刻材料,可补史传之不足,完善豆卢氏一支及其他鲜卑族宗支发展的脉络。

---

① 周绍良:《唐代墓志汇编续集》,上海古籍出版社2001年版,天宝022,第597页。

（十七）《王文超造像碑（还鹄寺碑）》

通过难以辨认的碑文，秦安史志专家、县志办李雁彬老师找到了许多魏晋以来是陇右旺族的略阳吕氏（西凉王吕光一族）、权氏（北周千金郡公权景宣一族）的名字。

（十八）《张丑奴造像碑》

马长寿先生认为："唐代以前，无论鲜卑、西羌大都保持着族内婚制，不与外族通婚。只有上层人物，如贵族、达官则不在此限。"[1] 在胡族杂居的陇山山区更应该如此。华亭出土的佛像石刻造像形制几乎皆为小型造像，结合题记可以确定造像人的平民身份，且这些造像皆为家族造像，说明该地区家族观念很强，而没有出现北朝晚期非常流行的"邑义"造像，反映出其文化落后的一面。在此背景下，推断他们与外族通婚的可能性甚微。我们认为张氏与郭氏、路氏的通婚应该是同族内异姓通婚。因此，张氏、郭氏与路氏一样，也应该是屠各人。

张氏与郭氏在屠各中多见。如贰县屠各张龙世，元成屠各张进，斗城屠各张文兴，以及屠各张延、郭超等。秦陇地区屠各中关于张氏和郭氏在文献中没有明确记载。《晋书·苻坚载记上》载："屠各张罔聚众数千，自称大单于，寇掠郡县。坚以其尚书邓羌为建节将军，率众七千讨平之。"唐长孺先生认为屠各张罔活动的区域不是在关中，就是在秦陇。

路氏在十六国北魏时期是活动于秦陇的屠各大族。前赵刘曜时，"黄石屠各路松多起兵于新平、扶风，聚众数千……松多下草壁，秦陇氐羌多归之……曜进攻草壁，又陷之，松多奔陇城，进陷安定"。[2] 北魏太平真君五年（446年），"高凉王那破盖吴党白广平，生擒屠各路罗那于安定"，[3] 路罗那与路松多同族。华亭南部安口、神峪出土的佛教造像供养人路氏应属屠各族无疑，如下面提到的《北周天和元年佛造像碑座》中的路氏。

（十九）《北周天和元年佛造像碑座》

碑座中有"□路□族造石像一区"，族属分析详见《张丑奴造像碑》。

---

[1] 马长寿：《碑铭所见前秦至隋初的关中部族》，中华书局1985年版，第78页。

[2] 《晋书·刘曜载记》卷103，中华书局2000年版，第1794页。

[3] 《魏书·帝纪》。

（二十）《王令猥造像碑》

造于北周建德二年（公元573年）。建德为北周武帝的第三个年号，北周是鲜卑族建立的北朝最后一个王朝，当时佛教兴盛。武帝建德三年（574年）禁止佛道二教，即历史上有名的"周武灭佛"，但是为时短暂。《王令猥造像碑》是武帝灭佛前一年所造，它得以流传后世，也说明当时佛教有深厚的社会基础。碑上供养人服饰同敦煌莫高窟的鲜卑族服饰相同，说明他们是鲜卑族人。敦煌莫高窟的鲜卑族供养人皆着圆领小袖衣、小口裤、乌靴、头裹巾或戴卷檐毡帽，腰束革带，有的脑后出小辫。发辫是鲜卑族"索头"习俗的表现。

（二一）《建崇寺造像碑》

碑阳载记"惟建德三年岁次甲午二月壬辰朔二十八已未佛弟子本姓吕蒙太祖赐姓宇文……"《（宣统）甘肃新通志》："建崇寺碑在秦安城南十里之郑家川，高三尺余，宽二尺余，上截皆凿佛像，下截镌文，额题建崇寺。碑阴载家世存亡及官爵名字……其为北周物无疑，碑载秦州都酋长吕帛冰，氐酋也汉文帝初吕文和（后凉君主吕光的直系先祖）自沛徙秦，为略阳酋豪。"

题名中有"弟妇权常妙""佛弟子权仕宾""佛弟子权法超"（具体参见附录），权氏为当地氏族。

（二二）《史射勿墓志》

志称："公讳射勿，字槃陀，平凉平高县（今宁夏固原）人也。其先出自西国。曾祖妙尼，祖波波匿，并仕本国，俱为萨宝。"此处虽未言明是史国，但从其姓氏及子史诃耽墓志中"史国王之苗裔"语，可以肯定他们一家就是从粟特地区的史国迁徙而来的。射勿墓志中言其："曾祖妙尼，祖波波匿，并仕本国，俱为萨宝。父讵愁，蹉跎年发，舛此宦途。"然其子诃耽的墓志中却称："曾祖尼（即波波匿），魏摩诃大萨宝、张掖县令。祖思（即讵愁），周京师萨宝、酒泉县令。"可见，波波匿并未入仕北魏，波波匿、讵愁的官职应是后来追赠的。而追封为张掖、酒泉县令，则透露出这一家族在落籍原州之前，可能曾在张掖居停过，并且他们是经过河西走廊而到平凉（今宁夏固原）落户的。

（二三）《李阿昌造像碑》

龛下方阴刻发愿文 13 行，佛龛两旁及发愿文之下刻施主 29 人姓名（见附录）。

题名中有"董伯奴""杨奴奴""李阿昌""胡苟奴""吕□□""庞猛集"等人，可能均为羌、氐少数民族姓名。可见此碑应是一通有少数民族成员参与的造像碑。

（二四）《吕瑞墓志铭》

墓主吕瑞，即吕连生。按常理推断，这一时期该地区的吕氏应为氐人。

（二五）《大唐隋故车骑将军金公墓志铭并序》

《金行举墓志》载，"公讳行举，字义起，陇西伏羌人也"①。金行举，匈奴休屠人后裔，应为羌族。

金姓源流之一是匈奴族，金姓出自西汉时期匈奴休屠王之子金日磾，属于帝王赐姓为氏。西汉王朝时期，南匈奴休屠王的儿子名叫日磾，在汉武帝执政时期随母亲归顺于汉室，汉武帝因获休屠王祭天金人故赐其姓为"金"。②

金日磾（jīn mì dī）（前 134—前 86 年），字翁叔，是驻牧武威的匈奴休屠王太子。③

根据匈奴发展历史可知，南北朝时期是匈奴在中国历史舞台上的最后一场演出，此后，匈奴就融入各民族之中。所以金行举虽为匈奴后裔，但是从隋这一历史时期来看，应为羌族。《唐代墓志汇编所见非汉族人名统计表一》就认为其为羌族。

（二六）《唐故齐州历城县令库狄君墓志铭并序》

碑文载："君讳通，字丰仁，天水人也。因家河南县永泰乡焉。……"

其他"库狄氏"的碑刻材料有：

---

① 北京图书馆金石组：《中国历代石刻拓本汇编（12）》，中州古籍出版社 1989 年版，第 2 页。
② 《前秦录》：汉休屠王太子日磾事武帝，帝以休屠作金人祭天，赐姓金氏。
③ 《汉书》卷 68："金日磾字翁叔，本匈奴休屠王太子也。"中华书局 2000 年版，第 2227 页。

考证张说《裴行俭神道碑》，裴行俭之原配夫人为"河南陆氏，兵部侍郎陆爽之女也"，陆氏早卒，其继室夫人为"华阳夫人库狄氏"。裴行俭（619—682年），汉族，绛州闻喜（今山西闻喜东北）人，唐高宗时名将，隋朝礼部尚书裴仁基次子。

《齐故库狄氏武始郡君斛律夫人墓志铭》[1]

《特进骠骑大将军开府仪同三师□□□刺史领太尉丞库狄氏尉郡君墓志铭》[2]

《齐故定州刺史太尉公库狄顺阳王墓铭》[3]

《大唐洛州别驾大将军崔公妻库狄夫人（真相）墓志铭》[4]。库狄真相，其祖库狄干为齐太尉、章武王；其父库狄洛，为骠骑将军、和州刺史。

（二七）《大唐故右监门卫将军魏公墓志铭》

反映唐初庆阳地区民族状况。具体参见第二章第二节。

（二八）《康智墓碑》

该墓主虽不可考，但应是粟特人无疑。

隋唐时期康氏墓志较多，且都自称中原康叔后裔，皆为伪托，其实皆为入华粟特人及其后裔。如类似墓志还有：

《大周故康府君墓志铭并序》（694年）称："本炎帝之苗裔，后有康叔，即其先也。自后枝分叶散，以字因生，厥有斯宗，即公之谓矣。……"[5]

《大唐故平州平夷戍主康（续）君墓志铭》（679年）："公讳续，字善，河南人也。昔西周启祚，康王承累圣之基；东晋失图，康国跨全凉之地。控弦飞镝，屯万骑于金城；月满尘惊，辟千营于沙塞。举葱岩而入款，宠驾侯王；受茅土而开封，业传枝胤。……"[6]

---

[1] 赵超：《汉魏南北朝墓志汇编》，天津古籍出版社1992年版，第414页。

[2] 同上书，第407页。

[3] 同上书，第414页。

[4] 周绍良：《唐代墓志汇编》，上海古籍出版社1992年版，武德003，第2页。

[5] 荣新江：《安史之乱后粟特胡人的动向》，纪宗安、汤开建主编：《暨南史学（第2辑）》2003年版，暨南大学出版社，第102—123页。

[6] 周绍良：《唐代墓志汇编》，上海古籍出版社1992年版，调露008，第657页。

《大唐故左监门校尉上柱国康（远）君墓志铭并序》（721年）："君讳远，字迁迪，其先卫康叔之门华。风俗通之叙述，祖宗累美，子胄光扬。君稽古文儒，英威武略。有去病漂姚之号，超伯宗戌已之名。直以祐静三边，东西百战。……"①

《大唐故赠左武卫翊府左郎将康府君（晖）墓志铭并序》（765年）："其先颍川人也。昔成王封康叔于卫，其后枝派因为氏焉。故前燕有归义侯康迁，从此因官卜居，今为长安人也。……"②

《银青光禄大夫海濮饶房睦台六州刺史上柱国汲郡开国公康（希铣）使君神道碑铭》（776年）："讳希铣，字南金。其先出于周，武王同母少弟卫康叔封之后也。"③

荣新江教授认为康氏不是中国古代固有的姓氏。对于《康远墓志铭》，毛阳光教授认为，墓志铭对于康远的家族背景表述为"其先卫康叔之门华"，远溯到西周时期卫国的创始人，周文王的儿子卫康叔。但这明显是出于入华粟特人的伪托，这一时期的粟特人为了尽快融入汉族社会，摆脱自己外来民族的身份，都将自己的远祖上溯到商周时期。而学术界普遍认为，中古时期的康姓本身是中亚康国人及其后裔。郑炳林在他的《唐五代敦煌粟特人与归义军政权》等文章中将康安两姓当作判别粟特人的标志性姓氏。而进入内地的粟特人在接受汉化的过程中其籍贯或郡望的选择，开始的时候往往以丝绸之路或河西走廊的某一处（尤以凉州、武威、张掖等）为选项，等到他们的后人进入内地多年之后就转而采用内地的某处为籍贯或郡望了。以东迁内地而选择丝绸之路某地为籍贯者，墓志铭里多有反映，如康敬本，"康居人也。元封内迁，家张掖郡"④；康留买，"本即西州之茂族，后因锡命，遂为河南人焉"⑤；安怀，"河西张掖人也。祖隋朝因宦洛阳，遂即家焉"⑥；安令节，"先武威姑臧人，出自安息国，王子入侍于汉，因而家焉。历后魏、周、隋，仕于京洛，故今

---

① 毛阳光：《洛阳新出土唐代粟特人墓志考释》，《考古与文物》2009年第5期，第76页。
② 吴刚：《全唐文补遗（第5辑）》，三秦出版社1998年版，第408页。
③ （清）董诰等纂修：《全唐文》卷344（颜真卿九）。
④ 周绍良：《唐代墓志汇编》，上海古籍出版社1992年版，咸亨029，第530页。
⑤ 周绍良：《唐代墓志汇编》，上海古籍出版社1992年版，永淳013，第694页。
⑥ 周绍良：《唐代墓志汇编》，上海古籍出版社1992年版，长寿019，第845页。

为幽州宜禄人也"①；石崇俊，"以曾门奉使，至自西域，寄家于秦，今为张掖郡人也"②。类似的叙述在传世的文献里也有反映："释神会，俗姓石，本西域人也。祖父徙居，因家于歧，遂为凤翔人矣。"③ 而学术界普遍认为中古时期的康姓本身是中亚康国人及其后裔。两学者的论述与周、秦、汉没有康姓人记载，与南北朝、隋唐时期的康姓人不能确指是康叔后裔的结论是一致的。

(二九)《唐故游击将军穆泰墓志》

志文载："君讳泰，陇西天水人也。"穆氏，按唐人林宝《元和姓纂》卷10谓穆氏源出有二。一是"宋穆公之后，支孙氏焉。楚王元友有穆生，或作'缪'，音同"。二是"代人，本姓邱穆陵氏，代为部落大人，为北人八族之首。后魏以穆、陆、奚、于比汉金、张、许、史。孝文迁洛阳，改为陆氏，以位尽王公，勋著当代"。④

穆泰族属为鲜卑，理由有三：第一，籍贯或地望为"陇西天水"，此地为多民族聚合之处，推测其系出非汉系民族，较为合理。第二，上文说穆氏由先辈邱穆陵氏改易而来。根据孝文帝变法诏令，改姓之后的鲜卑人即以河南洛阳为籍，死后也就内地安葬。第三，穆泰墓志文里有"代习衣缨，家阀阅，荣耀千秋，几辉百祀"的记载，这虽属自我炫耀，但联系他的曾祖、父都有任职，他本人又曾任游击将军、上柱国、行庆州洪德镇副将、灵州河润府左果毅都尉、摄囗安军副使、检摄定远域(城)大使等职衔，说明上述自夸并非空穴来风。值得指出的是，他的任职多系武职，套用墓志的言语，是"横行马邑之功""直入龙廷之塞""名播边关""屡游燕代"，可以与班超、李广等人媲美。显然，在撰主看来，穆泰从事的也是边功。以武职行边功，让我们有理由揣测穆泰的族属更应该与代北鲜卑改变名称之后的穆氏联系起来。(志文详见附录)

---

① 周绍良：《唐代墓志汇编》，上海古籍出版社1992年版，神龙004，第1045页。
② 周绍良：《唐代墓志汇编》，上海古籍出版社1992年版，贞元078，第1892页。
③ (宋)赞宁撰，范祥雍点校：《宋高僧传》卷9《唐成都府净众寺神会传》，中华书局1987年版，第209页。
④ (唐)林宝撰，岑仲勉校记，郁贤皓、陶敏整理，孙望审订：《元和姓纂》卷10"穆"，中华书局1994年版，第1428—1429页。

（三十）《唐李将军碑》

对《唐李将军碑》的研究著录，最早见于清道光三十三年编纂的《洮州厅志》金石卷，共录碑文135字，其中14—15行、20—27行无残留文字，《甘肃新通志稿》著录《唐李将军碑》碑文与《洮州厅志》收录的碑文相同。

张维的《陇右金石录》卷二中所录正文174字，其中21—24行缺文，与《洮州厅志》和《甘肃新通志稿》著录碑文有个别出入。其中所附简要考证认为："李将军者，盖以击吐蕃功，自府兵折冲累官至诸卫大将军，封临潭侯，并赐国姓，其人盖在开元天宝之际。以其时数击吐蕃，故边将多以功伐显名授爵，赐姓尤多有之，原文漏载殊多。……而此碑则立于殁后，大抵仍在天宝中叶，至广德以后，凉、陇沦陷，唐之西境，北不过潘原，南不逾陇山，不惟无边功可记，即边将如李将军之属，亦安能从容归葬，树碑故里。故西平虽祖思恭、父钦，代居陇右为将，其卒也，仍葬高陵，况其诸子，而能立石于久为蕃据之洮州之地乎？仅就碑文'大将军'三字，以为李宪，又以为李悬，皆不考之甚也。"

李振冀、马明达先生之《甘南卓尼县〈唐李将军碑〉考略》中，录正文330字。认为碑主系唐代名将、西平郡王李晟之父李钦，此碑为其神道碑。李钦生前参与了唐开元十七年信安王李祎攻拔石堡城的著名战役，并在此役中受伤立功，不久即死去，其死年似不超出开元纪年。因是役他迁升为左金卫大将军，死后追赠为"□使持节诸□事天水郡太守□"，封爵"临洮候"。其生前"被任命为陇右节度经略副使""右武卫大将军"。

其外，因碑文中的赐姓和"苗夏蒂同"的内容，该文认为"李晟的先辈李嵩，很可能是拓拔赤辞的同宗，是与赤辞一起内附的诸党项酋长之一"。其赐姓与拓拔赤辞在贞观初年内附并赐国姓一事有一定联系，由此得出了"李晟是一个有着党项血统的汉化较深的历史人物"的看法。

根据碑文中的"春〔秋〕六十有四"知碑主生于唐高宗永淳二年或弘道元年（公元683年），去世于唐玄宗天宝六年夏六月（公元747年）。其生活的时代，应正值唐代鼎盛繁荣时期，也是吐蕃崛起西土，在军事上锐意东进，在剑南、陇右、河西和西域与唐王朝激烈争夺的时期。

碑文中的赐姓和"苗夏蒂同"的记叙，李将军应出生在洮州一个党项羌的家庭，系党项羌族，其为赐姓李氏，因为临洮郡本是党项羌生活的区域之一。

总而言之，李将军在汲取高度发达的汉文化的基础上，凭借自己的聪明才智，立军功、取封侯，成为有唐一代党项羌中的佼佼者。

（三一）《大唐之国碑（李延玉碑）》

碑文详细记载了李延玉及其父、静州防河大使同节度押衙野利阿胡的生平事迹。

碑文中有"又于乾宁二年九月日，静难军牒补野利阿胡充凤州、静羌两镇镇边使……名而千里之外，永标鳞各，论祖父野利阿胡之功勋，幼而为唐邦之荣洛保护。国朝之疆封，效大道之苦……"等语。

从"野利"这个姓氏来看，李延玉家族必定是庆阳地区的少数民族。野利氏又叫"叶里氏""野力氏""拽利氏""叶勒氏""夜利氏"等。[①]关于野利氏的族属问题，《旧唐书》有关于"党项野利氏种落"的记载。《新唐书·党项传》说党项族："以姓别为部，一姓又分为小部落，大者万骑，小数千，不能相统，故有细封氏、费听氏、往利氏、颇超氏、野辞（利）氏、房当氏、米禽氏、拓拔氏，而拓拔最强。"[②]《新五代史》中记载："党项……其大姓有细封氏、费听氏、折氏、野利氏，拓拔氏为最强。"[③] 在西夏国的历史上野利氏也占据着重要地位。公元1038年，元昊称帝，建立"大夏"国后，大封群臣，其中就有野利氏。"以野利旺荣、野利遇乞……窦维吉分驻十二监军司地，主兵马。"[④] 野利旺荣、野利遇乞二人成为得宠一时的国之柱石。不仅元昊信任的大臣有野利氏，就连元昊的家族母系有野利氏：

"元昊令群臣奉册谥祖保吉曰神武皇帝，庙号太祖；妣野利氏曰顺成链孝皇后；父德明曰光圣皇帝，号太宗；妣卫慕氏曰惠慈敦爱皇后。已，立妃野利氏为宪成皇后，子宁明为皇太子。"[⑤]

元昊的母亲姓野利，他的妻子也姓野利。这些都说明野利氏是以族

---

① 佟建荣、张万静：《西夏后妃姓氏异译考论》，《宁夏社会科学》2009年第5期，第106页。

② 《新唐书·西域传》，中华书局1975年版，第6214页。

③ 《新五代史·四夷附录》，中华书局1974年版，第912页。

④ 吴广成：《西夏书事校正》，甘肃文化出版社1995年版，第149页。

⑤ 同上。

名为姓，是党项族的重要分支。

庆阳地区民族繁多，李延玉一族当是在庆阳地区多个民族融合之后形成的党项族野利氏分支。

魏晋南北朝之时，党项族的雏形初现，逐渐形成一定的势力开始向中原地区扩展。《隋书》记载党项族："魏、周之际数来扰边。"① 党项族大规模见于史籍记载是在隋唐时期，此时党项已经成为骚扰边境不可忽视的一股力量。史称："党项，西羌之遗种。其国在《禹贡》析支之地，东至松州，西接叶护，南界春桑，北邻吐浑，有地三千余里。"② 在广大的西北地区都有党项的宗族。隋代党项也经常骚扰边界，隋文帝开皇十六年："复寇会州，诏发陇西兵以讨之大破其众，又相率请降愿为臣妾遣子弟入朝谢罪。"③

庆阳地区地处甘肃陇东一带，由于其"南卫关辅，北御羌戎"的特殊地形成为历代兵家争之地。唐宋之时，盘踞在庆阳地区较大的民族势力之一就党项族人。贞观年间，唐大将李靖击吐谷浑，顺便收服了一部分党项族：

"帝因其胜又令约降，赤辞从子思头潜纳款，其下拓拔细豆亦降……擢赤辞西戎州都督，赐氏李，贡职遂不绝。于是自河首积石山而东，皆为中国地。后吐蕃浸盛，拓拔畏逼，请内徙，始诏庆州置静边等州处之。"④

野利氏族的李姓或许与拓拔氏的李姓来源一样，都是中央王朝以安抚为目的的赐予。李姓为党项族的国姓，在魏灵芝先生的《党项与西夏碑石刻叙录》一文中，初略统计，姓"李"的占据一定官职的党项族人碑刻就有8块之多。⑤

至少在唐开元年间，党项民族已经在庆阳地区占据了重要位置，"芳池州都督府，寄在庆州怀安县界，管小州十：静、獯、王、濮、林、尹、位、长、宝、宁，并党项野利氏种落"⑥。经过不断的迁移和内附，庆阳

---

① 《隋书》，中华书局1973年版，第1845页。
② 《新五代史·四夷附录》，中华书局1974年版，第912页。
③ 《隋书·西域传》，中华书局1973年版，第1846页。
④ 《新唐书·西域传》，中华书局1975年版，第6215页。
⑤ 魏灵芝：《党项与西夏碑石刻叙录》，《西北第二民族学院学报》2007年第5期，第71页。
⑥ 《旧唐书·地理志》，中华书局1975年版，第1409页。

地区的党项族逐渐形成规模。安史之乱以后"河、陇陷吐蕃，乃徙党项州所存者于灵、庆、银、夏之境"①"子仪以党项、吐谷浑部落散处盐、庆等州，其地与吐蕃滨近"②。党项族的野利氏无疑是庆阳地区势力较大的一支。《新唐书·党项传》说：

庆州有破丑氏族三、野利氏族五、把利氏族一……六州部落，曰野利越诗、野利宠儿、野利厥律、儿黄、野海、野牢等；居庆州者号东山部，夏州者号平夏部。③

可见庆阳地区的野利氏应为党项东山部的一支。党项在五代时期仍然处于"不相统一"的状况，初步形成几个以"大姓之强者"为中心的较大割据势力——自唐末以来盘踞在夏、绥、银、宥的党项拓跋部；五代初兴起于府、麟二州的党项折氏；居于庆、灵二州间的"西路党项"东山诸部。④

后梁末帝龙德三年（923年），后唐灭后梁。而此时党项族人成为庆阳地区最大的势力，纷纷依附于中央王朝政权。《新五代史》中记载："党项诸部相率内附，居庆州者号东山部落，居夏州者号平夏部落。部有大姓而无君长，不相统一，散处邠宁、鄜延、灵武、河西，东至麟、府之间。自同光以后，大姓之强者各自来朝贡。"⑤

为控制党项人，后唐庆州防御使窦延琬在庆州"严刑峻法，屡绕边人。课利不集……"⑥ 引起了地方动乱。统治者吸取教训后，压制变成了安抚，在庆、泾、宁等地区设立与党项族等蕃族进行贸易的马市，收编庆阳地区的党项部族。《李延玉碑》碑文中有：

"故父节度押衙……夫上柱国野利阿胡……世闻传……故祖父守静州防河大使同节度押衙□。凤川、静羌两镇镇边使野利阿胡……世世相连，名标金牒……常推谦董之名，每抱温恭之誉。身房塞之名……补李延玉充凤川、静羌两镇镇边使……蒙悦州史宪太傅特为庆州鄜□制置太师。

---

① 《新唐书·地理志》，中华书局1975年版，第1123页。
② 《新唐书·党项传》，中华书局1975年版，第6216页。
③ 同上书，第6217页。
④ 周伟洲：《早期党项史研究》，中国社会科学出版社2004年版，第113页。
⑤ 《新五代史·四夷附录》，中华书局1974年版，第912页。
⑥ 《旧五代史·四夷附录》，中华书局1976年版，第973页。

遂于三交川内初置镇城……□□名而千里之外，永标鳞各，论祖父野利阿胡之功勋幼而为唐邦之荣洛保护。国朝之疆封，效大道之苦……四夷不宾，赀依将平之功，承家国而兴替，可依顺风之孝养，故镇将野利李延玉虽居戎虏……"

碑文中死者为"镇边使李延玉"，而他的祖父是"上柱国野利阿胡"。说明庆阳地区的党项人得到了统治者的重用，身居高位，并且被赐予国姓，"野利氏"变成"李"姓，这也是民族融合的体现。而李延玉的名字中仍有"野利李延玉"的称呼，说明此时正处在这一部族汉化的关键时期，既带有汉族文化的痕迹，又没有完全脱离部族的特性。碑中传达了三个重要信息。

第一，李延玉家族世代雄踞庆阳一带"世世相连，名标金牒"。扶持蕃族中的有势力者，这是统治者收拢、利用民族势力最主要的方式。"中原王朝在经略西北时大多都能采取务实的策略，尊重西北各少数民族的习俗和现状，采取特殊的政策管理。在管理方式上，多采用委任各少数民族首领管理其民族内部事务的政策……"① 李延玉祖父是"凤川、静羌两镇镇边使"，他也补"凤川、静羌两镇镇边使"，可见其家族受到静难军节度使、庆州防御使等上级官员的重视。

第二，李氏家族虽是"身出虏塞之名""出自戎虏"，但是受汉文化的影响，能够"常推谦谨之名，每抱温恭之誉"。所以得到后唐统治者的支持"久效勋劳，气雄蕃府"，成为庆阳境内少数民族势力的代表。当时正是后唐与党项争夺生存空间的关键时刻，党项经常入侵后唐领土。"其在灵、庆之间者，数犯边为盗。自河西回鹘朝贡中国，道其部落，辄邀劫之，执其使者，卖之他族，以易牛马。"② 在《大唐之国》碑刊刻的前一年，后唐明宗长兴三年（932 年）因为散居庆州各地的党项人劫掠财物而遣"静难节度使药彦稠、前朔方节度使康福将步骑兵七千讨党项"，③ 所以后唐统治者更要收拢、安抚已经投靠的党项族人。

第三，此时庆阳地区仍然处在激烈的民族冲突融合中。不仅地方设

---

① 田澍、何玉红主编：《西北边疆社会研究》，中国社会科学出版社 2009 年版，第 6 页。
② 《旧五代史·外国列传》，中华书局 1976 年版，第 1845 页。
③ 《资治通鉴·后唐纪》，中华书局 2007 年版，第 3461 页。

置因为战乱而不断变化，如"蒙悦州史宪太傅特为庆州……遂于三交川内初置镇城使"①，反映了当时庆阳地区的行政建制。而且对于战乱也有直观的说明"占据地里，累岁乱罹，饥荒以后获贵，获就安镇同直申□□□使府取便，拔移军于漠境"②，在战乱中，庆阳地区的民族不断迁徙，融合的趋势进一步加强。

唐宋年间，今庆阳地区曾有大量的藏族同胞散居，该碑主野利阿胡家族曾数代镇守此地，为协调各民族关系作出了贡献。其家族墓地碑文对了解当年民族地区的开发提供了宝贵的资料信息。

（三二）《唐狄梁公碑》

唐代总体而言，是我国历史上各民族大交融、大团结的典型时期，但在唐高宗和武则天时期，社会经济虽继续发展，为"贞观之治"向"开元之治"的过渡起到了承前启后的作用，但民族关系却比较糟糕。当时民族关系不断恶化的根本症结，在于唐高宗和武则天都缺乏正确的系统民族关系思想作为行动指南。

隋唐时期，宁州是少数民族与汉族杂居的地区，民族关系复杂。这点可从《山公寺碑》《成丑儿等造像碑》《邑子共造释迦像》《北周立佛像》《豆卢子等结社造释迦像》等的题名中发现。这时委派当时在侍御史任上风生水起的狄仁杰担任宁州刺史，可见朝廷对他才干的倚重，也可见宁州当地民族关系的复杂和严重。狄仁杰担任宁州刺史后，不负众望，碑铭曰："北邠西郊，粤公刘城。有额祀典，繄主怀英。希文载珉，雅述硕称。扬摧臣纪，云汉含星。风雨定言，蜎隐蝎藤。客徕槩愤，喷读屏营。吁其守边，覆用巍亭。公自瀛海，循政观成。民士宣德，狄范其馨。诺我立副，昌狄如醒。旧碣磨镌，心事天青。"反映了狄仁杰面对宁州复杂的民族情况，妥善处理民族关系，"服和戎夏，人得欢心，郡人勒碑颂德"③。使这一地区很快出现了百姓安居乐业，社会团结和谐的局面，民族关系得到极大改善。

（三三）《天水隋唐彩绘围屏石榻》

墓主应为粟特人无疑。

---

① 张洪：《庆阳地区民族碑刻论述》，兰州大学，2012年，硕士学位论文，第33页。
② 同上。
③ 《旧唐书》卷89，中华书局2000年版，第1954页。

据罗丰先生统计，已出土的属昭武九姓的墓志有：康国人有康大农、康磨枷、康留买兄弟、康阿达等墓志；安国人有安延、安思节、安菩、安伽墓志；曹国人有曹明照墓志；石国人有石崇俊、石神福墓志；何国人有何文哲、何摩诃、何盛墓志；米国人有米继芬、米萨宝墓志。另外，还有史射勿、史索岩、安娘、史河耽、史铁棒、史道德等这些中亚粟特人及其后裔的墓志。他们大都入仕中原，并在各代政权中发挥过一定作用，他们死后均接受以中土墓志形式对其世系、籍贯、业绩、职官进行详尽的论述，以求留名后世。这显然与中亚粟特人天葬火化后，将余骨纳入骨器中掩埋的做法有了很大的变化。从墓志行文来说，北朝时较简略，隋唐时代则多与异域王族攀援附会，这是中国北朝门阀之遗风，反映了隋唐时代的"昭武九姓"颇高的汉化程度。

在作为丝绸之路重镇的天水发现粟特墓志，应属正常，目前在西安、固原等地发现的粟特人墓志，说明南北朝隋唐时期粟特人在中原的活跃程度。陇右地区也应是粟特人活动的主要区域之一。

在本章第一节中，将陇右地区与少数民族有关的碑刻材料进行了集中归纳和分析，通过分析可见，魏晋南北朝隋唐时期，陇右地区一直是少数民族集中杂居的区域。其基本趋势是：从魏晋开始民族成分有限，到南北朝时期的纷繁复杂，然后到隋唐时期少数民族逐渐融合。这一趋势在上述碑刻材料中有明显体现，并且与史料的记载是相吻合的。

在上述有限的材料中，我们可以发现，在这一历史时期，陇右地区的少数民族主要有以下几种：羌、氐、鲜卑、匈奴、屠各、粟特、卢水胡、匈奴、羯、吐谷浑及其他西域胡人。当然，在有唐一代，陇右地区是少不了吐蕃的。所以，在这一历史时期，陇右地区是各民族生活和轮番表演的历史大舞台，各民族中都出现过或大或小影响了历史进程的人物，各民族都用自己的聪明才智在这块地域上生息繁衍，并逐渐融入民族大家庭之中，成为中华民族的一员。当然，在这一历史时期，在整个陇右地区，汉族仍是主体民族，汉人数量是最多的。

第二节 "名"与"字"的关系分析

人名是姓氏名号学的重要组成部分。它不仅是人群中区别个人的指称符号，更是文化的镜像和观念的折射。正如毛远明先生所说："人物命名常常不是任意的，命名者总要在人名的概念意义上附着一定的主观色彩，赋予一定的情感倾向，让人名中包含表示感情的附加义素成分。这些词除了具有对人的具体指称义之外，又附有命名人的情感、愿望，或者某种纪念意义，以体现爱憎、好恶、美丑等褒贬色彩。附加的感情色彩以其强烈的倾向性影响着色彩义所附生的概念义，从而获得丰富的人名内涵，程度不同地浸润了概念义。"① 所以，通过考察人名的词义内涵、聚合关系、词义特征，探求各类人名的发展状况、转变原因及规律，发现潜藏在人名词语表面意义后面的附加意义、文化意义，我们能透视到一个民族的政治理想、思想观念、审美情趣、思维方法、心理特征、是非标准、认知水平等，能清晰地管窥到各民族在特定历史背景下的民族关系、精神面貌。这对了解当时的社会现象和文化交流状况，确立碑刻人名在汉语词汇史研究中的地位、开拓中古汉语词汇研究领域，乃至姓氏名号学的建立都有十分重要的意义。这些是民间文化工作者、人类学家、社会学家、民族学家、历史学家、语言学家、心理学家取之不尽的民间文化资源。

  魏晋南北朝隋唐时期，从魏文帝曹丕公元 220 年即位开始，至公元 907 年梁王朱温篡位灭亡，历经 687 年，是中国封建政权更替、民族接触最为频繁的时代。这一时期的人名表现出多种特征：首先，鲜明的时代特征。两汉盛世在思想文化上的封建遗风对人们的影响远未消逝，最突出的是儒家思想。儒家宣扬的五常之道（即仁、义、礼、知、信）在这一时期纷纷融入人物命名。同时，战乱频繁、生灵涂炭的社会背景又为东汉后期从印度传入中国的佛教提供了繁衍的土壤。佛教势力的壮大势必对语言领域产生影响，出现了直接用佛教用语，或嵌用与佛教相关词语的人名用例。另外，中国土生土长的道教，由于在这一时期得到上层统治者的大力支持和广大人民群众的认同，运用与道教相关的词语命名的人较多。其次，鲜明的民族特色。魏晋南北朝时期民族接触、政权更替频繁，统治阶级为了巩固政权，有必要采取一些增进民族感情、缩减民族隔阂、笼络臣心的措施，而赐名、改名成了达到这一目的的重要手

---

① 毛远明：《左传词汇研究》，西南师范大学出版社 1999 年版，第 13 页。

段。此外,该时期的人名还反映出民族间错综复杂的关系,及在频繁接触中出现的民族文化融合。最后,战乱频仍、生灵涂炭的社会背景,决定了时人的政治理想、思想理念、心理特征等有独特的影射点。以上这些,决定了对魏晋南北朝隋唐时期人名进行研究的重要意义。

在汉文化中,古人先有名而后有字,字由名孳生。所以,古人取字大都遵循名、字相应的原则,即名与字要有一定的联系。关于人的名、字关系,前人多从语音、语义等方面进行研究。清王引之《春秋名字解诂》用"五体""六例"来分析名与字的关系,继王引之之后,清人王萱龄《周秦名字解诂》、俞樾《春秋名字解诂补义》、胡元玉《驳春秋名字解诂》等专著对古人的名、字关系做了进一步的探讨。

鉴于前人的研究方法,下面本节将所涉碑刻中出现的名、字俱全人物的名与字进行归类分析,主要分为名、字间的意义联系和意义联系之外的其他联系两大方面,以便更深刻地理解其背后的文化意义。其中既有汉族成员,也有少数民族成员。少数民族成员在命名上与汉文化一样,已经体现了汉文化强大的优越性。但是我也发现,在同一通造像碑上,有些少数民族成员有名有字,但有人有名无字,通过研究,这与当事人的官职并无关系,如在《南石窟寺碑》中就是如此。另外,有些少数民族成员的名与字很明显没有任何关系,但是在书写格式上,却和汉文化一样,可见这时少数民族的名字应该处于对汉文化名与字书写格式或命名的简单模仿上,还没有完全理解汉文化名与字之间的关系,以及它们存在的文化意义。当然,有些少数民族成员的名与字及之间的关系已经完全具有汉文化的内涵,这表明了对汉文化中的命名方式,少数民族有一个逐渐接受并习惯的过程。任何文化的濡化过程莫不如此。

一 名、字间的意义联系

名、字间的意义联系,指名、字含义相关联,即名之义与字之义有某种内在联系,或相同、相近,或相关、相反。举例说明如下。

(一) 意义相近

《狄梁公碑》,狄仁杰,字怀英。"仁",中国古代一种含义极广的道德观念,其核心指人与人相互亲爱,孔子以其作为最高的道德标准。《说文》:"仁,亲也。"如,《春初·元命苞》:"仁者,情志好生爱人,故立字二人为仁。"《礼记·经解》："上下相亲谓之仁。"《礼记·儒行》："温良者，仁之本也。"《韩非子·解老》："仁者，谓其中心欣然爱人也。""杰"，本义指才智出众的人。《白虎通圣人引辨名记》："五人曰茂，十人曰选，百人曰俊，千人曰英，倍英曰贤，万人曰杰，万杰曰圣。"可见，"仁杰"应为胸怀精华之人，而"英"，就是精华，事物最精粹的部分，如含英咀华。可见"仁杰"和"怀英"意义相近。

《嵩显（禅）寺碑》，韩邕，字法和。"邕"，通"雍"，和睦。《汉书》："上元甲子，肃邕永享。"《晋书·乐志下》："君臣邕穆。"名"邕"与字"法和"意义相近。该碑中还有类似的，如，宋和，字天顺。

《大唐故李府君墓志铭》，李素，字文贞。"素"有本色、不华丽之义，"贞"有意志或操守干净之义，二者意义相近。中国四大民间爱情传说之一《白蛇传》中的女主角就叫白素贞。

（二）意义相同

《南石窟寺碑》，屈兴，字允若。"兴"，《说文》："兴，起也。"《诗·卫风·氓》："夙兴夜寐。"《诗·小雅·斯干》："乃寝乃兴。"《易·同人》："三岁不兴。"《礼记·中庸》："其言足以兴。"但还有一义，读"兴（xīng）"时，有"允许"之义。而字"允若"中"允"，就是允许，"若"即"诺"，应允，后作"诺"。如，《马王堆汉墓帛书·经法》："已若必信，则处于度之内也。"《文选·司马相如·上林赋》："步骑之所蹂若。"屈兴其名与字意义相同。梁瑞，字乡贲。"瑞"，《说文》："瑞，以玉为信也"，玉制的符信。引申为吉祥的征兆、事物等美好的东西。"贲"的意思就是"美饰"，《易经·贲卦·上九》："白贲，无咎"，孔颖达《周易正义》："以自为饰而无忧患。"可见名与字意义相同。尹宁，字庆安，"宁"就是"安"，意义相同。赵忻，字兴庆，"忻"，本意就是凿破阴郁，放飞心情。《史记·周本纪》："姜原出野，见巨人迹，心忻然悦。"字"兴庆"与名的意义相同。

《嵩显（禅）寺碑》，元延，字长寿。《尔雅》："延，长也。"如，曹植《洛神赋》："延颈秀项。"可见"延"与"长寿"意义相同。元镇，字安石。"镇"的基本含义就是"压""安定"，《说文》："镇，博压也。"《国语·楚语》："而镇其浮。"可见名与字"安石"意义相同。程熙，字保愿。所"保"之"愿"就是"熙"。"熙"本义指晒太阳，《说文》:"熙,燥也。"后来引申为"光明""明亮""兴盛""和悦"等义,所以这里的字所表达的意思就是名的含义,二者可以说是意义相同。杨英,字伯儁。"儁",《龙龛手鉴·人部》:"俊,或作儁。"名与字意义相同。彭袭,字胤祖,"袭",继承,"胤",子孙,后裔。《左传·隐公十一年》:"夫许,太岳之胤也。"《诗·大雅·既醉》:"永锡祚胤。"作动词讲是继承之义。《尔雅》:"胤,继也。"二者意义相同。此外还有冯堆,字金堆;负佑,字天念;姚玉,字珍宝;张炽,字安昌。

《大唐隋故车骑将军金公墓志铭并序》,金行举,字义起,名与字含义相同。《大唐故右监门卫将军魏公墓志铭》,魏悊,字知人。"悊",古同"哲"。《五行志》:"视之不明,是谓不悊。"故"知人"就是"悊",二者意义相同。

(三) 意义相关

《嵩显(禅)寺碑》,皇甫轨,字文则。"轨",原意指车子两轮之间的距离,《礼记·中庸》:"今天下车同轨,书同文。"后引申为车辙。《说文》:"轨,车辙也。"又指一定的路线和规则,《后汉书·张衡传》:"时国王骄奢,不遵典宪,又多豪右,共为不轨。""则",《尔雅》:"则,法也;则,常也。"《管子·形势》:"天不变其常,地不易其则。""文则"即为作文的规矩,可见名与字意义相关。张华,字乐生。"华"的含义为美丽而有光彩、开花、繁盛等义,与"乐生"意义相关。梁穆,字文和。"穆"的本义是严肃、壮美、淳和,常见于古代书籍中,《诗·周颂·大雅》有"于穆清庙",《诗·周颂·烝民》有"穆如清风"等,名与字"文和"意义相关。该碑中还有:梁瑞,字成起;叱吕起,字延兴;元宪,字叔期;庞显,字茂宗。

《康智墓碑》,康智,字元功,指智慧、见识等最基本的素质。

(四) 意义相反

《嵩显(禅)寺碑》,梁微,字定显。"微",本是隐秘地行走。引申为藏匿,隐蔽。《左传·哀公十六年》:"其徒微之。"《礼记·学记》:"微而臧。"而字为"定显",可见名与字意义相反。

二 名、字间意义联系之外的其他联系

这里所说的名、字之间意义联系之外的其他联系,并非指名、字间

不存在意义联系，而是指与名、字之间的意义联系相比，名、字间意义之外的联系更直观。如，名、字间有某种语法联系或某种前后关系，使得从这个角度去理解名与字之间的联系，更能理解其名与字的文化含义和内在意蕴。举例说明如下。

（一）偏正关系

《南石窟寺碑》，冯澄，字青龙。"澄"，本义是水静而清。《集韵》："澄，水清定也。"《增韵》："澄，水静而清也。"把名与字联系起来，意思就是碧澄之水中的"青龙"，名与字在语法上构成了偏正短语。

（二）承接关系

《护羌校尉彭祁碑》，彭祁，字子互。"祈"，基本含义为"向神求福"，《说文》："祈，求福也。"《周礼·大祝》："掌六祈。"《礼记·郊特牲》："祭有祈焉。"《书·召诰》："祈天永命。"《诗·小雅》："以祈甘雨。"而字"子互"，"互"的本意是指一种绞绳子的工具，引申为交错。在《说文》中，互是"𥪢"的古文。段玉裁注："今绞绳者尚有此器。从竹，象形，谓其物象工字；中象人手推握也。"现在常用引申义"交互""交错"等。李陵《答苏武书》："胡笳互动。"《周礼·司会》："以参互考日成。"《汉书·刘向传》："宗族盘互。"宋范仲淹《岳阳楼记》："渔歌互答。""祈"既然是向上天或神灵请求，必然希望得到回应，从而实现人与神的互动。所以"祈"而后"互"，名与字之间是一种承接关系。

《唐故齐州历城县令库狄君墓志铭并序》，库狄通，字丰仁。"丰"，茂盛义，《说文》："丰，豆之丰满者也。"只有富有仁义，万事才得通达，名字之间是承接关系，这也显示出少数民族成员对汉文化的认同和推崇。

（三）动宾关系

《嵩显（禅）寺碑》，魏文，字子杨。"文"，天地万物的信息产生出来的现象、纹路、轨迹。《尚书序》："古者伏羲氏之王天下也，始画八卦，造书契，以代结绳（爻）之政，由是文籍生焉。"《古今通论》："仓颉造书，形立谓之文，声具谓之字。"后来其意义更广泛，但基本意义与"文章""文采""文字"等有关。"杨"通"扬"，本义是用手播撒。《说文》："扬，飞举也。"《小尔雅》："扬，举也。"字与名之间的意思可能为"以文扬名"或"传扬文名"，构成了动宾关系或介宾关系。

(四) 主谓关系

《嵩显（禅）寺碑》，彭颜，字永度。"颜"，本义是印堂。《说文》："颜，眉目之间也。"段玉裁注："各本作眉目之间，浅人妄增字耳，今正。眉与眉之间不名颜。……颜为眉间，医经所谓阙，道书所谓上丹田，相书所谓中正印堂也。""颜"也可当"容貌"讲。《楚辞·渔父》："颜色憔悴。"《列子·黄帝》："解颜而笑。"陆机《拟青青河畔草》："灼灼美颜色。""度"可作"尺度""气度"讲。名与字之间构成了主谓关系。

(五) 因果关系

《嵩显（禅）寺碑》，阴憨，字僧念。"憨"，本义指忧患痛心的事。《说文》："憨，痛也。"屈原《九章·惜诵》："以致憨兮。"做动词讲为"怜悯""哀怜"之义，所以需要"僧念"，以求泰然，可见名与字之间是因果关系，这也从一个侧面反映了佛教在民众当中的影响之深。

三 名、字之间没有联系

《史射勿墓志》，史射勿，字盘陀。史射勿墓志说他"讳射勿，字盘陀"，但在其子史道洛墓志中却说"父射勿盘陀"，可能射勿盘陀才是史射勿的全名。敦煌出土的《天宝十载敦煌县差科簿》上就有名为安射勿盘陀的粟特人，[①] 可知系粟特人常用之名。史射勿本人墓志中的写法或许是粟特人为了模仿汉人之名与字而将一名拆分开来二用的，就像"安菩，字萨"一样。故名与字之间没有联系。

第三节 人名与宗教关系

本节主要以语义为切入点，结合文化因素对碑刻人名进行分析。

文化有广义和狭义之分。美国著名学者萨姆瓦（Larry. A. Samovar）在《跨文化交流》中认为："文化是一种积淀物，是知识、经验、信仰、价值观、处世态度、社会阶层的结构、时间观念、空间关系观念、宇宙以及物质财富等等的积淀，是一个大的群体通过若干代的个人和群体努力而获取的。文化是持续的、恒久的和无所不在的，它包括了我们在人

---

① 池田温：《唐研究论文集》，中国社会科学出版社1999年版，第19页。

生道路上所接受的一切习惯行为。"①

姓氏与起名作为中华传统文化的一个重要部分,源远流长,姓名之上附丽着丰富的文化含义。我们可以通过其姓氏来追溯其祖先,辨析其民族,了解其流布,探究其变迁,本书就是通过姓氏来了解每个成员的变迁及族属的。每个人除了姓之外的名,因为具有很强的灵活性,所以包含了更多的文化因子。它不仅仅是一个个体的代表符号,还蕴含了很多更本质的东西,体现了父母的文化水平、社会地位、职业特征以及对子女的期望,也能体现父母所处的社会形态和时代特征等。

在本书碑铭材料中,有很多少数民族的人名,研究这些人名,可以发现很多有趣的现象。比如人名与宗教、社会习俗、社会政治经济等的关系。同时,人名中也能够明显地感觉到各少数民族在陇右地区杂居的过程中,汉文化对他们的深刻影响。在一块碑铭上出现的人名,能够体现出儒、释、道等各种思想,体现出自己所熟悉的社会形态,体现出当时的社会环境和时代特点,也体现出命名者对社会和后代的美好期望。当然,这种分析可能不太全面,但根据当时的历史背景,我们是可以窥一斑而知全豹、见微知著的。也许,对某个具体姓名的分析,有时可能会失之偏颇,但这并不会从整体上影响碑铭材料中众多人物姓名所透露出来的相关文化内涵和背景信息。下文将根据上述碑铭中出现的人名,结合特定的时代背景、心理、民俗、宗教等因素,举例分析人名取义所折射出的文化信息,试图从整体上勾勒出碑铭中少数民族人名的全貌,进而体会出其命名特征和规律。

一 人名与佛教的关系

东汉后期,佛教由印度传入中原。东晋十六国时期战乱频繁,生灵涂炭。佛教宣扬的因果报应和彼岸世界恰好迎合了劳苦大众的心理,同时也满足了统治阶级稳定民心的政治需求,因而受到社会上下的普遍认同。南北朝、隋、唐期间,虽有灭佛运动,但总体而言,信佛、诵经朝野成风,佛教得到前所未有的广泛传播。这种文化现象势必对语言领域

---

① [美]萨姆瓦、波特、麦克丹尼尔:《跨文化传通》,生活·读书·新知三联书店1988年版,第28页。

产生影响，反映在人名中便是很多佛教徒喜欢用音译梵语词取名、字或法号，普罗大众也用佛教用语或嵌用与佛教相关词语命名。同时，有关僧尼法名的记载也在该时期的碑铭中开始出现。

（一）直接用佛教用语命名

1. 达摩

达摩是佛祖乔达摩·悉达多的简称。《豆卢子等结社造释迦像》中有刘达磨。其他地方碑刻中也有此例。北魏《常岳等一百余人造像碑》诸葛达磨，东魏《凝禅寺三级浮图碑》□□达磨。截取"磨"构成人名的碑刻用例有《大代持节幽州刺史山公寺碑》弥姐守磨，《豆卢子等结社造释迦像》中有赵比磨。其他地方碑刻有北魏《孙秋生等造像记》诸葛磨尒，东魏《源磨耶圹记》源磨耶，《封延之墓志》封磨奴，北齐《许僸卅人造像记》王磨女，《李磨侯造像记》李磨侯。以"达磨"或"摩"命名，体现了命名人对佛祖的敬仰之情。

2. 罗汉

罗汉是阿罗汉的简称，梵音译（Arhat）。含有杀贼、无生、应供等义。杀贼是杀尽烦恼之贼，无生是解脱生死证入涅槃，应供是应受天上人间的供养，是伟大的佛陀得法弟子修证最高的果位。以之命名，体现了命名人的宗教信仰和境界追求。《大代持节幽州刺史山公寺碑》中有庞罗汉。其他地方碑刻中也有此例，北齐《僧静明等修塔造像碑》垣罗汉，《许僸卅人造像记》其罗汉，北周《赵富洛等二十八人造像记》郭罗汉，传世文献用例有《南史·周朗传》黄罗汉，《北史·吕罗汉传》吕罗汉。

3. 佛陀

本指释迦牟尼，梵音译（Buddha），后演为觉悟真理者之总称，又作浮头、没驮、步他、馞陀、复豆、浮屠、浮图，意为觉者、知者。华人民间也将佛称为佛祖。袁宏《汉纪·明帝纪》："浮屠者，佛也。西域天竺有佛道焉。佛者，汉言觉，将悟群生也。"汉语有"觉门"，指佛门。梵语三菩提（sambodhi）意译"正觉"，即如来之法实智，名为正觉。证语，一切诸法之真正觉智，故成佛谓之成正觉[①]。《法华玄赞二》："三云正，菩提云觉。""净觉"，也指佛陀。《魏书·释老志》："浮屠正号曰佛

[①] 毛远明：《汉魏六朝石刻校注》，线装书局2006年版，第1247页。

陀。佛陀与浮图声相近，皆西方言，其来转为二音。华言译之则为净觉。言灭秽成明，道为圣悟。""佛"俗作"仏"，"仏（佛）"是六朝俗字。明代张自烈《正字通·人部》云："仏，古文佛。宋张子贤言，京口甘露寺铁镬有文：'梁天监造仏殿前。'……按佛省作仏。""天监"指的南朝梁武帝的年号。实际上六朝以来的碑刻、墓志、写经中，"仏"字十分常见，其为六朝俗字无疑。《豆卢子等结社造释迦像》碑刻中有雷仏得。其他碑刻中也有，如南朝梁《杜僧逸造像记》李仏施。

4. 普贤

普贤菩萨，梵音译（Samantabhadra），音译为三曼多跋陀罗，曾译为遍吉菩萨，大乘佛教的四大菩萨之一，象征着理德、行德，与象征着智德、正德的文殊菩萨相对应，同为释迦牟尼佛的左、右胁侍。时人以之命名，包含了命名人对普贤菩萨的尊敬和对具备众德的追求。《大代持节幽州刺史山公寺碑》中有丁尾普贤。其他地区碑刻中也有，如北魏《元固墓志》毛普贤，《王诩墓志》王普贤，北齐《殷恭安等造像碑》赵普贤。传世文献用例有：《魏书·杨津传》毛普贤，《北齐书·韩贤传》韩贤，字普贤。

（二）嵌用与佛教有关的词命名

1. 昙

昙摩，梵音译（Dharma），也译"达摩""达磨""昙无"。"昙"，上古属定纽侵部，中古属定母覃韵；"达"，上古属定纽月部，中古属定母曷韵；"摩"，上古属明纽歌部，中古属明母歌韵；"磨"，上古属明纽歌部，中古属明母戈韵；"无"，上古属明纽鱼部，中古属明母虞韵。"昙""达"为双声字，音近。"摩""磨"为双声叠韵字，音同。"摩""磨"与"无"为双声字，音近，义指法、佛法。截取"昙"构成人名，包含对佛教教义的理解。碑刻人名有《大代持节幽州刺史山公寺碑》中的张昙法，《禄文造像碑》中的胡昙言。其他地区碑刻中有，北魏《孙秋生等造像纪》刘昙乐，《司马绍墓志》司马昙之，《崔憼造像记》史昙真、王昙玉，《僧达等四人造像残石》张昙□，《法义九十人等造塔记》王昙回、刘昙静，东魏《义桥石像碑》都昙定，《夏侯丰珞造像记》耿昙馥，《员光造像记》张昙详，《凝禅寺三级浮图碑》赵昙度、寇昙桀、贾昙受、程昙金、赵昙寿、张昙□。北齐《僧哲等四十人造像记》丁昙晕、杨昙庆,《邢多五十人等造像记》斑昙广,《静恭等廿余人造像记》韩昙赞,《高刘二姓造像记》刘长昙,《僧静明等修塔造像碑》王昙和,《朱昙思等一百人造塔记》朱昙思,《姚景等造像记》高昙仁,《宋始兴一百人等造像记》刘昙□,北周《李昙信兄弟等造像记》李昙,《张永贵造像记》□□昙辉,《寇炽墓志》姜昙进,南朝宋《明昙憘墓志》明昙憘、明昙登、明昙欣。

2. 僧

"僧"是梵语"僧伽"的简称,意译为"和合众",即指信奉佛陀教义,修行佛陀教法的出家人;亦指奉行"六和敬","和合共住"的僧团。它的字义就是"大众"。僧伽是出家佛教徒的团体,至少要有四个人以上才能组成僧伽。所以一个人不能称僧伽,只能称僧人,正如一个兵士不能称军,只能称军人一样。出家男女二众都在僧伽之内,都能称僧人,现义多仅指和尚。以之命名,体现了命名人鲜明的佛教信仰。碑刻人名有《南石窟寺碑》中的梁僧寿,《大代持节幽州刺史山公寺碑》中的陆僧寿,《嵩显(禅)寺碑》中的阴愍字僧念,《禄文造像碑》中的曹僧,《豆卢子等结社造释迦像》中的王僧姬、徐洛僧、成僧和。其他地区以"僧"组成的人名的碑刻用例有,南朝梁《萧憺碑》萧憺字僧达,《杜僧逸造像记》杜僧逸,《萧融太妃王纂韶墓志》王僧聪,南朝陈《卫和墓志》王僧辩,北魏《孙秋生等造像记》卫僧□,《高树、解伯都等造像记》王僧宝,《杨范墓志》杨范字僧敏,《崔猷墓志铭》傅僧恩,《刘僧息造像记》刘僧息,《崔憼造像记》仇僧利、贺僧德、史僧度,《王僧男墓志》王僧男,《杜文庆等二十人造像记》孙僧寿、张僧安,《元义墓志》元僧儿,《法义兄弟造像记》罗僧长,《王僧欢造像记》王僧欢,《元邵墓志》胡僧洸,《常申庆造像韶》常僧敬,《李文迁等造像记》李僧保,《范国仁等造像记》范僧广,《路僧妙造像记》路僧妙,《吴屯造像记》郭僧,《贾景等造像记》陈僧志、杨僧,《刘贤墓志》刘僧沼,《司马王亮等造像记》王僧顺,《秦绍敬等造像记》王僧照、秦僧憨、秦僧□,《常岳等一百除人造像碑》李僧生,东魏《孔僧时兄弟等造像记》孔僧时,《王僧墓志铭》王僧,《张僧安造像记》张僧安,《李宪墓志》孙僧藏,《凝禅寺三级浮图碑》寇僧、贾僧珍、郭僧通、赵僧□、郭僧赜、刘僧远、贾世僧、刘僧仁,《李仲琁修孔庙碑》耿僧珍,《王惠略等五十人造像记》严僧畅，《唐小虎造像记残石》李僧护，《义桥石像碑》乐僧□、张僧叔、魏僧遵、任僧宾，《吕望表》尚僧兴，《姚敬遵造像记》姚僧宝，《道□碑记》□僧朗，西魏《合邑四十人造像记》张僧卖、侯僧迁，北齐《邢多五十人等造像记》赵僧达、邢僧□、□僧普，《宋显伯等造像龛记并阴侧》盖僧坚，《畅洛生等造像记》任僧惠、魏僧化，《张洪庆等造像记》张僧清，《西门豹祠堂碑》潘僧度、子慎字僧护，《邑子善造像记》杨僧和、吕僧，《僧静明等修塔造像碑》杨僧蕳、羊僧安，《朱氏邑人等造像记》朱僧会，《许僡卅人造像记》宋僧条，《韩山刚造碑像记》仇僧和，《柴季兰等四十余人造四面像记》柴僧业，《纪僧谘造像记》纪僧谘，《殷恭安等造像记》僧昙敬、张僧姜、孙僧贤，《贾□村邑人等造像记》贾僧达，《董洪达等造像记》董僧隐、董僧苟，《逢迁造像记》王僧婢，《高僧护墓志》高僧护，北周《圣母寺四面像碑》雷僧明、雷僧□、井僧智。

3. 惠

惠利，佛教术语，施惠、惠利他人。《无量寿经上》曰："求清白之法，以惠利群生。"以之命名，体现了命名人对佛教教义的理解。《大代持节幽州刺史山公寺碑》中有席惠训，《豆卢子等结社造释迦像》中有马婆惠、豆卢子惠。截取"惠"构成人名的碑刻用例有，西晋《裴祇墓志》裴惠庄，西魏《杜照贤等十三人造像记》杜惠宗，东魏《凝禅寺三级浮图碑》赵惠保，《道俗九十人等造像碑》路惠，《王盖周等一百三十四人造像记》臧惠匠，《义桥石像碑》□惠洛、王神惠、郭惠相、卢惠银，《王惠颙二十人等造像记》王惠颙，北齐《柴季兰等四十余人造四面像记》柴惠心、柴惠始、柴惠常。

4. 盘

佛教词语有"盘陀""盘特""盘陀迦"等。截取"盘"构成人名，体现了命名人的佛教信仰。在碑刻中，"盘"有时写作"槃"，有时写作"盤"，有时写作"鎜"，也有时写作"磐"，现都简写为"盘"。《说文》："槃，承槃也。从木，般声。鎜，古文，从金；盤，籀文，从皿。"商承祚《〈说文〉中之古文考》："'槃'，以木为之，则从木；以金为之，则从金；示其器，则从皿，其意一也。"《大代持节幽州刺史山公寺碑》中有郭盘（磐）石。其他地区碑刻中也有，其中"盘"字在碑刻中为

"槃"的有：北魏《司马王亮等造像记》王盘龙，《秦绍敬等造像记》秦盘□，东魏《凝禅寺三级浮图碑》刘盘虒、贾盘龙，《李仲琁修孔庙碑》朱盘虎，《王堰墓志》王堰字盘虎，北齐《柴季兰等四十余人造四面像记》柴盘□，《王怜妻赵氏墓志》赵盘虒，《孙盘龙妻明姬墓志砖》孙盘龙。其中"盘"字在碑刻中为"盤"的有：三国吴《禅国山碑》王盘。其中"盘"字在碑刻中为"磐"的有：东晋《爨宝子碑》扬盘，北魏《刁遵墓志》李盘。未发现以"鑿"为名的用例。"盘"在双音节名中均处于第一音节位置，另一音节则固定的是"龙""虎""石"，除此之外，未见其他。

5. 妙

梵语称曼乳（Mañju），不可思议绝待无比的意思。《法华玄义》曰："妙者褒美不可思议之法也。"《法华游意》曰："妙，是精微深远之称。"《大日经疏》曰："妙，名更无等比，更无过上义。""妙"字在佛门中的使用很广泛，各部、门、宗、修行中所体会言说的"妙"都是根据各不同修法及次第所演说的，此妙既"显"也"密"。但是各所不同的妙中唯有佛陀所说的"妙"最妙、最高、最智慧、最究竟，也最难为凡夫所知，不但文字无法直接阐述，其深意也无法为凡夫所体会与参照。若想体会"妙"的个中滋味，唯有依照佛陀的教法才能有所感，"密"也就变得"显"了，并且对修行对佛陀的法更加有信心了，此种进步与促进皆是增上的循环累加，更加说明了佛陀的教法妙不可言。碑刻《建崇寺造像记》中有权常妙，《豆卢子等结社造释迦像》中有金妙客、李妙光、巍伏妙，《北魏追远寺造像碑》中有王妙、道妙。其他地区碑刻用例有，北魏《路僧妙造像记》路僧妙，《郭法洛等造像记》邢妙妃，东魏《刘腾造像碑》侯善妙，《道俗九十人等造像碑》苟妙姜，西魏《合邑四十人造像记》鲁妙姿，北齐《逢迁造像记》逢妙，北周《李元海造像记》李妙好、李妙贵、李妙妃、韩阿妙。

佛教影响在姓名中虽有不同程度的存在，但细究可以发现，少数民族成员取名使用佛教宏观概念的较多，具体概念的较少，可见佛教在该民众中的普及还不是很深。

二 人名与道教的关系

道教是中国土生土长的宗教，以"道"为最高信仰，认为"道"是化生万物的本原。道教是在中国古代鬼神崇拜的观念之上，以黄、老道家思想为理论依据，承袭战国以来的神仙方术衍化而来。早期道教以汉末"三张"（张陵、张衡、张鲁）的天师道（包括张修的五斗米道）、张角的太平道为代表。从本质上说，道教主要以道家思想为依托，始终宣扬和坚守神仙与不死的宗教教旨，把"道"奉为一切的本原和最高存在。道教宣扬因果报应，教人奉道悔过，它以符咒为人治病、祈求长生不老。因此，在战乱频仍、民不聊生的魏晋南北朝时期得到社会各阶层的普遍认同。道教的发展，无疑对该时期的人名产生了不小的影响，最突出的表现，即该时期人名中与道教相关的词语很多，如：

（一）真

道家称修真得道成仙的人为真人。《说文·匕部》："真，仙人变形而登天也。"段玉裁注："此，真之本义也。"两晋南北朝人崇尚修炼，企求会真成仙，故取"真"为名字者大有人在，晋温峤字太真、山允字叔真、梅颐字仲真、南朝有刘义真、刘子真、萧子真、纪僧真、刘灵真[①]。碑刻用例有《王真保墓志》王真保，《豆卢子等结社造释迦像》中有董真欢。其他碑刻例子有，西晋《郛休碑》李真，北魏《李文迁等造像记》李处真，《杜法真墓志》杜法真，《寇猛墓志》寇真，《杨范墓志》杨仲真，《邵真墓志》邵真，《崔鸿墓志铭》崔子真，北齐《王鸭脸等造像记》盛真尼，《殷恭安等造像记》韩真之。

（二）道

中华哲学独有的哲学思想，对哲学理念、社会政治文化军事等各个领域影响甚巨。道家的道，哲学含义丰富而复杂，在不同情况下所说的"道"，含义往往不同。道字的最初意义是道路，后来引申为做事的途径、方法、本源、本体、规律、原理、境界、终极真理和原则等。老子在《道德经》开篇就说："道可道，非常道；名可名，非常名。无名天地之始，有名万物之母。"《易传·系辞上》："一阴一阳之谓道。"《庄子·缮

[①] 石云孙：《魏晋南北朝人名字》，《皖西学院学报》2003年第3期，第74页。

性》："道，理也。……道无不理"。《管子·君臣上》说："别交正分之谓理，顺理而不失之谓道。""夫道者虚设，其人在则通，其人亡则塞者也，非兹是无以理人。"《韩非子·解老》以"道理"并提，认为"道，理之者也""万物各异理，而道尽稽万物之理"。碑刻《大代持节幽州刺史山公寺碑》中有乐道奴、董道欢、张道达、董道分、彭道仁、孟道兴、张道寿、魏道建、周道宜、雷道明、雷道平、严道郎、王道安、童道龙。《李阿昌造像碑》郭道集，《禄文造像碑》屯道仁，《豆卢子等结社造释迦像》刘道洛、雷道生、雷道奴。其他地区碑刻如：北齐《囗道明墓志》囗道明字灵仙。

三 以"神""天""龙""法"命名

这些词比较特殊，他们既广泛见于各类宗教，同时有些又被用来指称超自然存在，有些指无处不在的神秘力量，所以在此单列讨论。

（一）神

《说文·示部》："神，天神，引出万物者也。"宗教及神话中所指的超自然体。以之为名，有祈求神灵保佑之意，体现了时人对超自然力量的极度崇拜，同时也寄托了对孩子的殷切珍爱之情。在人类意识中，神灵是万能的，只要人类诚心供养神灵，神灵也定会保佑其实现一切愿望。《南石窟寺碑》中有傅神符，《大代持节幽州刺史山公寺碑》中有梁神宝。其他碑刻姓名有北魏《元澯嫔耿寿姬墓志》耿神，《张神洛置田券》张神洛，《崔勰造像记》贺神达，《穆彦妻元洛神墓志》元洛神，《马振拜等造像记》陈神欢、董神扶，东魏《凝禅寺三级浮图碑》赵神德、赵神扶、刘神周、褚神奴、李贵神，西魏《合邑四十人造像记》鲁神妃，《李神覆造像碑》李神覆，北齐《西门豹祠堂碑》王神，《法仪兄弟八十人等造像记》孔神、阴神，《僧静明等修塔造像碑》羊神宝，《柴季兰等四十余人造四面像记》柴神敬、柴神奴，北周《僧妙等十七人造像记》李神穆，《李元海造像记》李神姿、李神仙、李神献、李神迁。

（二）天

《说文·大部》："天，颠也。至高无上，从一、大。"以"天"命名，意在取得被命名者与天神、上帝等主宰者的沟通，以获得"天"保护孩子的心灵慰藉。《大代持节幽州刺史山公寺碑》王天龙、张天生、未代天保、庞天安、路天勋，《嵩显（禅）寺碑》宋和字天顺、负佑字天念，《豆卢子等结社造释迦像》赵天与、刘天生、吐谷浑天生。其他碑刻用例有：北魏《孙秋生等造像记》卫天念、高天保、王天爱、孙天敬，《马振拜等造像记》路天副，《曹天度造像记》曹天度，《王昌墓志》王昌字天兴，《刘滋墓志》刘天兴、刘天念，《杜文庆等二十人造像记》马天副，《周天盖造像记》周天盖，《杨乾墓志》杨乾字天念，《刘玉墓志》刘玉字天宝，《元天穆墓志》元天穆字天穆，《贾瑾墓志》贾天符，东魏《凝禅寺三级浮图碑》吴天安，《敬显儁碑》许天扶，《隗天念墓志》隗天念，《义桥石像碑》马天族、吕天荣，北齐《邑子善造像记》周天安，《法悦等一千人造像记》王天赐，《隽敬碑》陈天饶，《许儁卅人造像纪》孙天育，《成天顺造像记》成天顺，《柴季兰等四十余人造四面像记》柴天安，《马天祥等造像记》马天祥、马天成、马天相、马天庆，北周《僧妙等十七人造像记》王天忿。

（三）龙

龙是中国神话传说中的神异动物，为百鳞之长，常用来象征祥瑞，是中华民族最具代表性的传统文化之一。《礼记·礼运第九》："麟、凤、龟、龙，谓之四灵。"《说文解字》载："龙，鳞虫之长，能幽能明，能细能巨，能短能长，春分而登天，秋分而潜渊。"西汉董仲舒所撰的《春秋繁露》中，记有民间祈求龙降雨以保丰收的祀龙降雨活动。在长沙马王堆西汉墓出土的著名帛画上，也有龙的形象。这表明在西汉时期，龙已经是社会生活中流传相当广泛的一种文化意识了。佛教传入中国之后，佛教中的龙王崇拜也传入中国，并和中国的龙文化相结合，使得龙的形象广为流播。龙在道教中被认为是"三轿"之一[①]，作为上天入地的乘骑工具。《太上洞渊神咒经》中有"龙王品"，列有以方位为区分的"五帝龙王"。长期以来，龙的形象深入社会的各个角落，龙的影响波及了文化的各个层面，多彩多姿。各民族成员在姓名中使用"龙"字就很正常。《大代持节豳州刺史山公寺碑》中有郭保龙、郭龙虬、郭龙兴、王天龙、晁金龙、邓龙安、孙卯龙、成定龙、荔非飞龙、刘买龙、史文龙、嘗定龙、弥姐龙成、郭龙保、大非午龙、路龙保、郭龙安、范龙光、童道龙。

---

① 这里所指的"三轿"，一为龙轿，二为虎轿，三为鹿轿。

在这块碑中,含"龙"字的名很多,而且好几个名是雷同或相同的,如一个"保龙"与两个"龙保",两个"龙安",两个"定龙",可见用"龙"起名非常普遍。《豆卢子等结社造释迦像》中有牛文龙,《南石窟寺碑》冯澄字青龙。

这两块碑刻有必要比较一下。两块碑刻均为甘肃庆阳,《山公寺碑》是出土于宁县,《豆卢子等结社造释迦像》出土于正宁县,地域范围接近。前者年代是北魏正始元年(504年),后者是北周保定元年(561年),相差半个世纪。前者有名姓者177人,后者有名姓者158人,人数差不多。两块碑刻所涉及的民族种类也相差无几。可是,从名字来看,《山公寺碑》中用"龙"字命名的人数比例远远超过《豆卢子等结社造释迦像》中的人数比例。可见,文化的浸染作用是非常明显的,在命名上,在不同地域、不同范围内,大家都会自然而然地使用形同的字符,形成富有地域特色和规律性的命名方式。所以,通过姓名这一微观现象可以了解很多宏观问题。其他碑刻如:前秦《邓艾祠堂碑》钳耳□□龙、雷夫龙道,北魏《孙秋生等造像记》孙龙保、孙洪龙、赵龙□、孙龙起、吴龙震、姜龙起、姜清龙、王龙起、贾龙渊,东魏《凝禅寺三级浮屠碑》贾二龙、吕定龙、贾槃龙、赵龙㒞,北齐《张龙伯兄弟等造像记》张龙伯、张龙迁、张清龙。

(四)法

法是"灋"的简体。《说文》:"灋,刑也。平之如水,从水。廌所以触不直者去之,从去。会意。"基本义是刑法、法律、法度。佛教中有"法",主要有四种含义:(1)因(hetu):指正确的因果关系、合理性或真理。佛教所谓"缘起是法"即属此义,也就是说缘起的道理不拘于如来之出世或不出世,而是永远不变之的普遍真理。(2)德(guna):指伦理道德、福善,即宗教上和伦理上的思想。(3)教:指教法,尤其是佛法,又名八万四千法门,佛法僧三宝中的法宝即属此。(4)一切法、物质:即指所有的存在与非存在。道教中的法,主要指道法、功法,分很多流派,各有自己的指导思想、理论和修炼方法。"法"字嵌入名字的很多,体现了这一思想对大众的影响。《南石窟寺碑》中有冯法孙,《大代持节豳州刺史山公寺碑》杨法欢、郭法安、贾法忩、苟阿法、唐法定,《建崇寺造像碑》权法超,《豆卢子等结社造释迦像》安法嵩、刘法姬、卫法胡、岳法显。其他碑刻如：前秦《元胜及妻程法珠墓志铭》程法珠，北魏《常申庆造像记》王法神，《徐渊墓志》徐渊字法智，东魏《义桥石像碑》张法神，《凝禅寺三级浮屠碑》程法义，《王惠略等五十人造像记》姚法智，西魏《殷恭安等造像记》赵法洛，北齐《柴季兰等四十余人造四面像记》柴法信，《僧静明等修塔造像碑》杨法良。

第四节 人名与社会生活关系

一 人名与儒家思想

儒家一向重视道德修养。《左传·襄公二十四年》："太上有立德，其次有立功，其次有立言。"汉代董仲舒倡导"罢黜百家，独尊儒术"之后，儒家思想对中国传统思想的影响更为根深蒂固。儒家提倡重义轻利，崇尚五教（即父义、母慈、兄友、弟恭、子孝）及五常之道（即仁、义、礼、知、信），重视个人道德修养。这些成了中华民族几千年来一直恪守的封建道德准则。即使在社会大动荡、战争频繁、国学开设不博的魏晋南北朝时期，崇尚儒家思想的风气仍然不减，《南史》和《北史》都列有《儒林传》就足以证明这一点。该时期，反映儒家思想观念的词，如"仁""义""忠""孝""让""善"等，成为时人命名首选的美词。

（一）仁

该字的含义在前面已有阐释（第三章第二节），此处不再赘述。《大代持节豳州刺史山公寺碑》中有封伯仁、赵坎仁、杨黑仁、受洛干仁、郭安仁、荔非兴仁，《狄梁公碑》碑主狄仁杰，《禄文造像碑》中有屯道仁，《豆卢子等结社造释迦像》中有亓苟仁，《唐故齐州历城县令库狄君墓志铭并序》墓主库狄通字丰仁。其他碑刻中用例有：西晋《谢温墓志》谢温字长仁，前秦《梁舒墓表》梁舒字为仁，北魏《郭法洛等造像记》刘恭仁，《元显魏墓志》元崇仁，《李文迁等造像记》李领仁，东魏《道俗九十人等造像碑》潘英仁，北齐《石信墓志》石信字敬仁，《崔昂墓志》郑思仁，《韩永义造像记》翟多仁、张和仁。

（二）义

《说文·羊部》："义，己之威仪也。"引申为品德的根本，伦理的原则。《孟子·公孙丑》："其为气也，配义与道，无是馁也。"赵岐注：

"义谓仁义，可以立德之本也。""义"是儒家思想的重要组成部分。《大唐隋故车骑将军金公墓志铭并序》墓主金行举字义起。其他碑刻有：西晋《临辟雍碑》阎义、马斌世义，《徐义墓志》徐义，东晋《张镇墓志》张镇字义远，北魏《王诩墓志》元义恭，《常岳等一百余人造像碑》袁义和、杨祖义，《元怀墓志》元怀字宣义，《法义兄弟姊妹等造像记》赵义姜，东魏《王惠略等五十人造像记》介遵义，《义桥石像碑》张义兴、郭义贤、王义和、□义宾、徐义和，西魏《合邑四十人造像记》鲁义胜，北齐《宋始兴一百人等造像记》乐义遵，《韩永义造像记》韩永义，《僧通等八十人造像记》程思义，北周《李雄墓志》李雄字义雄。

（三）礼

《说文·示部》："礼，履也，所以事神致福也。"儒家的礼学思想包罗甚广，如礼仪、礼法、礼制、礼器、礼节等。《礼记·曲礼上》："夫礼者，所以定亲疏，决嫌疑，别同异，明是非也。"以之命名，体现了对儒家所倡导的行为准则和道德规范的恪守。《李阿昌造像碑》中有郭序礼，"序"是与"礼"紧密相连的儒家重要思想，"礼治秩序"是儒家建构思想、制度体系的核心元素，期冀以"尊尊""亲亲""贤贤"等理念维持一个以君主利益为圆心的"差序格局"，有序才算有礼，有礼必要有序。其他碑刻有：西晋《郭休碑》冯礼，《临辟雍碑》孙珺礼才，北魏《元隐墓志》元隐，字礼安，《寇治墓志》寇治，字祖礼，《元则墓赫》元则，字度礼，东魏《南宗和尚塔铭》魏礼，《崔混墓志》赵敬友，字仲礼，《元宝建墓志》元徽礼，《道俗九十人等造像碑》路孟礼，北齐《姚景等造像记》魏崇礼，北周《圣母寺四面像碑》赵遵礼，《李贤墓志》李孝礼，《李元海造像记》李询礼。

（四）智

《说文·日部》："智，识词也。"引申为智慧、聪明。《孟子·公孙丑》："是非之心，智之端也。"是儒家认识论和伦理学的基本范畴。《康智墓碑》墓主康智字元功，《豆卢子等结社造释迦像》中有李永知（智）、雷智显。其他碑刻有：西晋《临辟雍碑》张智，北魏《元显魏墓志》元崇智，《奚智墓志》奚智，《元演墓志》元演字智兴，《崔懃造像记》马文智、王智通，《杜文庆等二十人造像记》时安智，《徐渊墓志》徐渊字法智，《贾智渊妻张宝珠造像记》贾智渊，东魏《凝禅寺三级浮图碑》王兰智、程零智、贾明智，《王惠略等五十人造像记》姚法智，北齐《许儁卅人造像记》张明智，《宋始兴一百人等造像记》唐智诠，《邢多五十人等造像记》刘令智、李令智，《王智晖造像记》王智晖，《畅洛生等造像记》樊智相，《僧静明等修塔造像碑》赵智业，《朱氏邑人等造像记》宋景智，北周《圣母寺四面像碑》雷蒲智、井僧智，《任延智造像记》任延智。

（五）敬

敬，从攴（pū）从苟（jì）。以攴促之言行真善美（苟），慎言也。《说文》认为，"苟"字为"自我告诫、自我反省"之义；今也有说法认为"苟"是"敬"字的初文。"敬"的右半边为"攵"，即反文旁，反文旁由"攴"（pū）字演化而来，是用棍子或鞭子敲打的意思。左半边是"苟"，由于汉字改革而为"苟"，实际上苟、苟两字的读音、字义、篆体均不相同，"苟"字的上半部分并非草字头"艹"，而是类似于羊角的"艸"，后用来指儒家倡导的恭敬、尊敬等思想。《礼记·少仪》："宾客主恭，祭祀主敬。"《左传·僖公二十三年》："敬德之聚也。"《史记·陈涉世家》："敬受命。"碑刻《大代持节幽州刺史山公寺碑》中有解敬宾、杨众敬。其他碑刻用例有：西晋《荀岳墓志》陈敬祖、南朝宋《爨龙颜碑》陈世敬、万敬，北魏《元激妃石婉墓志》石婉字敬姿，《司马景和妻孟敬训墓赫铭》孟敬训，《崔敬邑墓赫》崔殊字敬具，《法义九十人等造塔记》张敬容、苏法敬、刘敬怜，东魏《张敬造像记》张敬，《崔混墓志》赵敬友，《刘腾造像碑》刘思敬，西魏《杜照贤等十三人造像记》杜敬祖、杜承敬，北齐《鲁思明等造像记》王敬宗，《宋敬业等造塔颂》宋敬业，《石信墓志》石信字敬仁，《殷恭安等造像记》僧昙敬、□欢敬、任明敬、殷回敬、赵敬宾，北周《李昙信兄弟等造像记》贾敬姜，《王瓮生造四面像记》王伏敬。

与"敬"命名原因相似的是以"恭"命名。《说文·心部》："恭，肃也。"敬与恭同训。《论语·子路》："子曰：'居处恭，执事敬，与人忠'。"《大统二年权氏石造像塔》中有权显恭，《豆卢子等结社造释迦像》中有纥奚元恭，《北魏追远寺造像碑》中有善恭，《鲁恭姬造像碑》中有鲁恭姬（甘肃天水清水县）。其他碑刻用例有，西晋《冯恭石樟题字》冯恭，北魏《法义九十人等造塔记》周恭养，《王翊墓志》刘义恭，

《元恭墓志》元恭字显恭，东魏《凝禅寺三级浮图碑》刘元恭，《唐小虎造像能残石》杜恭伯，北齐《僧哲等四十人造像记》傅恭伯，《宋显伯等造像龛记并阴侧》马乐勤字长恭。长幼有序，恭敬礼让，是儒家倡导的人与人之间应该具有的相处之道，从这些人们中可以看出，这些思想已经在各民族人们的心中根深蒂固了。

（六）德

《说文·彳部》："德，升也。"儒家用来指德政、善教。《礼记·内则》："降德于众兆民。"以之命名，体现了时人对儒家宣扬的德政、善教思想的认可和忠实信仰。《大代持节幽州刺史山公寺碑》中有强伏德、上官文德，《豆卢子等结社造释迦像》中有朱汁德。其他碑刻用例有：南朝宋《马振拜等造像记》任买德，《元爽墓志》元德隆，东魏《张愿德造像记》张愿德，《高雅墓志》高德云，《李宪墓志》僧德，北齐《赵道德墓志》赵道德，《贾乾德造像记》贾乾德，北周《僧妙等十七人造像记》宋益德，《华岳庙碑》赵文渊字德本。

（七）和

《说文·口部》："相应也。从口。禾声。""和"是中国传统文化中的一个经典概念，起源甚早，最早提出这一概念的是先秦时期的史伯，他在《国语·郑语》中曾讲道："和实生物，同则不继。"春秋时期，"和"的应用更为广泛，以孔子为代表的儒家学派对"和"的思想进行了详尽的发挥，提出了"和为贵"的论断，儒家主张的"和"，是和谐、和衷、和合的意思，即协调两种以上不同性质的事物，含有多元互补的意思，如五味相济、五声相调。儒家的"和"思想寓意深远，千百年来，"和"思想一直深深地植根于中国人的实际生活之中，对中国人的思想观念和行为方式产生了极其深远的影响，虽历经朝代更迭，但作为一种价值理念，始终影响着中国文化的基本走向，影响着中国人的日常生活。《大代持节幽州刺史山公寺碑》中有封和仁、长孙和，《嵩显（禅）寺碑》中有梁穆字文和，韩邕字法和，《李阿昌造像碑》中有员安和，《豆卢子等结社造释迦像》中有牛安和、纥奚康和、赵和、卫相和、马思和、梁和妃。其他碑刻用例有：东晋《王兴之及妻宋和之墓志》宋和之字秦嬴，东魏《元恭墓志》元旭字显和，西魏《杨泰妻元氏墓志》杨睿和，北齐《崔昂墓志》崔恪字君和。

二 人名与社会习俗

只要在阶级社会，阶级差异必然存在，不同的阶级为了维护自己的既得利益和期待利益，必然会通过各种方式体现这种阶级差别的合理性，其中的一个屡试不爽、在各个民族都有过表现的，就是通过宣扬门第差异而衍生出等级观念。在魏晋时期，门阀制度盛行，士族为维护自身利益，特别注重修撰族谱，禁止与非士族的寒门联姻，拒绝与寒门往来，以保持血统的"纯洁性"和权力的世袭罔替，从而有了士人与庶民之分。当然，庶人不甘心被社会冷落，遇到风吹草动，时局动荡，他们就会抓住时机极尽所能所抗、报复士族。在南朝的侯景之乱，北魏的河阴之变中，许多名门望族家破人亡，子女被配给奴仆，极尽羞辱。后来，随着五胡乱华和南北朝时期各少数民族驰骋中原，门阀制度分崩离析，传统士族势力已经没落，但等级与阶级差异不可能消除，必将以新的面貌出现在历史舞台。唐开始，为了维护这些非传统门阀士族出身的统治者的地位，李世民通过修纂并颁行《氏族志》来加强皇权，压制传统士族势力，扶持庶族新兴力量和功臣勋贵，巩固政权。总之，等级观念和阶级差别在表象上就形成了一定的社会习俗，这在中国封建社会普遍而深刻地存在，因而必然也会在命名上有所体现。

（一）文化层次、社会地位较高的上层阶级，注重追求名字内涵的高品位

举例分析如下。

《南石窟寺碑》马瓒，"瓒"古代祭祀用的一种像勺子的玉器。《诗·大雅·旱麓》："瑟彼玉瓒，黄流在中。"田雍芝，雍容尔雅，芝兰玉树。韦文恪，"恪"，基本字义是恭敬，谨慎。《说文》："恪，敬也。"《鲁峻碑》："敬恪恭俭。"胡武伯，"武伯"是一官名，北周以武伯为禁卫军六率之长，设左右武伯中大夫各一人、秩正五命，左右小武伯下大夫各二人、正四命，左右小武伯上士、正三命。但该碑是北魏永平三年（510年）造，不知"武伯"仅仅是一个武夫之名，还是官名。若是官名，那么该官职的出现应该在北魏及以前。《大代持节豳州刺史山公寺碑》刘元祚，"祚"，福，福运。曹植《元会》诗："初岁元祚，吉日为良。乃为佳会，宴此高堂。欢笑尽娱，乐哉未央。皇家荣贵，寿考无疆。"姚慎

终、慎终，指慎重地考虑到事情的后果，如慎终于始；也指居丧能尽礼，如慎终追远。该名具有很浓厚的儒学意味，命名者应该有深厚的儒学功底。如果可以臆测的话，该名字加上姓，应该就是"要（姚）慎终"的意思，表达了对儒学思想的推崇。《嵩显（禅）寺碑》皇甫轨字文则，梁微字定显，元宪字叔期，张华字乐生，梁穆字文和，魏文字子杨，宋和字天顺，元镇字安石，韩邕字法和，梁瑞字成起，彭颜字永度，程熙字保愿，阴慜字僧念，叱吕起字延兴，元延字长寿，杨英字伯儁等。前文已有分析，此处不再赘述。

（二）社会普通民众，多以粗浅、通俗、直接的字眼来表达自己的朴素情感

普通民众，文化水平有限，不可能起具有深刻含义的名字，但其朴素真挚的情感，通常会通过一些浅近朴素的字眼来表达。下面将认为是普通民众的姓名先罗列如下，后面逐一进行归类分析。

《南石窟寺碑》陈平、邓生、赵椿、姚玉。

《大代持节幽州刺史山公寺碑》董阿先、封安贵、乐奴子、胡子荣、姚子延、姚黄头、晋阿仕、乐突贵、奚庆、郭众熹、魏永、弥姐李生、魏阿寿、弥姐阿元、魏阿度、李安生、路阿双、雷众保、李丰郎、郑李生、赵荣、张丰仪、魏标伦、雷太安、邢世豪、屈男文郎、孙丰郎、郭广远、皇甫隆寿、李杰奴、杂定光生、张天生、刘欢熹、郭黑郎、赵阿建、张永达、寇小保、未代天保、郭元寿、向伏奴、王进保、郭龙保、供乌山寿、甞俱取、雷俱取、大非定成、杨清奴、成安国、张万光、库众熹、张安保、成万寿、苟阿法、赵定众、任定安。

《嵩显（禅）寺碑》庞显字茂宗，冯堆字金堆，姚玉字珍宝，张华字乐生。

《建崇寺造像记》王光荣、王阿松。

《李阿昌造像碑》董伯奴、杨奴奴、李阿昌、员安和、华继世、李运祥、杜伏荣、胡苟奴。

《吕瑞墓志铭》吕瑞字连生。

《苟头赤鲁地券》车阿姚、王阿经、王吴生、苟头阿小、彭兴生。

《禄文造像碑》程崇显、屯益寿、晋阿双、梁祖欢、李令贵、侯寄生、马万岁。

《成丑儿等造像碑》成丑儿。

《张丑奴造像碑》张丑奴。

《豆卢子等结社造释迦像》地连昌、郭永、孙阿妃、吐谷浑阿□、范阿斤姊、成安庆、皇甫罗妃、吐难庆安、徐贵安、段阿亥女、侯莫陈阿显、步大汗阿颙、□阿各奴、房阿罗、孙阿妃、粟王生、李华妃、成小生、白庆妃、纥奚康和、牛庆珎、刘天生、宇文相寿、李苟子奴、纥奚石奴、徐阿毛、毛奴子、张美香、傅阿妃、雷黑奴、宇文庆、吐谷浑天生、成万岁、皇甫富昌、赵比生、袁阿显、呼延永兴、程显荣、唐黄头、曹买得、辛安保、吐难奉生、刘播贵、李富昌、李庆生、徐华妃、牛阿晖、梁和妃、华阿庆、张要妃、雷道生、悦光宗、孟阿广、雷阿父女。

《北魏追远寺造像碑》王妃。

《梁阿广墓表》梁阿广。

对以上姓名，我们可以归纳分析如下：

1. 以"阿"字命名的占多数。

人名中加"阿"字，是表示喜爱之意。① 上述姓名中，有"阿"字的共计31例，占上述名字的17%。"阿"字后面的用字有"先、仕、寿、双、建、松、昌、经、小、妃、显、晖、庆、广、元、度"等字，体现了浅显易懂的特色。可做如下简单分类：表明美好愿望的"先""仕""寿""双""建""昌""显""庆""晖""广"，表明信仰的"经""松""度"，表明对后代爱怜的"小""妃"。可见，当时在陇右地区碑刻所在区域人们喜欢用"阿"字做前缀给后代命名。其他地区碑刻用例也有，可见应是一种较为普遍的现象，如：北魏《仙和寺尼道僧略造像记》周阿足，《赵阿欢造像记》赵阿欢，东魏《戎爱洛等造像记》赵阿女，北齐《僧通等八十人造像记》张阿明、张阿观、杨阿业、张阿宗、刘阿欢、乔阿肱、杨阿天、杨阿观，北周《李元海造像记》张阿□、张阿华、李阿足。

2. "妃"字出现频繁，应是对女性的赞美和美好未来的期盼。

上述姓名中，"妃"字出现了10例，在不多的女性姓名中，就出现了如此频繁的"妃"字，既体现了当时女性的命名特点，也体现了女性

---

① 游汝杰：《中国文化语言学引论》，上海辞书出版社2003年版，第131页。

当时较高的社会地位，表现了家人的美好愿望。奇特的是，在《大代持节豳州刺史山公寺碑》中无一用"妃"字的题名，也许该碑中并无女性题名。《大代持节豳州刺史山公寺碑》与《豆卢子等结社造释迦像》这两块碑刻均出土于甘肃庆阳，《山公寺碑》是宁县，《豆卢子等结社造释迦像》是正宁县，地域范围接近。前者比后者早半个世纪，两块碑刻所涉及的民族种类也相差无几。可是，从题名来看，女性用"妃"字命名的情况却天壤之别，可见半个世纪文化的发展变化是明显的，文化对各民族的浸染作用是巨大的。其他碑刻用例有：北魏《王神虎造像记》杨小妃，《郭法洛等造像记》邢妙妃，西魏《合邑四十人造像记》鲁神妃，北齐《高刘二姓造像记》刘小妃，《法义优婆姨等造像记》郝金妃，聂神妃，北周《李元海造像记》李妙妃、袁仙妃。

3. "生"字出现频繁，文化含义多样。

上述姓名中，有"生"字的名字共计19例。占上述总人名的15%。在这些姓名里，有些在"生"前面冠以"天"字，认为孩子是上天的赐予，表达了对天的崇敬和对孩子的默佑，如《大代持节豳州刺史山公寺碑》张天生，《豆卢子等结社造释迦像》刘天生、吐谷浑天生。有的在"生"字前面冠以贬低的字眼，有取丑名以压不祥的意思，如《禄文造像碑》侯寄生，《豆卢子等结社造释迦像》成小生。其他碑刻用例有，东魏《凝禅寺三级浮图碑》贾寄生，《刘凤姜四十九人造像记》王寄生，《义桥石像碑》董客生，北齐《许儁拼卅人造像记》宋寄生。有些在"生"字前面似乎冠以父母的姓氏，如果是这样，可见当时在一些少数民族成员中，女性地位和男性地位几乎是一样的。这就类似于现在一些父母给孩子取名时，前面两个字首先是父母的姓氏，一般而言，父姓在前，母姓在后。如《大代持节豳州刺史山公寺碑》弥姐李生，即姓弥姐的父亲与姓李的母亲。李安生，父姓李，母姓安。郑李生，父姓郑，母姓李。《苟头赤鲁地券》王吴生，父姓王，母姓吴。《豆卢子等结社造释迦像》粟王生，父姓粟，母姓王。其他碑刻用例有：北魏《孙秋生等造像记》贾苟生，《马振拜等造像记》刘苟生，北齐《慧承等造像记》张苟生，《赵问墓志》赵苟生。如果分析成立，我们可以通过这些姓氏，明确另一个问题，那就是在当时的陇右地区，各少数民族除了族内通婚以外，已经普遍存在各民族之间的通婚，而且女性地位普遍较高。女性地位较高，学界公认为是胡风的影响，其实还有一个需要考虑的原因，那就是汉代以来的固有传统。在"生"字前面还有其他的字眼，表明了对孩子降临的喜悦。如《大代持节豳州刺史山公寺碑》杂定光生，《嵩显（禅）寺碑》张华字乐生，《吕瑞墓志铭》吕瑞字连生，《苟头赤鲁地券》彭兴生，《豆卢子等结社造释迦像》赵比生、吐难奉生、李庆生。

4. 表现世俗幸福愿望的字眼较多。

上述姓名中，表示世俗幸福观的字眼较多，如表示众人保佑，平安通达的有："平""永""安生""安和""安庆""安保""众保""天保""龙保""庆安""贵安""太安""进愿""定""定成""定安""俱取""永达""永兴""广远""万光"；表示子孙连绵，光宗耀祖有："安贵""突贵""令贵""播贵""继世""运祥""祖欢""光宗""茂宗""昌""富昌"；表示飞黄腾达，显荣于世的有："世豪""荣""子荣""光荣""显""显荣""显庆""崇显""众熹""欢熹"；表示福寿连年，万寿无疆的有："子延""阿寿""隆寿""元寿""山寿""万寿""益寿""相寿""万岁""康和"；表示文质彬彬，标榜人伦的有："丰郎""丰仪""标伦""文郎""美香"；表示才能卓越，定邦安国的有："定众""安国"；表示热衷财富的有："金""金堆"；表示视子女如珍宝的有："玉""珍宝""珎（珍的异体字）"。赵椿，这个名字也有希望长寿之义，由于椿树树龄很长，所以古人用"椿"表示长寿之义，如椿龄（祝人寿考之词）、椿年（比喻长寿）、椿寿（比喻长寿、高龄）等。以上这些人名非常直观地表达了人们的美好愿望和期待。另外，《山公寺碑》与《嵩显禅寺碑》各有"姚玉"之名，不知是否为同一人。有同一人的可能，两块碑刻时间相差一年，发现地域都在平凉泾川县。

5. 比较卑贱的字眼运用也较多。

上述姓名中，比较卑贱的字眼有"黄头""奴""黑""丑"等字。共计21人，占总数17%。

"黄头"本有指容貌陋鄙之义，常用来称呼小儿、丑妇等，[①] 进一步

[①] （北齐）魏收等撰《魏书》卷54记载："游雅，字伯度，小名黄头，广平任人也。……（高）允将婚于邢氏，雅劝允娶于其族，允不从。雅曰：'人贵河间邢，不胜广平游。人自弃伯度，我自敬黄头。'贵己贱人，皆此类也。"《魏书》，中华书局2000年版，第805页。

引申指小人、无能之辈等，①由于民族偏见，这种含义当时还用来指代北方少数民族，②如唐杜甫《悲青坂》云："黄头奚儿日向西，数骑弯弓敢驰突。"张籍《永嘉行》亦云："黄头鲜卑入洛阳，胡儿持戟升明堂。""奴"，《说文·女部》："奴，奴、婢皆古之辠人也。《周礼》曰：'其奴，男子入于辠隶，女子入于舂藁。'从女，从又。"奴，有卑贱、低下的附加意义，同时，也表现了各少数民族观念中存在的奴隶制社会形态的印记。"黑"字，可能是对某个肤色较深的人，大家以其特征称之，也可能含有某种贬低之义。"丑"，以"丑"命名是要告诉阎王鬼怪，孩子长相丑陋，不值得取走他的性命。

含有上述卑贱之字的姓名有：《大代持节豳州刺史山公寺碑》乐道奴、乐奴子、杨黑仁、李杰奴、郭黑郎、杨清奴、姚黄头，《李阿昌造像碑》董伯奴、杨奴奴、胡苟奴，《成丑儿等造像碑》成丑儿，《张丑奴造像碑》张丑奴，《豆卢子等结社造释迦像》可频阿各奴、付清黑、李苟子奴、纥奚石奴、毛奴子、雷黑奴、唐黄头、雷道奴、亓苟仁。其他碑刻有：东晋《谢琨墓志》谢寄奴，北魏《孙秋生等造像记》赵丑奴、麻黑奴，《崔懃造像记》贺孟奴、焦伯奴，《杜文庆等二十人造像记》王疕奴、马领奴，《司马王亮等造像记》王黑奴、王苟奴，东魏《敬显儁碑》敬清奴、屈伯奴，《员光造像记》王洛奴，《王惠略等五十人造像记》苌胡奴、杨康奴，北齐《张龙伯兄弟等造像记》张阿奴，《邢多五十人等造像记》王洛奴，《畅洛生等造像记》张胡奴，《僧静明等修塔造像碑》程黑奴、傅奴、李石奴、羊加奴、梁丑奴，《牛永福等造像记》乔奴。

（三）姓名在一定程度上可以体现个体生活的地域特征

名字文化作为地域文化的一个子系统，在区域文化不同的背景下，由于人们的社会心理受到整个区域文化背景的制约和长期影响，人名必然会体现出一种与地域空间相互映射的关系。魏晋南北朝隋唐时期，陇右地区是各少数民族纵横驰骋、交错杂居之地，来自四面八方不同文化

---

① 《晋书》卷二十八，志第十八（《宋书》卷三十一同）载："王恭在京口，百姓间忽云：'黄头小儿欲作贼，阿公在城，下指缚得。'又云：'黄头小人欲作乱，赖得金刀作藩扞。'"《晋书》，中华书局2000年版，第551页。《南史》卷三十七又载："（沈）庆之厉声曰：'今方兴大事，而黄头小儿皆参预，此祸至矣，宜斩以徇众。'"《南史》，中华书局2000年版，第637页。

② 刘亮：《"黄头军"考辨》，《牡丹江大学学报》2007年第5期，第10页。

背景的各族人民在此生息繁衍，在微观层面，各族人民既在不断地相互碰撞，又在不断地借鉴融合，在宏观层面，汉文化在浸染和濡化着这块地区的所有民众，但原有文化的基因不是可以短时间消弭散尽的，在给后代命名时，最本原的文化基因是最容易显露的。而最本原的文化基因，根据文化人类学的基本观点，主要就是来自人类在幼年时期潜移默化的文化浸染，这是深入骨髓、很难消除的。

如《大代持节幽州刺史山公寺碑》中有邓文石，《建崇寺造像记》中有宇文嵩，这些姓名应该与居住地是山区有关，命名者对"石""山"的文化记忆印象深刻，对"山""石"的文化内涵了然于胸。其他碑刻用例有：北魏《元嵩墓志》元嵩字道岳，北齐《贾致和等十六人造像记》贾渡山，《是连公妻邢阿广墓志》邢长山。《大代持节幽州刺史山公寺碑》中有雷毛骑取、荔非马郎，《禄文造像碑》中有苟骢棷。这些名与"马"相关，大体上应该与游牧生活相关，"马"在生产和生活中发挥着重要作用。"骢"，古代骏马名，在古代通"麒麟"。西晋《临辟雍碑》钟骢，《说文·马部》："骢，马之低仰也。"北魏《皇甫骢墓志》皇甫骢字真驹，《高庆碑》崔伯骢，北周《圣母寺四面像碑》屈男马矢。《大代持节幽州刺史山公寺碑》中有凳成柳，该名具有典型的西北地区的地域特征，同时有一种生机勃发之感，《禄文造像碑》中有程可鳞，在已收集到的陇右地区相关的碑刻材料的人名中，"鳞"字很另类，该字既然和鱼类有关，当事人应有河泽地区的生活经历。

总之，中国几千年流传下来的典籍中，虽有不少人名可供研究，但载于正史和笔记的绝大多数是社会上层统治阶级、士大夫、名人雅士的人名，而乡野之人几乎不见于史籍资料，使研究者无法窥见整个社会尤其是社会下层的人物命名全貌。正如王国安先生所说"一般人名的研究者所注重的对象往往是历史上比较有名的人物，其实这些社会精英的名字还只是代表了一种类型。在漫长中国历史上，对于普通的老百姓来说，他们的价值取向往往比较实际"[1]。与传世文献相比，碑刻最难能可贵的恰恰是它记载、保存了大量传世文献中罕见的社会下层普通人物的人名资料。这对于专家、学者探寻魏晋南北朝的文化背景、时代风貌及人类

---

[1] 王国安、王小曼：《汉语词语的文化透视》，汉语大词典出版社2003年版，第37页。

文明的历史进程具有其他材料不可取代的价值和意义。

（四）以传统灵物或动物命名，显示对汉文化的认可与接受

《礼记·礼运》："麟凤龟龙，谓之四灵。""麟""凤""龟""龙"，它们的象征意义完全出自中华民族的本土文化，具有强烈的民族色彩。可以说，"麟""凤""龟""龙"是中国特有的命名用字。魏晋南北朝隋唐碑刻中，有些姓名就用了这些词。

1. 麒麟

古代传说中的一种仁兽、瑞兽，是祥瑞的象征。《管子·封禅》："今凤凰麒麟不来，嘉谷不生。""骐"，骐骥的简称。《广韵·真韵》："骐，骐骥，白马黑脊。"《史记·孔子世家》作"麒麟"。《汉语大字典》释"骐"同"麒麟"。以之命名，体现了时人内心对祥瑞的祈求，有祝福意。如《大代持节幽州刺史山公寺碑》中有尉其骐。其他地方的碑刻有：南朝宋《爨龙颜碑》爨麟宏、爨麟绍、爨麟暄、爨麟崇，北魏《韩显宗墓志》韩麒麟，《魏书·韩麒麟传》有载，《韩震墓志》韩耀字伯骐，《郑胡墓志碑砖》郑骐，《郑义下碑》郑义字幼骐，《皇甫骐墓志》皇甫骐。

2. 凤

"凤凰"简称"凤"，古代传说中的百鸟之王，常用来象征祥瑞。《诗·大雅·卷阿》："凤凰于飞，翙翙其羽，亦傅于天，蔼蔼王多吉人，维君子命，媚于庶人。"作为百鸟之长的凤凰，群鸟皆从其飞，这正与人世君臣之道相合，所以凤和龙一样也象征着王权。[1] 到了后世，凤渐渐演变为皇后的专用代名词。魏晋以后，凤开始由专指皇后而演变为女性的普遍象征。这大约与古代女性专用的头饰（凤钗）有关。"凤"，历史上也曾是君王的象征，秦王嬴政一度崇凤。据史载，秦始皇统一六国的大军高举的就是"翠凤之旗"（见李斯《谏逐客书》）。汉代以后，龙的地位高于凤，但凤在人们心目中却始终是吉祥的象征。

《说文·鸟部》："凤，神鸟也。天老曰：凤之象也，鸿前麟后，蛇颈鱼尾，鹳颡鸳思，龙文虎背，燕颔鸡喙，五色备举。出于东方君子之国，翱翔四海之外，过昆仑，饮砥柱，濯羽弱水，暮宿风穴。见则天下大安宁。从鸟凡声。"以"凤"命名，体现了时人对无上自由和权威的崇拜，

---

[1] 王国安、王小曼：《汉语词语的文化透视》，汉语大词典出版社2003年版，第166页。

以及企盼祥瑞、望子女成凤的心理。如《大代持节豳州刺史山公寺碑》中有赵凤母张、王凤景、王凤奴。其他碑刻用例有：北魏《孙辽浮图铭记》孙灵凤，《法义九十人等造塔记》范凤皇、宋石凤，《元邵墓志》元凤容，《孙秋生等造像记》刘灵凤，东魏《凝禅寺三级浮图碑》贾道凤、张零凤、吴凤，《刘凤姜四十九人造像记》刘凤姜、宋凤皇，西魏《杜鲁清造像记》黄凤皇，《杨泰妻元氏墓志》侯凤皇，北齐《邢多五十人等造像记》靳令凤，《朱氏邑人等造像记》柴灵凤，《乞伏保达墓志》乞伏凤，北周《法袭造像记》杨凰姜。

3. 龙

前文已有详述（第三章第三节），此处不再赘述。

4. 豹

"豹"，凶猛的兽类。《说文·豸部》："豹，似虎，圆文。"《大代持节豳州刺史山公寺碑》中有郭豹子。其他碑刻用例有：西晋《临辟雍碑》崔豹，北魏《高猛墓志》高猛字豹儿，《元举墓志》元彬字豹仁，《郑胡墓志砖》郑豹。

三 人名与政治经济

人名是人类社会发展到一定历史阶段的产物，一定社会历史时期的人名，必然能或多或少地反映出该时期一定的社会特征，必然会被深深地打上社会政治、经济等的烙印。

（一）人名与政治

1. 人名与孝文帝迁都

洛阳是古代帝王理想的建都立业之所，也是汉文化积淀深厚之地，迁都洛阳是北魏孝文帝一生最重要的功业之一。作为少数民族的政治家和改革家，这一举措体现了一代帝王的雄才大略。孝文帝迁都，理由大体有以下几个方面：（1）倾慕汉族文化。孝文帝说过："此间（指平城）用武之地，非可文治，移风易俗，信为甚难。"（《魏书·任城王传》）（2）统治中原的需要。孝文帝曾说："国家兴自北土，移居平城，此间用武之地，非可文治……崤函帝宅，河洛王里，因兹大举，光宅中原。"（《魏书·任城王传》）（3）解决粮食供给。平城偏北地寒，粮食产量非常有限。当时有人作《悲平城》诗："悲平城，驱马入方中，阴山常晦雪，荒松无罢风。"① 而洛阳处于北方的中心地带，平原地区，交通便利，迁都洛阳就解决了最根本的粮食问题。（4）减少改革阻力。平城有强大的保守势力，是改革的巨大阻碍。迁都洛阳有利于减小改革阻力，保证改革的顺利进行。北魏迁都后，洛阳再次成为北方的政治、经济中心，使洛阳在曹魏、西晋之后再度繁华、辉煌。孝文帝的迁都，保证了孝文帝改革的深入，有利于胡汉民族文化的融合，使中华文明得到进一步发展，对后世影响甚巨。时人多以"洛""安迁""安都"命名，就是对这一事件的反映。《大代持节幽州刺史山公寺碑》中有受洛孙、昨和安迁、者非安都，《李阿昌造像碑》中有刘小洛，《禄文造像碑》中有李定洛，《豆卢子等结社造释迦像》中有刘道洛、王回洛、江文洛、徐洛僧、韩洛祖、杨永洛。其他碑刻用例有：北魏《孙秋生等造像记》王洛州、王洛都、方洛州，《马振拜等造像记》吴永洛，《李蕤墓志》王洛成，《元保洛墓志》元保洛，《刘根四十一人等造像记》耿洛，《苏胡仁等十九人造像记》刘贵洛，东魏《叔孙固墓志》石洛侯，《马都爱造像记》马洛都，《敬显儁碑》张永洛、蔡苌洛、尹洛祖，《员光造像记》王洛奴，西魏《合邑四十人造像记》鲁洛姿、董洛媚，北齐《邢多五十人等造像记》王洛奴，《高刘二姓造像记》刘洛祖，《朱氏邑人等造像记》朱洛保，《鲁思明等造像记》吕终洛，《库狄迥洛妾尉氏墓志铭》库狄迥洛，北周《圣母寺四面像碑》雷洛受，《僧妙等十七人造像记》魏欢洛、李安洛，《赵富洛等二十八人造像记》赵富洛，《寇峤妻薛氏墓志》薛祖洛。

2. 参政意愿在姓名中的表达

魏晋南北朝时期政权更替频繁、战乱频仍，是个乱世出英雄的时代。许多仁人志士都胸怀大志，抱有参政、兴政的念头。命名中不乏以此类意图为名的用例。《大代持节幽州刺史山公寺碑》中有辅贤、杜将、成安国，《建崇寺造像记》中个权仕宾，《豆卢子等结社造释迦像》中有王思业，均表达了参与政事，成就事业的愿望。其他碑刻有：西晋《临辟雍碑》项业建政，北魏《元悦妃冯季华墓志》冯思政，东魏《义桥石像碑》王思政。

---

① 《北史·祖莹传》卷47，王肃诗，中华书局2000年版，第1148页。

3. 与征伐有关的文字入名

战争是为实现一定政治目的而进行的武装斗争。魏晋南北朝时期频繁的战争形势，势必在人名中有所映射，于是反映社会尚武之风及与征伐有关的词语融入命名。《南石窟寺碑》中有胡武伯，《大代持节幽州刺史山公寺碑》中有郭猛略，《李阿昌造像碑》中有庞猛集，《豆卢子等结社造释迦像》中有地连猛略、地连晖略、豆卢武长。其他碑刻用例有：南朝齐《刘岱墓志》刘希武，北魏《张猛龙碑》严孝武，《薛孝通叙家世券》薛湖字破胡，东魏《高雅墓志》高德云字仲武，《凝禅寺三级浮图碑》赵武欣、程武安。

（二）人名与经济

语言参与了人对客观世界认识活动的全过程，而且最后记录了人的认识活动的成果。① 魏晋南北朝时期，虽政权更替频繁、战事连绵不绝，但维持人类社会存在的社会经济活动必然继续，社会经济仍在发展。经济活动中的"买""卖""市"，以及参与社经济活动的"金""银""币"等词纷纷融入人名中。

但是，相比经济发达的中原地区，这一历史时期的陇右始终处于战争的旋涡当中，加上各少数民族的进入，使原本较为落后的经济发展水平变得更加脆弱。但无论是在和平时期还是在战乱时期，只要有人的活动，就会有经济活动的存在，只是看它以何种面貌出现而已。这一时期的陇右地区，市场并不繁荣，市场活动并不活跃，人们的商业观念非常淡漠，这在命名中就有所体现。在本书所收集的碑刻人名中，带有商业气息的姓名非常少见。但在别的地方发现额碑刻中这样的命名就不罕见，从而形成了鲜明的对比。

《豆卢子等结社造释迦像》中只有一个曹买得，与贵金属有关的也只有一个，《嵩显（禅）寺碑》冯堆字金堆，再无其他。其他地区的较多，列举如下：北魏《孙秋生等造像记》（河南洛阳）韩买，《高树、解伯都等造像记》（河南洛阳）高买奴，《马振拜等造像记》（河南洛阳）路买、任买德。东魏《凝禅寺三级浮图碑》（河北元氏）马市买、赵买奴，《敬显儁碑》（河南长葛）郭延买、王买晖、王买，《李显族造像碑》（河北

---

① 王艾录、司富珍：《语言理据研究》，中国社会科学出版社2002年版，第251页。

正定）李市买,《道俗九十人等造像碑》（河南沁阳）雷买德、路道买,《义桥石像碑》（河南沁阳）梁买德、冯阿买,《吕望表》（河南汲县）尚买成,北齐《僧通等八十人造像记》（山西阳曲）胡阿买,《张龙伯兄弟等造像记》（河南洛阳）张阿买、张韦买,《邢多五十人等造像记》（山西盂县）邢阿买,《宋显伯等造像龛记并阴侧》（河南沁阳）胡小买,《畅洛生等造像记》（河南洛阳）梁市买、卜阳买,《柴季兰等四十余人造四面像记》（河北平乡）柴宋买,《宋买等二十二人造像记》（河南偃师）宋买。北周《僧妙等十七人造像记》（河南洛阳）王买奴,《匹娄欢墓志》（陕西咸阳）匹娄买。通过以上碑刻可见,该时期河南、河北、山西地区的碑刻题名就与陇右地区的碑刻题名形成了鲜明的对比。

"金""银""币",既是财富,同时又是交换的媒介。以这几个词命名的碑刻用例有北魏《法义九十人等造塔记》赵金银,东魏《凝禅寺三级浮图碑》（河北元氏）寇金柱、贾白金、贾银柱、郝金、贾金,《义桥石像碑》（河南沁阳）王金生、卢惠银,北齐《张龙伯兄弟等造像记》（河南洛阳）□金,《西门豹祠堂碑》（河南安阳）□兰字币奴、苏□字孟币,《法仪兄弟八十人等造像记》（山东昌邑）王银珠,北周《邵道生造像记》（陕西泾阳）杨金椀。

从以上碑刻举例可以看出,经济活动的繁荣程度必然会在命名上有不同程度的体现。凡是经济活动繁荣的地方,如河南,与经济活动相关的词语在姓名中出现的频率相对较高；经济活动落后的地方,如陇右,与经济活动相关的词语在姓名中出现的频率较低。河南、河北、山西、陕西、山东,与经济活动相关的词语在姓名中大体是逐渐减少的。陇右一带当时战乱不断,又是经济落后的少数各民族交错居住之地,所以,与经济活动有关的词语在姓名中出现的频率就必然很低。

第四章

碑铭所见陇右胡族的汉化与佛教信仰

第一节 陇右地区胡族的汉化及其基本特点

一 胡族的汉化

通过前文对陇右地区少数民族碑铭形制的分析、碑铭题名的文化分析，以及文后附录的碑铭内容材料，我们可以知道，在这一历史时期，陇右地区虽然兵荒马乱，各少数民族在这块土地上轮番上演着历史的悲喜剧，各种文化在这块土地上交织碰撞，并且随着统治者的喜好和认识而有所高下与侧重。但是，先进的汉文化以润物细无声的方式和无法抵挡的魅力，浸染和濡化着进入其中的每一个少数民族，并逐渐获得各民族的青睐和接受，胡汉之间的通婚也在自然而然地发生，如《豆卢子等结社造释迦像》题名中"邑生范阿姊斤""尹妻比阿珠"，前者应该是汉族范姓与少数民族的胡姓"阿姊斤"之名的结合，而汉族尹姓的妻子是一位有少数民族姓氏的"比阿珠"，说明此邑已流行各族相互通婚。在先进文化的熏染下，胡族逐渐汉化也就是大势所趋。胡族汉化的一个重要时期，就是魏晋南北朝时期，下面就以南北朝时期曾经在陇右地区活跃过的胡族为例，运用史料和碑铭，侧重从文化的角度谈谈胡族的汉化，借此了解陇右地区少数民族的汉化情形。

胡族汉化有诸多方面的表现。

（一）胡族上层汉文化水平颇高

如匈奴刘渊（元海）综览诸子并略诵经书。《晋书》一〇一《刘元海载记》略云：

刘氏虽分居五部，然皆家居晋阳汾涧之滨。（元海）幼好学，师事上党崔游，习《毛诗》《京易氏》《马氏尚书》，尤好《左氏春秋传》《孙吴兵法》，略皆颂之。《史》《汉》诸子无不综览。咸熙中为侍子，在洛阳。

刘和、刘宣、刘聪与刘渊一样，都好学，喜读经史。羯族石勒雅好文学。《晋书》一〇五《石勒载记下》云：

勒雅好文学，虽在军旅，常令儒生读史书而听之，每以其意论古帝王善恶，朝贤儒士听者莫不归美焉。尝使人读《汉书》，闻郦食其劝立六国后，大惊曰"此法当失，何得遂成天下？"至留侯谏，乃曰"赖有此耳"。

石弘与其父一样，亦喜好汉学，且水平较其父为高。鲜卑慕容儁博览群书。《晋书》一一〇《慕容儁载记》略云：

慕容儁，皝之第二子也。博观读书，有文武干略。

其父慕容皝，《晋书》一〇九《慕容皝载记》略云：

慕容皝，廆第三子也。尚经学，善天文。

慕容宝，《晋书》一二四《慕容宝传》略云：

慕容宝，垂之第四子也。及为太子，砥砺自修，敦崇儒学，工谈论，善属文。

这些鲜卑的上层人物都能博览群书，有很高的汉文化水平。氐族符坚博学多艺，《晋书》一一三《苻坚载记上》略云：

苻坚，雄之子也。八岁请师就家学，（祖）洪曰："汝戎狄异类，世知饮酒，今乃求学耶？"欣而许之。性至孝，博学多才艺，有经济大志，要结英豪，以图纬世之宜。

苻融、苻郎、苻登皆类似。氐族不仅学儒，而且学玄，有的有经济大志，有的风流冠于一时，氐族汉文化水准之高，在五胡中鲜有能比。羌族姚泓尤好吟咏，《晋书》一一九《姚泓载记》略云："姚泓，兴之长子也。博学善谈论，尤好诗咏。"其父姚兴"与其中舍人染喜、洗马范勖等讲论经籍，不以兵难废业"①。卢水胡沮渠蒙逊博涉群史，《晋书》一二九《沮渠蒙逊载记》略云："沮渠蒙逊博涉群史，颇晓天文。"他也是一个汉化程度很深的胡人。

（二）墓志成为北朝重要的丧葬文化之一②

汉化是胡族进化中不可阻挡的潮流，孝文帝迁都洛阳后更是自觉推进汉化政策，明言：

> 国家兴自北土……此间用武之地，非可文治，移风易俗，信为甚难。崤函帝宅，河洛王里，因兹大举，光宅中原。③

"断诸北语，一从正音。"④ 改姓氏，革服制，彻底汉化，使得拓跋鲜卑建立的北魏成为一个影响极为深远的王朝，其影响波及中亚以至欧洲，以至于当时中亚乃至拜占庭帝国都称中国为拓跋民。北魏拓跋族原有烧葬之俗，《宋书·索虏传》载："死则潜埋，无坟垄处所，至于葬送，皆虚设棺柩，立冢椁，生时车马器用皆烧之以送亡者。"迁都洛阳后，变革葬俗作为一项政治措施，鲜卑贵族死葬北邙而不归葬故里，太和十九年（495年）孝文帝颁诏"迁洛之人，自兹厥后，悉可归骸邙岭，皆不得就茔恒代"⑤；又"迁洛之民，死葬河南，不得还北"⑥。既然如此，北魏丧

---

① 《晋书》卷117，中华书局2000年版，第1995页。
② 陈寅恪著，万绳楠整理：《魏晋南北朝史》，黄山书社1987年版，第100—107页。
③ 《魏书》卷19中《景穆十二王列传·元澄传》，中华书局点校本1974年版，第464页。
④ 《魏书》卷21上《献文六王列传·元禧传》，中华书局点校本1974年版，第536页。
⑤ 《魏书》卷20《文成五王列传·元谐传》，中华书局点校本1974年版，第527页。
⑥ 《魏书》卷7下《高祖孝文帝》，中华书局点校本1974年版，第178页。

葬的习俗必仿效中原。墓志本为中原产物，南朝墓志之物寥存，叶昌炽称之为"东南风气未开"①，存世和见于著录的南朝墓志亦大多为乔迁到江左的北方世家大族，他们引领北望，希冀子孙将骸骨迁回故里先人旧茔。如1964年在南京戚家山出土的东晋《谢鲲墓志》记：

> 晋故豫章内史陈国阳夏谢鲲幼舆，以泰宁元年十一月廿八日假葬建康县石子冈。在阳大家墓东北四丈。妻中山刘氏。息尚，仁祖。女真石。弟褒，幼儒。弟广，幼临。旧墓在荥阳。②

北魏葬俗的汉化使得相关的埋葬制度亦趋于中原原有的定规，墓志礼俗也由此得到了应有的继承与发扬，以至于墓志在北魏成为重要的丧葬文化之一。

（三）碑铭中领有官衔的少数民族成员屡见不鲜

在本书所涉及的各类造像碑材料的题名中，几乎都是各民族——当然包括汉族成员——共同建造的。在这些题名中，少数民族成员领有官衔的比比皆是，作为进入中原的少数民族政权，其本族成员要想成为统治阶级的一员，恐怕除了民族身份是其优势外，对汉文化是否精通也是一个重要的考量，这点可从下文"胡族汉化的基本特点"中各位统治者对儒学的重视中得以明确。同时，这种态势无形中促进了少数民族成员自觉学习汉文化的主动性和热情。所以，通过碑铭材料中较多领有官衔的少数民族成员，我们可以从一个侧面认识胡族汉化的兴盛。具体可参见文后附录碑刻题名，此处不再赘述。

从上述可知，汉文化，尤其是其中的精华儒家思想，在各少数民族汉化的过程中，扮演了重要的角色，是一条绵延不绝的、支脉众多的脉络，在各族民众的生活中时隐时现、逐渐清晰并且最终占据主要位置，儒家传统思想的内涵逐渐被各族民众所接受，使得民族文化意

---

① （清）叶昌炽：《语石》卷二《江南四则》，辽宁教育出版社1998年版，第42页。
② 南京市博物馆：《南京出土六朝墓志》，文物出版社1980年版；华人德：《论东晋墓志——兼及"兰亭论辨"》，引自华人德、白谦慎《兰亭论集》，苏州大学出版社2000年版，第196—207页。

识实现逐渐整合。民族文化意识内在形式的整合其实就是民族伦理观和价值观的整合，因为民族伦理观和价值观是民族文化意识的核心内容，也是民族意识的核心内涵，这就为胡族汉化提供了最为稳固的基石。

正如王万盈教授所说："民族成员在长期的生活与交往过程中，在群体文化氛围的影响下，会形成一种约定俗成的伦理、价值标准，这种标准每一个群体成员都自觉或不自觉地遵守着。这是一种凝聚所有成员的精神力量，它像磁石一样，吸引每个人的信念和活动方式按一定的习惯法则排列，成员的自我形象依此而塑造。"①

二 胡族汉化的基本特点

胡汉民族文化意识内在形式的整合主要体现为胡人积极接纳汉人的伦理观和价值观，其表现可以用崇礼、重孝、施仁、重儒来概括。

（一）崇礼

礼是儒家文化的重要伦理观，"礼者，天地之序也"②。礼的基本原则是"亲亲""尊尊"，人与人之间按照身份等级秩序遵行相应的行为准则和规范。胡族早期的伦理观没有"礼"。《史记·匈奴列传》载，匈奴人"利则进，不利则退，不羞遁走。苟利所在，不知礼义"③；早期鲜卑人"婿随妻归，见妻家无尊卑，旦起皆拜，而不自拜其父母"④。胡人内迁特别是建立政权后，逐渐接受汉人的"礼"文化。羯人石勒母王氏死，石勒"既而备九命之礼，虚葬于襄国城南"⑤。"九命之礼"是周礼中有关官爵的制度。后石勒又"制轩悬之乐，八佾之舞"⑥。"八佾"也是周礼中规定的天子使用的乐舞。慕容皝曾"立东庠于旧宫，以行乡射之礼"⑦，又曾"行饮至之礼，论功行赏各有差"⑧。"乡射之礼""饮至之礼"同样

---

① 王万盈：《试论民族意识》，《西北师大学报》1998年第4期，第30—40页。
② 郑玄：《礼记正义》卷第37《乐记第十九》，北京大学出版社1999年版，第1090页。
③ 《史记》卷110《匈奴列传》，中华书局2000年版，第2205页。
④ 《三国志》卷30《乌丸鲜卑东夷传》裴注引《魏书》，中华书局1971年版，第832页。
⑤ 《晋书》卷104《石勒载记上》，中华书局2000年版，第1817页。
⑥ 《晋书》卷105《石勒载记下》，中华书局2000年版，第1828页。
⑦ 《晋书》卷109《慕容皝载记》，中华书局2000年版，第1888页。
⑧ 同上书，第1886页。

是周礼的内容。前秦苻坚极重儒学教育,"行礼于辟雍,祀先师孔子,其太子及公侯卿大夫士之元子,皆束修释奠焉"①。"祀先师孔子",可见其对汉文化的尊重。赫连勃勃在统万城建成后的刻石上写道:"若乃广五郊之义,尊七庙之制,崇左社之规,建右稷之礼。"② 其中"五郊""七庙""左社之规""右稷之礼"等均为周礼的内容。鲜卑首领慕容廆同样深知汉人礼仪:一次他去见西晋东夷校尉何龛,

> 廆致敬于东夷府,巾衣诣门,抗士大夫之礼。何龛严兵引见,廆乃改服戎衣而入。人问其故,廆曰:"主人不以礼,宾复何为哉!"龛闻而惭之,弥加敬惮。③

慕容廆本以"巾衣"士大夫之礼去见何龛,不想何龛严兵引见,慕容廆就改以戎服相见,别人问起缘故,慕容廆说,你做主人的都不以礼相待,何况是我这个宾客呢,这让身为汉人的何龛深感惭愧。

(二) 重孝

"孝"是儒家文化所提倡的重要内容。《古文孝经孔氏传·原序》曰:"先王之道莫大于孝,仲尼之教莫先于孝。"④ 而早期胡人恰恰相反,"贵少贱老"是其传统伦理观。早期乌丸、鲜卑"贵少贱老,其性悍骜,怒则杀父兄"⑤;早期匈奴"壮者食肥美,老者饮食其余。贵壮健,贱老弱"⑥。可见当时全然没有汉文化所理解的孝的观念。但到了十六国时期,已有不少胡人首领极重孝道。苻坚"性至孝",鲜卑拓拔翼圭曾缚父什翼犍请降,苻坚"以翼圭执父不孝,迁之于蜀"⑦。苻坚季弟苻融"性至孝,初届冀州,遣使参问其母动止,或日有再三"⑧。

巴氏李雄之子李班也是个大孝子:

---

① 《晋书》卷113《苻坚载记上》,中华书局2000年版,第1938页。
② 《晋书》卷130《赫连勃勃载记》,中华书局2000年版,第2160页。
③ 《晋书》卷108《慕容廆载记》,中华书局2000年版,第1874页。
④ 孔安国:《古文孝经孔氏传》,引自《文渊阁四库全书》,第182—183页。
⑤ 《三国志》卷30《乌丸鲜卑东夷传》裴注引《魏书》,中华书局1971年版,第832页。
⑥ 《汉书》卷94上《匈奴传上》,中华书局2000年版,第2771页。
⑦ 《晋书》卷113《苻坚载记上》,中华书局2000年版,第1941页。
⑧ 《晋书》卷114《苻坚载记下》,中华书局2000年版,第1966页。

及雄寝疾，班昼夜侍侧。雄少数攻战，多被伤夷，至是疾甚，痕皆脓溃，雄子越等恶而远之。班为吮脓，殊无难色，每尝药流涕，不脱衣冠，其孝诚如此。①

南凉君主秃发傉檀也极重"孝"，西秦乞伏炽盘在南凉为质子，后叛逃被执，秃发利鹿孤想要杀他，傉檀道：

臣子逃归君父，振古通义，故魏武善关羽之奔，秦昭恕顷襄之逝。炽盘虽逃叛，孝心可嘉，宜垂全宥以弘海岳之量。②

后秦姚兴堪称是以孝治天下的典范。"兴母虵氏死，兴哀毁过礼，不亲庶政"，此时"群臣议请依汉、魏故事，既葬即吉"。尚书郎李嵩认为依照汉、魏制度仍不够尽孝，上疏曰：

三王异制，五帝殊礼。孝治天下，先王之高事也，宜遵圣性，以光道训。既葬之后，应素服临朝，率先天下，仁孝之举也。③

大臣尹纬反驳道：

帝王丧制，汉、魏为准。嵩矫常越礼，愆于轨度，请付有司，以专擅论。既葬即吉，乞依前议。④

最终姚兴仍采用李嵩的建议："素服临朝，率先天下。"⑤《汉书·卷六十八·霍光金日䃅传第三十八》记载：

---

① 《晋书》卷121《李班载记》，中华书局2000年版，第2043页。
② 《晋书》卷126《秃发傉檀载记》，中华书局2000年版，第2115页。
③ 《晋书》卷117《姚兴载记上》，中华书局2000年版，第1996页。
④ 同上书，第1996—1997页。
⑤ 同上书，第1996页。

日磾母教诲两子,甚有法度,上闻而嘉之。病死,诏图画于甘泉宫,署曰"休屠王阏氏"。日磾每见画常拜,乡之涕泣,然后乃去。日磾子二人皆爱,为帝弄儿,常在旁侧。弄儿或自后拥上项,日磾在前,见而目之。弄儿走且啼曰:"翁怒。"上谓日磾"何怒吾儿为?"其后弄儿壮大,不谨,自殿下与宫人戏,日磾适见之,恶其淫乱,遂杀弄儿。弄儿即日磾长子也。上闻之大怒,日磾顿首谢,具言所以杀弄儿状。上甚哀,为之泣,已而心敬日磾。①

宋代诗人林同在《夷狄之孝十首·休屠王子金日磾》一诗中写道:

牧马一胡儿,如何却受遗。多因汉宫里,泣拜画阏氏。②

(三)施仁

施行仁政一直是儒家思想的重要内容。孟子曰:"民为贵,社稷次之,君为轻。"③十六国时期胡族政权虽国祚短暂,且民族矛盾、阶级矛盾尖锐,但仍有不少国君体恤臣民,施行仁政。前燕慕容皝曾"苑囿悉可罢之,以给百姓无田业者。贫者全无资产,不能自存,各赐牧牛一头"④。前秦苻坚"修废职,继绝世,礼神祇,课农桑,立学校,鳏寡孤独高年不自存者,赐谷帛有差,其殊才异行、孝友忠义、德业可称者,令在所以闻"⑤。姚苌"修德政,布惠化,省非急之费,以救时弊,闾阎之士有豪介之善者,皆显异之"⑥。姚苌还告诫姚兴:"汝抚骨肉以仁,接大臣以礼,待物以信,遇黔首以恩,四者既备,吾无忧矣。"⑦

---

① 《汉书》卷68《霍光金日磾传第三十八》,中华书局1999年版,第2228页。
② 《全宋诗》第65册,北京大学出版社1998年版,第40637—40638页。
③ 万丽华、兰旭译注:《孟子·尽心下》,中华书局2006年版,第324页。
④ 《晋书》卷109《慕容皝载记》,中华书局2000年版,第1888页。
⑤ 《晋书》卷113《苻坚载记上》,中华书局2000年版,第1932页。
⑥ 《晋书》卷116《姚苌载记》,中华书局2000年版,第1988页。
⑦ 同上书,第1992页。

（四）重儒

"重儒"主要体现在两个方面：一是不少胡人领袖本身儒学功底深厚；二是广设学校，推广儒学教育。刘渊"幼好学，师事上党崔游，习《毛诗》《京氏易》《马氏尚书》，尤好《春秋左氏传》《孙吴兵法》，略皆诵之，《史》《汉》、诸子，无不综览"①。刘氏子弟包括刘和、刘宣、刘聪、刘曜等都对汉文化有较精深的掌握。刘和"习《毛诗》《左氏春秋》《郑氏易》"②。刘宣"好《毛诗》《左氏传》"③。刘聪"年十四，究通经史，兼综百家之言，《孙吴兵法》靡不诵之"④。刘曜"读书志于广览，不精思章句，善属文，工草隶"⑤。石勒"雅好文学，虽在军旅，常令儒生读史书而听之"⑥。鲜卑慕容皝"雅好文籍，勤于讲授，学徒甚盛，至千余人。亲造《太上章》以代《急就》，又着《典诫》十五篇，以教胄子"⑦。后秦姚襄"襄少有高名，雄武冠世，好学博通，雅善谈论，英济之称着于南夏"⑧。沮渠蒙逊"博涉群史，颇晓天文"⑨。氐族首领也极崇儒学。苻健曾"优礼耆老，修尚儒学"⑩。苻坚时常"亲临太学，考学生经义优劣，品而第之"⑪。苻坚积极的儒学政策，提高了氐人的汉化程度，像苻融、苻朗等都有汉诗传世。苻坚不但让其族人学习儒学，也让其他少数民族的首领学习儒学。在其击败拓跋鲜卑什翼犍后，"以翼犍荒俗，未参仁义，令入太学习礼"⑫。《晋书·苻坚载记下》还记载了苻坚的季弟苻融引《周

---

① 《晋书》卷101《刘元海载记》，中华书局2000年版，第1766—1767页。
② 同上书，第1771页。
③ 同上书，第1772页。
④ 《晋书》卷102《刘聪载记》，中华书局2000年版，第1775页。
⑤ 《晋书》卷103《刘曜载记》，中华书局2000年版，第1793页。
⑥ 《晋书》卷105《石勒载记下》，中华书局2000年版，第1831页。
⑦ 《晋书》卷109《慕容皝载记》，中华书局2000年版，第1888页。
⑧ 《晋书》卷116《姚襄载记》，中华书局2000年版，第1985页。
⑨ 《晋书》卷129《沮渠蒙逊载记》，中华书局2000年版，第2145页。
⑩ 《晋书》卷112《苻健载记》，中华书局2000年版，第1921页。
⑪ 《晋书》卷113《苻坚载记上》，中华书局2000年版，第1934页。
⑫ 同上书，第1941页。

易》断案一事①,可见其汉化之深。

在广设学校,推广儒学教育方面,各胡族首领也甚为积极。匈奴刘曜"立太学于长乐宫东,小学于未央宫西。简百姓年二十五已下十三已上,神志可教者千五百人,选朝贤宿儒明经笃学以教之"②。石勒"增置宣文、宣教、崇儒、崇训十余小学于襄国四门,简将佐豪右子弟百余人以教之"③。后又积极发展地方教育,"命郡国立学官,每郡置博士祭酒二人,弟子百五十人"④。鲜卑慕容皝"亲临东庠考试学生,其经通秀异者,擢充近待"⑤。姚苌曾"立太学,礼先贤之后"⑥。姚兴时,"天水姜龛、东平淳于岐、冯翊郭高等皆耆儒硕德,经明行修,各门徒数百,教授长安,诸生自远而至者万数千人"⑦。以致当时出现"学者咸劝,儒风盛焉"的盛况。氐族苻坚"广修学官,召郡国学生通一经以上充之,公卿已下子孙并遣受业。其有学为通儒、才堪干事、清修廉直、孝悌力田者,皆旌表之"⑧。苻坚还把儒学教育推广到军队和后宫:"中外四禁、二卫,四军长上将士,皆令修学。课后宫,置典学,立内司,以授于掖庭。选

---

① 《晋书》卷114《苻坚载记下》附《苻融传》载:京兆人董丰游学三年而返,过宿妻家,是夜妻为贼所杀。妻兄疑丰杀之,送丰有司。丰不堪楚掠,诬引杀妻。融察而疑之,问曰:"汝行往还,颇有怪异及卜筮以不?"丰曰:"初将发,夜梦乘马南渡水,返而北渡,复自北而南,马停水中,鞭策不去。俯而视之,见两日在于水下,马左白而湿,右黑而燥。寤而心悸,窃以为不祥。还之夜,复梦如初,问之筮者,筮者云:'忧狱讼,远三枕,避三沐。'既至,妻为具沐,夜授丰枕。丰记筮者之言,皆不从之。妻乃自沐,枕枕而寝。"融曰:"吾知之矣。《周易》《坎》为水,马为《离》,梦乘马南渡,旋北而南者,从《坎》之《离》。三爻同变,变而成《离》。《离》为中女,《坎》为中男。两日,二夫之象。《坎》为执法吏。吏诘其夫,妇人被流血而死。《坎》二阴一阳,《离》二阳一阴,相承易位。《离》下《坎》上,《既济》,文王遇之囚牖里,有礼而生,无礼而死。马左而湿,湿,水也,左水右马,冯字也。两日,昌字也。其冯昌杀之乎!"于是推检,获昌而诘之,昌具首服,曰:"本与其妻谋杀董丰,期以新沐枕枕为验,是以误中妇人。"中华书局2000年版,第1965—1966页。
② 《晋书》卷103《刘曜载记》,中华书局2000年版,第1796—1797页。
③ 《晋书》卷104《石勒载记上》,中华书局2000年版,第1824页。
④ 《晋书》卷105《石勒载记下》,中华书局2000年版,第1837页。
⑤ 《晋书》卷109《慕容皝载记》,中华书局2000年版,第1888页。
⑥ 《晋书》卷116《姚苌载记》,中华书局2000年版,第1989页。
⑦ 《晋书》卷117《姚兴载记上》,中华书局2000年版,第1997页。
⑧ 《晋书》卷113《苻坚载记上》,中华书局2000年版,第1934页。

阉人及女隶有聪识者暑博士以授经。"① 巴氏李雄"兴学校，置史官"②。南凉利鹿孤也极重教育："以田玄冲、赵诞为博士祭酒，以教胄子。"③

综上所述，十六国南北朝时期胡汉民族价值观与伦理观通过"崇礼、重孝、施仁、重儒"等措施实现整合，胡族在伦理观与价值观上与汉族已无差别，他们与汉人唯一的差别恐怕就是民族称呼了。而当这些政权灭亡后，这些与汉民族具有相同心理结构的民族就极易融于汉族。正如孙功达评价氐人的那样："氐族自然而然地融入汉民族中来，圆满地实现民族融合，甚至不带痕迹。"④

另外，这一时期佛教的广泛传播对不同民族的民族意识整合也起了重要的作用。佛教作为外来宗教，进入中原后迅速本土化。十六国时期，佛教已为广大信众所接受，其中也包括胡族。到了北朝时期，佛教的影响更为广泛、深入。据周伟洲先生对《豆卢子等结社造释迦像》的考释，北周时期正宁县罗川一带的居民民族成分十分庞杂，几乎包括了北方所有的民族。其中汉族人数最多，约占一半以上；其次是鲜卑族、羌族、匈奴族、氐族、吐谷浑族、敕勒族等。这一地区民族众多，各民族原本的心理结构不尽相同，而佛教恰恰成为各民族共同心理的主要内容。正如周伟洲所说，这一地区"各族上层百姓大都信仰佛教，所以才能集合在一起，共造此释迦佛像，并且将姓名镌刻于佛座的四周。这说明他们已有共同的信仰，甚至某些共同的心理状态，正在汉民族融合大熔炉中，融合在一起"⑤。

于是，随着内徙民族和汉族交往的深入，内徙少数民族原有的民族意识开始弱化并逐渐消失，而以华夏正统自居和对汉文化的自觉认同也使内徙少数民族完全融合到汉民族之中。这一内徙与融合的最重要后果之一就是形成一种全新的汉民族意识，也造就了隋唐时期开放的民族政策和隋唐的辉煌盛世。

---

① 《晋书》卷113《苻坚载记上》，中华书局2000年版，第1941页。
② 《晋书》卷121《李雄载记》，中华书局2000年版，第2042页。
③ 《晋书》卷126《秃发乌孤载记》，中华书局2000年版，第2114页。
④ 孙功达：《氐族研究》，甘肃人民出版社2005年版，第72页。
⑤ 周伟洲：《西北民族史研究》，中州古籍出版社1995年版，第458页。

第二节　碑铭所见陇右地区佛教信仰

魏晋十六国时期，我国佛教逐渐发展并开始兴盛，虽然译经者和佛教传播者多以洛阳为目的地，但陇右处于丝绸之路重要交通线上，佛教向内地传播，必然要经过陇右并影响到陇右。所以，陇右地区佛教真正得到发展的时期，也应该是在魏晋南北朝时期，这与全国佛教大发展的形势是分不开的。在本书中，凡是与佛教有关的记事碑、造像碑、塔铭等，几乎都是这一时期的。无论是民间社邑团体自发造像，如《邑子共造释迦像》《李阿昌造像碑》《豆卢子等结社造释迦像》等，还是官方建寺开凿记事碑，如《南石窟寺碑》《嵩显（禅）寺碑》等；无论是家族造像，如《建崇寺造像碑》等，还是家庭造像，如《成丑儿造像碑》等，在整个南北朝期间有各类型的碑刻材料均可为佐证，这些珍贵的碑刻（石）材料，各民族成员共同建造的造像碑，共同建造的佛寺石窟，不仅彰显了当时佛教在当地的兴旺发达，也表明了当时各民族普通民众融洽和谐的民族关系，以及佛教在民族意识整合方面所起的促进作用。

现在，陇右地区除了有前文已论述的体现了佛教兴盛的珍贵碑刻（石）文物外，还有很多这一历史时期的佛教寺庙、石窟、壁画、造像、雕塑、建筑等形式的遗存。这些丰富的文化瑰宝，见证了佛教在该地区发展演变的历史。

当然，佛教的兴起，是有其深厚的文化背景的，下面从当时的文化背景入手，谈谈陇右地区的佛教信仰。

一　儒学的危机

两汉儒学在其迸发绚丽光华时，实际上就已潜伏着危险因素。两汉儒学的核心是"天人感应"的宇宙论，董仲舒立足于此，从理论上论证了大一统封建专制王朝的神圣和不可动摇。但是，这种宇宙论系统图式的阴阳、五行、"天人感应"等观念在今文经学家那里被衍化为谶纬神学，导致神秘主义在西汉末年的大流行，再经东汉统治者的正式官方化，将整个文化界搞得乌烟瘴气。而为了对抗随意发挥"微言大义"的今文经学派，从经学内部崛起的古文经学派偏重"名物训诂"，但这条路很快走向了烦琐破碎。于是儒学生长中所无法克服的弊端，使一度光辉灿烂的两汉儒学在东汉末年已经大失光华，后接连而起的社会大动荡更显示了儒学的"不周世用"①和思想的虚无。人们对于儒学的信仰发生了动摇，儒学陷入了深刻的危机之中，其主要表现如下：

（一）经学式微

以前公卿士大夫莫不"穷经"，而魏晋时却"公卿士庶，罕通经业"②。当时不仅一般士人"穷经"意趣大为低落，即便上层统治者也对经学颇不以为然。甘露元年（256年）夏四月丙辰，曹髦巡视太学，以经学史上一系列自相矛盾之处反复诘难经师，以致经师瞠目结舌、汗流浃背，不得不以"古义弘深，圣问奥远，非臣所能详尽"③之语作为遁词。这种态势，强烈显示了富有时代性的价值观念的移转，也表明经学的衰落已成为必然趋势。

（二）名教危机

"名教，亦即礼教，是儒学体系中至关重要的内容，也是中国传统社会特有的道德文化形态。"④两汉是名教体系的定型时期，其标志便是"三纲五常"的提出。名教危机的首要标志就是其道德哲学受到全面挑战。对君臣理论的挑战，来自"非君论"一翼。阮籍在《大人先生传》中云："盖无君而庶物定，无臣而万事理。……君立而虐兴，臣设而贼生。坐制礼法，束缚下民。……竭天地万物之至，以奉身色无穷之欲，此非所以养百姓也。"名教之本的父子理论也遭到魏晋人的非议。《后汉书·孔融传》载：孔融曾与祢衡"跌荡放言"："父之于子，当有何亲？论其本意，实为情欲发耳。子之于母，亦父奚为？譬如寄物瓶中，出则离矣。"魏晋南北朝妇女的生活也具有引人注目的反礼教束缚的色彩。如东晋南朝妇女，《抱朴子·疾谬》言：

---

① 《三国志》卷16，中华书局1971年版，第502页。
② 《南史》卷71，中华书局1975年版，第1730页。
③ 《三国志》卷4，中华书局1971年版，第136页。
④ 冯天瑜、何晓明、周积明：《中华文明史》，上海人民出版社2010年版，第338页。

> 而今俗妇女，休其蚕织之业，废其玄紞之务。……舍中馈之事，修周旋之好。更相从诣之适亲戚。……或宿于他门，或冒雨而返。游戏佛寺，观视渔畋，登高临水，出境庆吊，开车褰帷，周章城邑。杯觞路酌，弦歌行奏。转相高尚，习非成俗。

而北朝妇女也不是"惟事酒食衣服之礼"，而是抛头露面主持家务大权，《颜氏家训·治家》对此作了生动描述：

> 邺下风俗，专以妇持门户。争讼曲直，造请逢迎。车乘填街衢，绮罗盈府寺。代子求官，为夫诉讼。

（三）玄风蔚然

儒学信仰危机的深化，对人生意义的探求，把魏晋思想引向玄学。玄学是由老庄哲学发展而来，作为一种伏流，其实早在两汉便已潜伏运行，在魏晋时期蔚为大观。魏晋时期理性思辨空前活跃，呈现一种理性美、智慧美、内涵美，审美对象转为内在精神性的考察，强调"风韵""风姿""风尚""风格"，进而强调"清""虚""朗""达""简""远"等境界，一改如建安七子"胆气纵横"，"或慷慨高厉，或溢气坌涌"的慷慨气象。

二 陇右佛教的兴起与发展

（一）陇右佛教的兴起

随着儒学的衰落、玄学的兴起，中国传统老庄思潮开始兴起，在这种环境的影响下，人们对长生不老有着无限的渴望和追求，但同时又无法摆脱对死亡的恐惧，在当时战乱纷繁、民不聊生，生命如同草芥的时代背景下，外来的佛教在魏晋十六国时期恰恰解决了社会民众的思想困惑和精神饥渴。在佛教看来，人的富贵夭寿、社会不平等种种现象，都是轮回的结果。人生的苦由"业"① 引起，世上的众生都要在

---

① 佛教术语，一般指一个人的所作所为，引申为专指世俗人们的种种欲望。

"三世三道"①中轮回，只有佛才能使人从这种无尽的轮回中解脱出来，升入极乐世界，从而淡化了人们对死亡的恐惧。同时佛教也积极与中国传统儒学相调和，认为佛法的"六度"②与儒学所倡导的"五常"③名异实同。萧梁释僧顺更是明确表示："释氏之训，父慈子孝，兄爱弟敬，夫和妻柔，备有六睦之美。"④ 在南方，随着西晋末年大批士族迁往江南，崇尚玄学和清谈之风也被带到那里。佛教徒为迎合这种需要，也开始钻研老庄玄理，并成功将注重义理的般若学与玄学结合起来。由此可见，魏晋十六国时期，佛教能够拥有广泛的信众和社会基础，除了汉魏时期大量佛教经典的翻译，众多高僧的不懈努力和统治者的大力提倡外，这一时期的佛教能很快与中国传统文化相融合也是一个重要因素。

佛教与中国传统文化的冲突主要凝聚在以违背"孝""忠"为核心的伦理纲常之辩和夷夏之辩。在中国本土文化强大的抗拒面前，佛教文化表现出惊人的调适性，改变自身面貌，以适应中华文化的生态环境。魏晋时期玄学兴起，佛教学者遂以佛理附会玄学，如慧远在讲经中"引庄子义为连类"⑤。竺叔兰"性嗜酒，饮至五、六升方畅，常大醉，卧于路旁"，大有竹林名士放诞不羁的味道。⑥ 在民间信仰佛教上，佛教也积极依附中国民间习俗，六朝时期的唱导经师（用说唱形式宣传一般经义的人）颇注意从中国传统民间艺术中吸取营养，诚所谓"世间杂技及著灸占相，皆备尽其妙"⑦。同时，佛教在改造自己宗教哲学、传教方式的同

---

① 佛教名词，"三世"又叫"三际"。梵语为 Loka，佛教讲因果轮回时，"世"指个体一期生死的时间跨度。三世也可以说前世、现世、未来世，或前生、今生、来生，或前际、中际、后际；"六道"又称六趣、六凡或六道轮回，它又分为三善道（天道、人道、阿修罗道）和三恶道（畜生道、地狱道、恶鬼道），专指众生轮回之道途。

② 佛教术语，指由生死此岸渡人到涅槃彼岸的六种途径和方法，具体为"布施、持戒、忍辱、精进、禅定、智慧"。

③ 中国封建社会的道德规范，具体指"仁、义、礼、智、信"，出自汉·王充《论衡·问孔》："五常之道，仁、义、礼、智、信也。"

④ 南朝梁僧祐撰：《弘明集》卷8《答道士假称张融三破论》。

⑤ （梁）释慧皎撰，汤用彤校注：《高僧传》卷6，中华书局1992年版，第211页。慧远，指东晋高僧雁门僧。慧远，雁门郡楼烦人，曾主持庐山东林寺，善诗文，与刘遗民、宗炳、慧永等结白莲社。

⑥ 冯天瑜、何晓明、周积明：《中华文化史》，上海人民出版社2010年版，第361页。

⑦ （梁）慧皎：《高僧传·唱导篇》。

时，也在政治理论上竭力迎合儒家伦理道德观念，如积极翻译出或制造出颇为丰富的与"孝"有关的经典，《六方礼经》《佛说父母恩重难报经》《佛说孝子经》等。佛教在不断的积极调适下，虽有过波折，但在魏晋南北朝隋唐时期获得了长足的发展。

佛教作为外来宗教，初传中国时，信仰者主要是胡人，所以很容易被当时陇右地区的少数民族所接受，而且在少数民族中表现出比在汉族中更为狂热的势头。汤用彤论魏晋佛法兴盛之原因时分析，"而方中原异族错居时，佛教本来自外域，信仰皈依，应早已被中国内地之戎狄"[①]。正是各少数部族的热忱和推广，促进了佛教在中国的兴盛。

而晋末十六国时期的陇右，由于战乱频繁和社会长期动荡不安，在历代统治者的推崇下，佛教迅速成为当地普通民众和社会各个阶层摆脱现实苦难、追求来世幸福的精神寄托。前秦时陇右的佛法盛极一时，比如陇右的秦安县。在佛教东传的过程中，由于秦安地处"丝绸之路"的必经之地，成为不可绕过的地域，大量胡商、僧侣、使者往返于此，在这里遗留下了众多的佛教造像和佛教艺术珍品。东晋时期，秦安被前秦苻坚割据势力占据，苻坚为略阳氐人，诞生在秦安本土，对佛教非常推崇，据明《秦安志·权翼传》记载：

> 苻坚游东苑，命沙门道安同辇，翼谏曰："天子法驾时，中陪乘靖道而行，进止有度，三代末主，或亏大伦，适一时之情，书恶来世。故班姬辞辇，垂美无穷。道安毁形贱士，不宜参秽神舆。"坚不纳。

道安是东晋时非常有名的高僧，身为一国之君的苻坚与他同乘一辆马车，而且不听大臣劝谏，可见他对佛教的爱好和对僧人的礼遇之高。太元二年（377年），太史上奏说："有星见外国分野，当有大智人辅中国。"苻坚久仰龟兹青年沙门鸠摩罗什（343—413年）的大名，便说："朕闻西域有鸠摩罗什，将非此邪？"（《晋书·鸠摩罗什传》）太元四年

[①] 汤用彤：《汉魏两晋南北朝佛教史》第八章《释道安》，北京大学出版社1997年版，第134页。

(379年)时,中土僧人僧纯、昙充等游学龟兹归来,称述龟兹佛教盛况,又说到鸠摩罗什才智过人,明大乘学。时高僧释道安在长安,极力奖励译经事业,听到罗什在西域有这样高的声誉,就一再劝苻坚迎他来华。吕光为苻坚手下的名将,出征西域时,苻坚一再嘱咐他说:"若获罗什,即驰驿送之。"(《晋书·鸠摩罗什传》)在前秦王苻坚的带动下,他的家乡秦安境内的佛教在当时是非常兴盛的。为请来鸠摩罗什,苻坚令吕光远征龟兹,时在建元十八年(382年)。[1]

另外苻坚家族的许多优秀子弟也都爱好佛法,如他的三弟苻融,长得魁伟俊美,才华超群,苻生做秦王时,曾给少年苻融封王,他坚决推辞。苻融不到20岁,已被人们当作导师,之后声誉更高,被拜为中军将军。苻融聪辩明慧,下笔成章,耳闻则诵,目遇不忘,每谈及佛理机趣,高僧道安都比不上他,当时人们把他和东晋的王粲相提并论。苻融所著《浮图赋》,壮丽清赡,为世所珍。

苻坚的堂侄苻朗,也对佛法深有研究,史料记载他"及为方伯,有若素士,耽玩经籍,手不释卷。每谈虚语玄,登山涉水,不知老之将至"。他曾到江南扬州,超然自得,志凌万物,其风流才情,令江南名士倾倒不已,能和他对答的人只有一两个人。前秦灭亡后,苻朗遭到杀害,临刑志色自若,并随口作诗:

四大起何因,聚散无穷已。既适一生中,又入一死理。冥心乘和畅,未觉有终始。如何箕山夫,奄焉起东市。旷此百年期,远同嵇叔子,命也归自天,委化任冥纪。[2]

其诗将佛家思想与本土道家思想融于一体,可以看出佛教在中国传播过程中与老庄哲学的融合。

根据目前的相关资料,秦安在北周以前的佛塔造像应该为甘肃省之最。秦安境内几乎每一个偏远地方的寺院都有南北朝至北周、隋代的石

---

[1] (梁)慧皎:《高僧传》卷2《鸠摩罗什传》,《大正藏》第50册,第0330a页。
[2] 吴小如、王运熙、章培恒、曹道衡、骆玉明:《汉魏六朝诗鉴赏辞典》,上海辞书出版社1992年版,第465页。

造像塔存在。本文所提及的，保存在甘肃省博物馆中的国家一级文物石造像塔西魏大统十二年（546年）《权氏千佛塔》、西魏大统二年（536年）《权氏造像塔》、北周《王文超造像碑》（即《还镌寺碑》）等，其上皆有发愿文、人名和年号。县博物馆所存历年出土的造像亦不少于百座，现藏于陕西碑林的北周《建崇寺造像碑》也是很有名的造像碑。

2010年，甘肃省博物馆举办了一个佛教文物展，佛教文物最多的有两个地方，一个是敦煌，另一个就是天水秦安县。而根据一些相关资料显示，秦安县目前发现的北周以前的佛塔造像比陕西全省都多（观点引述陕西学者的论文），极有可能为全国之最，当时佛教在陇右地区的盛况可见一斑。

南怀瑾在讲佛经的时候，经常大书特书龟兹王某某、秦王苻坚、西凉王吕光，以及后秦主姚兴是怎样争夺佛教高僧鸠摩罗什的，他常用的一句话来说苻坚派吕光争得鸠摩罗什的事："为了一个学者，不惜派大兵去征灭一个国家，辗转争得，这是有史以来的一个大事奇案。"① 可是，除了鸠摩罗什本人，礼遇他、重视他、敬佩他并支持他弘法事业的苻坚、吕光、姚兴等帝王都是天水略阳——今甘肃秦安人，可以思考一下，是谁在历史上如此重视佛教？是谁促使佛教顺利地从西域传入中原？是谁为佛教文化本地化奠定了最基础的条件？佛教文化丰富了中华文明，并使中华文明具有更持久的生命力，最终成为支撑中华文明主体的三大块之一，而这一历史时期陇右佛教的传播功不可没。

这儿顺便谈谈西晋时帛远这个人，通过他可以窥见陇右地区佛教传播之早，对少数民族的影响之大。帛远，字法祖，本姓万氏，河内（指今河南黄河以北地区）人，曾在长安建筑佛寺，以讲论研习佛经为业。法祖传布教化的声誉，传遍了整个关中、陇西地区。当时群雄争斗，干戈四起，法祖就想潜迹于陇山以西地区，以保持自己正确的操行。正值张辅担任秦州刺史，镇守陇上，法祖就与张辅同行。因法祖的名望和德行众望所归，张辅就想让法祖离教返俗，当他的僚佐。但是法祖信仰佛教的志向是不可改变的，因此两人结下怨恨，后法祖被张辅所害。听说法祖被害的消息，无论是汉人还是少数民族都悲痛异常，张辅被杀后，

---

① 南怀瑾：《中国佛教发展史略》，复旦大学出版社1996年版，第78—79页。

羌族人感到大仇已报，便退兵了，他们将法祖分尸，各自带回去起造佛塔或佛寺。这就是羌人承袭佛教八王分佛陀舍利建塔的传说，为帛远立塔的史实。陇右羌人在4世纪初已经转信佛教，后秦即是从陇右起兵后占领关中并以长安为都的羌人政权，姚襄的军中有僧侣智通提供谋略，[①]姚苌、姚兴初期据有关中时，就顶礼三宝，礼敬名僧。

（二）陇右佛教的发展

晋末十六国时期陇右佛教得到了快速发展，到了北魏天安元年（446年），北魏太武帝毁灭佛法，北方佛教受到重大打击，陇右地区毗邻关中，很快被波及，佛教没有大的作为。这种情况直到文成帝即位才得以改变。兴安元年（452年）十二月文成帝下《修复佛法诏》：

> 诸州郡县，于众居之所，各听建佛图一区，任其财用，不制会限。其好道乐法，欲为沙门，不问长幼，出于良家，性行素笃，无诸嫌秽，乡里所明者，听其出家，率大州五十、小州四十人，其郡遥远台者十人。

诏书下达后，全国各地迅速将毁坏的寺庙修复一新，外逃僧人重新入寺，不仅完全放开了太武帝禁毁的佛法，并且在建佛图时不惜财力人力。

北魏献文帝拓跋弘、孝文帝元宏、宣武帝元恪等均重视弘扬佛法，佛教得到进一步发展。北方各地太和以后的石窟开凿更加不遗余力，陇右地区著名的麦积山石窟、北石窟寺、南石窟寺、王母宫石窟等，都保存了大量北魏时期洞窟。麦积山第115、114、76、93、156等中小型洞窟都开凿于宣武帝时期，而北魏晚期更开凿了第133、142等一大批洞窟。在此背景下，陇右地区出现了许多高僧。

释法光，《高僧传》卷12记载：

> 释法光，秦州陇西人。少而有信，至二十九方出家。苦行头陀不服绵纩，绝五谷唯饵松叶。后誓志烧身，乃服松膏及饮油，经于

[①]《晋书》卷116《姚襄载记》，中华书局2000年版，第1986页。

半年。至齐永明五年（487年，北魏太和十一年）十月二十日，于陇西记城寺内集薪焚身以满先志。火来至目诵声犹记，至鼻乃昧，奄然而绝，春秋四十有一。①

僧镜，梁《高僧传》卷7记载：

释僧镜。姓焦，本陇西人，……后入关陇，寻师受法，累载方还。②

释玄畅，《高僧传》卷13《法献传》附玄畅传记载：

献以永明之中，被敕与长干玄畅同为僧主，分任南北两岸。畅本秦州人，亦律禁清白。③

释慧初，唐释道宣撰《续高僧传·释慧胜传附慧初禅师》记载：

时净明寺有慧初禅师者，魏天水人，在孕七月而生。才有所识，好习禅念。④

沙门智整，《高僧传》卷8《神异·宋高昌释法朗附智整传》记载：

时凉州复有沙门智整，亦贞苦有异行。为氐主杨难当所事。后入寒峡山石穴中不返。⑤

这说明仇池氏早已接触并信奉佛教，智整为杨难当所敬事则说明与秦州相邻的仇池地佛教也已盛行。

---

① 《大正藏》第50册，第0405c页。
② 《大正藏》第50册，第0373页。
③ 《大正藏》第50册，第0411页。
④ 《大正藏》第50册，第0550c页。
⑤ 《大正藏》第50册，第0392c页。

当然，陇右这一时期佛教的兴盛还有一个重要的原因，就是一些当地重要官员的支持，如曾任秦、雍二州刺史的冯朗。冯朗为北魏孝文帝文明太后冯氏之父，冯氏一门世代崇佛，对北魏佛教影响较大。位列代北"勋臣八姓"之首的穆亮，在陇右任职的时间是在北魏孝文帝延兴时期（471—476年），任职的地方为秦州—敦煌—仇池，他对陇右的影响很大，故其传称"在州未期，大著声称"。穆亮善营造，是营造洛京的主要官吏。这个时期正是云冈模式发展时期，即第二期石窟开始大规模营造的时期，而且是云冈模式向外扩散的时期，秦州、敦煌的石窟开凿由于穆亮的任职，很可能带来了首都的样式。此外还有张彝，《魏书》卷64《张彝传》有关于张彝任秦州刺史时兴建佛寺的记载：

> 张彝，字庆宾，清河东武城人。……寻除安西将军、秦州刺史。……及临陇右，弥加讨习，于是出入直卫，方伯威仪，赫然可观。羌夏畏服，惮其威整，一方肃静，号为良牧。……彝敷政陇右，多所制立，宣布新风，革其旧俗，民庶爱仰之。为国造佛寺名曰兴皇，诸有罪咎者，随其轻重，谪为土木之功，无复鞭杖之罚。①

从麦积山石窟的情况来看，宣武帝景明时期正是麦积山石窟造像风格从早期的外来风格向受南朝影响的中原新风格转变的时期，这一时期的洞窟开始出现了褒衣博带式的造像，而又保留着旧的偏袒右肩的穿圆领袈裟的作风，第86、114、115、155、91等窟出现了飘逸的南朝式的飞天。这除了与全国的艺术形式的变化基本同步外，也可能与张彝实行新风革除旧风有关。张彝非常喜欢佛法，在秦州为国家建"兴皇寺"，极尽土木之功。

西魏陇右地区佛教继续北魏发展的势头，得到进一步发展，甘肃境内，敦煌莫高窟、炳灵寺、麦积山、庆阳北石窟寺等都有石窟的开凿，单体的寺院供奉的佛教造像在西魏统治的陕西、甘肃、宁夏等地都有大量出土。陇右地区重要石窟麦积山石窟由于乙弗氏的缘故，俨然成为陇右的佛教中心之一，而这一时期麦积山也再次迎来开窟中心造像的高峰。

---

① 《魏书》卷64《张彝传》，中华书局2000年版，第963—964页。

现藏于麦积山的宋代《秦州雄武军陇城县第六保瑞应寺再藏佛舍利记》碑记载："昔西魏大统元年，再修崖阁，重兴寺宇。"现存麦积山石窟众多的西魏洞窟也证明了其记载的可靠性，麦积山西魏洞窟主要有第20、43、44、92、105、120、123、127、135等窟，多为平面方形中小型洞窟，造像以三世佛为主，并有依据《维摩诘经》创作的维摩诘经变的洞窟造像（第120、123窟），这是麦积山西魏洞窟特有的造像形式，在庆阳北石窟寺也有相应的西魏造像。

北周立国虽短，但除武帝宇文邕于北周后期灭佛外，历任皇帝都十分信奉佛教，北周佛教在北魏佛教的基础上得到进一步的发展，当时长安为佛教中心，天水麦积山、武山水帘洞成为北周时期陇右地区石窟开凿的两个中心。麦积山石窟及邻近的水帘洞石窟群在大都督李允信、秦州刺史尉迟迥的带动下，大规模地开窟造像，其规模超出前代。麦积山北周洞窟主要集中在东崖，代表洞窟有3、9、12、22、26、27、36、39、65、67、141等，洞窟形制以帐形四角攒尖顶为主，造像题材除三佛外，流行七佛。造像特点以浑厚圆润为主，佛低平肉髻，面圆而短，身体壮实，多穿通肩袈裟，衣纹稀少，与南朝大画家张僧繇创造的"面短而艳"人物新画风一致，开始向隋唐丰满圆润的人物造型转变。武山水帘洞石窟群是北周选址新建的一处大型石窟寺，由陇右大都督、秦州刺史尉迟迥于559年创建，其所雕刻的拉梢寺大佛，为现存最大的石胎泥塑造像，通高达60多米，造像有阴刻摩崖题记，内容如下：

> 维大周明皇帝三年岁次己卯二月十四日，使持节柱国大将军、陇右大都督，秦、渭、河、鄯、凉、甘、瓜、成、武、泯、洮、邓、文、康十四州诸军事，秦州刺史、蜀国公尉迟迥与比丘释道藏于渭州仙崖敬造释迦摩尼佛一区。愿天下和平四海安乐，家国与天地久长，周祚与日月俱永。

拉梢寺如此大规模的造像，在全国现存的佛教造像中都是少有的。由于尉迟迥带头创建拉梢寺，使得水帘洞石窟群成为陇右地区又一大佛教圣地。水帘洞石窟群现存的拉梢寺、水帘洞、千佛洞、显圣池等几个单元都有北周的造像或壁画遗存。在这些壁画中保存有一些供养人及其题记，如焦氏家族、梁氏家族、姚氏、权氏、莫折氏等，他们都是当时活动在秦州一带的汉族或羌族大姓，这充分说明这一带少数民族与汉族共同信奉佛教并参与了石窟的开凿。

本书前面提到的清水天河二年（567年）《鲁恭姬造像碑》、张家川建德二年（573年）《王令猥造像碑》、秦安保定四年（564年）《王文超造像碑》、建德三年（574年）《建崇寺造像碑》等，这些有确切纪年的造像碑，反映了北周时期陇右地区佛教造像的信仰思想、各民族融合以及当时秦州地方官职制度等方面的丰富信息。尤其是其中的造像主、供养人多为当时陇右一带的氐、羌、鲜卑等少数民族，是研究该地区少数民族佛教信仰的最直接的资料，也是研究北周时期佛教雕刻艺术非常珍贵的实物资料。

隋文帝统一天下后，力图以儒学为核心，并以佛、道为辅助，实行调和三教思想的统治政策。作为佛弟子的隋文帝充分利用佛教，把佛教作为巩固统治政权的得力工具之一。据《续高僧传》卷22《灵藏传》记载，他曾对律师灵藏说："律师度人为善，弟子（隋文帝自称）禁人为恶，言虽有异，意则不殊。"为了复兴佛教，他首先下令修复已毁废的寺院塔像，允许人们出家，他在位时曾先后三次下诏，全国修建舍利塔。仁寿年间（601—604年），全国113州都修建了舍利塔，当时仅天水就修建了净念寺等三座舍利塔。第一座建于仁寿元年（601年）秦州麦积山山顶，第二座建于仁寿二年（602年）天水秦州区南郭寺，第三座建于仁寿四年（604年），现存何处尚无遗迹可寻。隋炀帝也崇信佛教，他曾于大业五年（609年）西巡，从长安出发，经扶风、陇狄道，出临津官渡过黄河到西平郡，这是一次以征服吐谷浑，打通西域为目的的巡行，往返历时半年。在文武百官、嫔妃侍从等组成的浩浩荡荡的队伍中，有众多僧尼、道士相随，沿途州县的许多大小寺院均受到炀帝的巡视与布施，同时又有僧尼讲经说法，佛事活动极为昌盛。陇右地处甘肃东南部，应是炀帝西巡之旅的必经之地，当地的许多地方受到这股西巡之风的影响，佛事活动也极为昌盛。在隋文帝、隋炀帝父子的大力倡导支持下，中国北方经北周灭法一度凋敝的佛教又重新出现了生机，并得到了新的发展。麦积山现存隋代（包括修塑造像、绘画）洞窟26个，占麦积山石窟现存洞窟总数的1/10多，主要有5、13、14、24、37、60、67等窟。

唐朝是中国佛教发展的高峰期，形成了颇具中国特色的诸宗派。佛教宗派创立最早的，是隋朝时由慧觉、智者大师创立的天台宗，此后，中国佛教派别蜂起。先是吉藏颇受唐高祖礼遇，于实际寺、定水寺等寺弘传其教义，创立三论宗；继而玄奘以慈恩寺为根基，创立法相宗；之后华严宗、律宗、贤首宗、密宗、净土宗、神宗竞相成立。他们各有自己的经典义理，得到不同统治者的尊崇和支持，尤其是华严宗的形成，与天水高僧智俨存在密不可分的关系。从唐初到"安史之乱"爆发，陇右境内寺院浮屠遍及各地，佛教各宗派广泛传播，佛教信仰和传播达到了空前规模，而其中秦州为陇右佛教的渊薮。这一时期建立的佛寺现多已坍圮，仅有少数幸存，位于天水城南的南郭寺就是幸存寺院之一。南郭寺大约建于隋唐之交，杜甫于759年流寓秦州时曾写诗赞美该寺：

山头南郭寺，水号北流泉。老树空庭得，清渠一邑传。
秋花危石底，晚景卧钟边。俯仰悲身世，溪风为飒然。①

在吐蕃统治时期，陇右境内的佛教非但没受到抑制，反而取得了较大发展，除了原有的石窟、佛寺外，还兴建了一大批新寺院，佛教几乎渗透到社会生活的每一个角落，几乎与每个人都发生着紧密的联系。

晚唐五代时期，佛教出现了明显的世俗化倾向，教团违反戒律现象非常严重。五戒十戒中都规定僧人不能饮酒，但吐蕃统治时期，僧人可饮酒的习惯也被带到了佛地，僧人除饮酒外还可以食肉，可以拥有家室，可以娶妻生子，可以从事商业经营，拥有大量田产财物。

陇右的泾川地区，历史上也是陇右地区佛教的中心，遗留了丰富的佛教文化遗产，其历史之悠久、数量之大、品位之高，无可置疑地见证了佛教文化传入中国后，在古泾州较早地落地生根的情况，也无可辩驳地证明了今日泾川在北朝时期，较早地承担了白马青牛来往于京都长安之路上第一驿站的功能和无可替代的作用，说明了历史上佛教在陇右地区的发展状况。

在魏晋南北朝隋唐时期，中国历史上有八位帝王、帝后与泾川弘布

---

① （唐）杜甫著，（清）伊兆鳌注：《杜诗详注》，中华书局1999年版，第582页。

佛教文化相关，由此可见陇右佛教文化之盛：

1. 归义侯窖藏。前凉归义侯悼公张天锡（前凉末代君主）藏金铜佛像于泾川玉都镇太阳墩（前凉376年）。

2. 宣武帝敕建嵩显禅寺。北魏宣武帝元恪于北魏永平二年（509年）敕建嵩显禅寺，后又敕赐《嵩显禅寺碑》文，碑文云："启综冀方，树基渤海，奕世冠冕，着姓神州，火降……"宣武帝为追思舅氏，诏封高氏嫡孙高猛为渤海公，高氏之子高肇为平原公，肇弟高显为澄城公，三人同日受封。高氏为感恩而报建泾州嵩显禅寺时，得到宣武帝的敕诏。

3. 灵（胡）太后与南北石窟寺。北魏灵（胡）太后与儿子孝明帝元诩，可能授意造南、北石窟，并在竣工后回故乡省亲，祭拜二石窟七佛。

4. 孝文帝与王母宫石窟。北魏孝文帝在位的太和二年（479年）造泾州王母宫石窟（千佛洞）。

5. 隋文帝敕令各州建僧尼二寺。隋文帝敕令各州建僧尼二寺，泾州水泉禅寺始建，李阿昌等遂发起镌刻造像碑。

6. 隋文帝于泾州建大兴国寺。隋文帝杨坚于仁寿年（601年）下《立舍利塔诏》，泾州等州始建首批大兴国寺，瘗葬佛祖释迦牟尼真身舍利，泾州瘗葬14粒佛祖真身舍利。

7. 武则天敕令各州建大云寺。武则天敕诏各州建大云寺，泾州改隋大兴国寺建大云寺时，发现了隋代瘗藏的佛祖舍利函，武则天遂为隋藏佛舍利函敕增金银棺椁容器，成为中国之最，是佛教舍利瘗埋上的历史性创举。

8. 唐宣宗李忱敕赐泾州嵩显禅寺，增建高公佛堂。泾州《高公佛堂碣》首句载明，唐第十六代天子，即宣宗李忱（宪宗第十三子）继武宗皇帝李炎之位登基为帝，年号大中（847年），重新恢复武宗灭佛事之后的兴佛盛事。

第三节　民间佛教组织"邑义"及其成员称谓

在本书所涉及的陇右地区的碑刻中，尤其是佛教造像碑中，涉及民间佛教团体中人员称谓的专有名词较多。包括如下："邑生""邑子"

"邑主""都邑主""邑师""邑谓""邑政（正）""都邑政（正）""香火主""佛堂主""菩萨主""都化主""灯明主""斋主""檀越主""（佛）弟子""化主""花主""都典录""都典坐""典录""香火""典坐""唯那""都维那""像主""浮屠主"等，本节对这些专有名词予以集中介绍。

要理解这些佛教团体中的专用名词，应首先大概了解中国的佛教造像碑。

一　佛教造像碑概述

中国佛教造像碑现象，是中国石碑历史上短暂却又辉煌的篇章，中国佛教造像碑表现了中国本土和外来两种视觉形式的融合，强调了发生在佛教和本土儒教、道教及民间信仰之间的激烈对话。这一艺术形式在中国历史上的特殊时刻及特殊地点出现并兴盛，有力地说明了更为宽广范围内文化、宗教和社会力量之间的相互作用。

竖立石碑是中国文化最原始的象征形式之一。在远古时期的自然崇拜和生殖崇拜中，人们立石柱或石碑以象征土地神（即社）。因为土地神具有保护领土的作用，因此竖立于公共空间的社石便成为一个社区或政权所谓集体身份的象征。东周和汉代时期就已经存在称为"社"和"邑"（也称为"社邑""邑社"和"里社"）的与社崇拜有关的宗教和社会组织，这些以社区为基础的自愿组织成为后来中国佛教团体的模式。社石和碑都是中国传统的象征物，从本土的生殖崇拜到正统的儒家学说都在其运用范围内。因此，佛教对这种象征形式的运用，标志着佛教和中国文化、其他宗教及社会多方面的成功整合。在哲学层面，由于供养人的一念真诚，他们造像立碑，为亲眷修福，为亡者求度，为众生祈求平安，以报三宝恩、国家恩、父母恩、众生恩，因此，佛教造像碑也展现了佛教文化与中国孝道思想的圆满结合。

在造像碑的参与人身份意义上，从陇右地区造像碑的捐赠人的姓名和职衔来看，这些组织既包括平民，也包括当地官员；既包括普通民众，也包括僧侣；既包括汉族，也包括陇右地区各少数民族。参与这些团体的成员十分广泛，有些和贵族共同造像，这在政治和社会上有很重要的意义，它不仅证明统治者在社会和民族融合方面工作卓有成效，而且也证明统治者在战略上得到各团体的认可和尊重。在七世纪、八世纪，我们发现了以行业为基础的跨区域团体的形成，如泥瓦匠行业或织工行业。我们在唐代也发现了同性团体，比如妇女信仰团体。① 就社团性质而言，这些世俗信仰团体可以和意大利文艺复兴时期的协会或帮会（confraternity）相媲美。

在造像碑的功能意义上，能直接说明佛教造像碑使用情况的材料虽然缺乏，但是造像铭文还能提供这些碑的性质及其建造意图的信息。佛教造像碑都是纪念性的。由个人或家族捐赠的石碑经常用来纪念死去的亲人；由邑义信仰团体出资制作的造像碑则主要用于纪念团体的共同信仰，祈祷对象一般是皇帝、亡者、现世亲眷、子孙后代乃至一切有情（佛教用语，指具有生命的一切众生。显然是大乘佛教的教义），向他们表达美好的祝愿。此外，通过造像这一修功德的行为，捐赠者还能够为死者追福，确保他们死后安宁，如《王令猥碑》属于这一类。

在造像碑集体建造者的组织架构上，通过造像碑的安放地点、标题、身份的象征物和其他种类的标志，供养人用细节说明了这些宗教团体的组织及其架构（民间佛教组织"邑义"也像社一样有组织机构）。成员的职衔显示了团体内的组织和层级。世俗成员最普遍的职务是（都）邑主、邑政（正）和维那，称谓前加"都"，显示较高的等级，他们应该是很多邑义合起来从事法事活动，而产生的比邑主、维那更高一层的管理者。可见邑义首领的设置和称呼的变化，同邑义的规模有很大的关系。在一些规模更大、或级别更高的佛事活动中，邑义组织的职衔也会加上更能显示权威的修饰词语，比如北齐河清二年的《阳阿故县造像记》② 中，就有"大都邑主""大都维那"这样的称号。这次造像活动由"阳阿故县村合邑长幼"共同参与，并且其中有"长流将军""太学博士""郡中正""广阳令""高平令""韦城令""军主史""胡□县令""高都太守""功曹"等这些官员的妻子参加。从残存的碑文统计，造像20尊以上，

---

① 梁丰：《从房山"石经题记"看唐代的邑社组织》，载《中国历史博物馆馆刊》1987年第10期，第67—76页。

② 《阳阿故县造像记》，载《山右石刻丛编》卷三，见国家图书馆善本金石组编《先秦秦汉魏晋南北朝石刻文献全编》第一册，北京图书馆出版社2003年版，第203—205页。

这样的规模和级别，在"都维那"等之前加上"大"字，以表明其身份不同一般。① 这些佛教团体的组织模仿中国的社或社邑，反映了当地的社会组织和官僚机构的状况。这些团体中寺庙成员的代表和监督角色也反映了具有组织性的宗教机构和世俗信仰者之间的密切关系。僧官在这些世俗团体中的地位，说明了在中央行政管理下，佛教寺庙作为国家机构所具有的深远影响。

重要的供养人在造像活动中被给予荣誉地位，他们的头衔也表明了和造像碑有关的活动类别。个别佛像的供养人，从造碑阳龛的主像（当阳像主）到造辅像，都被详细记录了下来。主要造像群表示的捐赠人通常是团体中地位较显赫的成员，其中既有文职又有武职。公元六世纪，北方持续战争，佛教供养人中存在很多武官，特别是在边陲地区，诸如关陇等地。即使文职官员也经常有荣誉的武职职衔，证明了社会军事化的特征。除显赫的供养人之外，还有团体造像人的参与，包括普通女信众或比丘尼。

佛教造像碑在中国北方广阔的地理区域传播，其广度证明了当佛教机构被赋予行政和官僚政治的权力、并由国家扶持推动时，就能够迅速渗透进入社会各阶层。造像碑上有关邑义团体的记载几乎是我们所能知道有关这些基层宗教、社会组织的唯一记录，其组织内部的行政结构与等级和当地社会的结构一样。官府任命当地寺院的佛教僧侣充当这些团体的精神领袖。本质上这些佛教团体取代了佛教传入之前和社崇拜相关的"社"和"邑"，它们通常由同一宗族成员组成，发起多种活动，包括照顾当地社区和乡村的福利等。佛教因而能整合中国社会最根本的单位——即部落或村庄，这为我们了解佛教迅速传播到基层社会的原因和方式提供了答案。佛教造像碑在中国北部的广泛流行，也使人们关注在同一时期这一艺术形式未能在其他佛教中心出现的原因，最显著的是南朝都城南京和孔子的出生地山东（河北是另一个主要的佛教艺术中心，

---

① 其实这样标以"大"的职衔还有一些，如"大都宫主""大仙□主""大都邑中正""大都邑主"等，对于这些职衔的变化，由于资料的有限性和民间组织的随意性，我们无法很细微地区分它们之间的职能差别。也可能这样的称号同世俗的好大心理有关。以上职衔可参见《北齐道民大都宫主马寄造像幢》，参见冯吾现《四件北朝造像碑介绍》，载《中原文物》1994年第2期，第17页。

直至六世纪后半叶才开始出现佛教造像碑)。尽管山东接受佛教信仰相对较晚,大约在五世纪后半叶,但是南京从四世纪开始就已经成为重要的佛教中心。在南京和山东,佛教造像都有雕刻,传统石碑也继续使用,但是石碑仅仅忠实地遵循传统的汉式用途,即用于记载丧葬和纪念性质的铭文,融合佛教图像性质的石碑从未出现。由于这两处都是汉文化传统的据点,我们只能推测,佛教造像碑这种复合艺术形式的缺乏是文化因素所导致的。在这种情况下,两种传统的交汇产生了另外的结果,这种结果预示着佛教造像碑传统在中国六世纪以后的消亡。

隋唐统一以后,佛教造像碑不再是一种重要的艺术形式。尽管还有少数大型佛教造像碑的制作,但是大部分都是由个人捐赠的小型造像碑。[①] 还有其他有着佛教内容的石碑,就形式而言它们倒退到佛教传入之前的模式,即强调文字而非图像。佛教石碑这一形式特征的转变说明了此时佛教已完全融入中国的社会和习俗中。[②]

二 建造佛教造像碑的民间佛教团体"邑"或"邑义"

佛教造像碑的起源可以追溯至五世纪最后二十年,当时出现了两个现象:一是佛教信仰团体的出现;二是中国石碑首次适用于佛教目的。这两个现象可在北魏两个主要的佛教石窟找到证明,分别为大同(北魏第一个都城,386—494年)云冈和洛阳(北魏第二个都城,495—534年)龙门。佛教信仰团体根据中国本土的"社"组织而形成,他们使用碑碣来记录宗教信仰。在公元六世纪,这些佛教团体开始赞助佛教造像碑,使其在中国北方尤其是在北魏直接统治的地区广泛使用,所以我们有把握说佛教造像碑的产生和繁衍都是北魏时期的遗产。

北魏由鲜卑拓跋部建立,公元439年统一中国北方,创建了当时最强大的游牧帝国之一,并维持统治前后百余年。北魏的文化和宗教政策有

---

① 有一例外是一方涅槃像碑,参见索珀《一方唐代涅槃主题造像碑》,Alexander C. Soper, "A T'ang Parinirvana Stele",载 Artibus Asiae 22, nos. 1/2 (1959),第159—169页。

② 王静芬:《中国石碑——一种象征形式在佛教传入之前与之后的运用》,商务印书馆2011年版,第274—280页。

利于当时社会和文化的发展,使得佛教传统能够在国内各民族之间深入交流。历经几个世纪的战争后,国家政策和官僚政治促进了农村经济的恢复,国家对佛教的大力支持使其迅速渗透到北方乡村,在这一过程中,本土的社会和宗教习俗得到新生,在新的宗教信仰的影响下,在家佛教徒模仿佛教传入前的"邑社"或"里社",并开始盛行一种一族一村的自愿性质的宗教组织,即一种地缘性的民间自发组织,称为"邑"或"邑义"。

佛教团体"邑"或"邑义"存在的最早记录在云冈被发现,之后在龙门也发现同样的记录,时代在五世纪最后二十年内。其后不久,这种自愿的团体迅速遍及北方,它们从部落、乡村和城镇中吸收成员,其中许多都是以氏族为基础的部落。世俗成员参加这些组织后,通过捐助的方式来参加宗教活动。它们捐赠佛像,竖立石碑,修建庙宇,资助宗教节日和典礼活动。这些团体的人数从十几个到几百个甚至更多,团体的内部结构类似当地的宗教和社会组织。使得当地寺院的僧尼也加入这些团体,充当精神领袖。我们可以从铭文中获知这些自愿性团体的存在,而这些铭文主要刊刻在佛教造像碑上。因而碑铭为我们了解普通民众的宗教组织提供了第一手材料。这些组织后来逐渐发展,还兼及修建窟院、举行斋会、写字诵经等事,甚至一些公益事业也参与其中。

这些邑义组织的首脑称邑主、邑长、法义主等,成员称邑子、邑义、邑徒等,僧尼称邑师。在少则数人多则数百人的参与建造造像碑的活动中,有些是因共同信仰而走到一起,如现存药王山的北魏太和二十年(496年)《姚伯多造像碑》即为全国现存最早的道教造像碑,但更多的是共同生活地域(邑)的人们,忽略了信佛崇道的宗教信仰分歧,无视上层社会经常发生的激烈的"佛道之争",在祈福致祥的共同愿望下,共同刊刻一碑。这就是在今天关中中部的咸阳、泾阳、临潼、户县,渭北的耀县、黄陵、宜君、长武、洛川,关中东部的华州一带及陇右地区北朝(延及隋唐)造像碑遗存甚多的历史原因。

对于七世纪之前的乡村"邑义",刘淑芬先生认为:"乡村居民因信仰佛教而组织一种叫作邑义或法义的宗教信仰团体,以便共同修习佛教的仪式或从事与佛教有关的社会活动。"① 在当时的村落中，有很多邑义组织的存在，不同的邑义可以单独从事佛事活动，也可以联合起来。如《北魏薛凤归造像碑》，造像记背后另有四行题记：

> 维大隋仁寿二年岁次壬戌四月午申八日乙卯，三交村合村诸邑等，为此旧像，有邑子已上空位未题名之处，共向屡化，唱发敬造佛堂一行，敬为皇帝陛下七世所生父母、存亡眷属，俱登□□。

"此处既然说'合村诸邑'，那就说明在三交村有很多不同的邑义组织，因而这次造佛堂的举动，显然是全村的各类邑义联合起来的，那么所造的佛堂显然也是公用的。"②

邑义除了主要从事宗教活动外，还发挥了其作为社会团体机构的公益活动的组织者的作用——进行建义桥、掘义井等工作。③ 出土于河北正定的东魏兴和四年（542年）《李氏合邑造□像碑颂文》④：

> 于村中造寺一区，僧房四周讲堂已就，宝塔凌云……复于村南二里大河北，万路交过，水陆俱要，沧繁之宾攸攸，伊洛之客亦届。经春温之苦渴，涉夏暑之炎奥，愍慈行流，故于路旁造石井一口，种树两十根，以息渴乏。

这个由李氏家族组成的邑义在修建村庙、造像的同时，也在水陆两道交会的要道旁挖掘水井，并植树供来往行人饮水、纳凉。与此类似的

---

① 刘淑芬：《五至六世纪华北乡村的佛教信仰》，载《"中研院"历史语言研究所集刊》，第63本第3分册，1993年。又见林富士主编《礼俗与宗教》，中国大百科全书出版社2005年版，第236页。

② 尚永琪：《3—6世纪的佛教邑义与北方村落及地方政权之关系》，吉林大学古籍研究所编著：《"1—6世纪中国北方边疆·民族·社会国际学术研讨会"论文集》，科学出版社2008年版，第353—354页。

③ 相关论述，可参见张总《义桥、义井、邑义——造像碑铭中所见到的建义桥、掘义井之佛事善举》，载《世界宗教文化》1997年第4期，第32—35页。

④ 北京图书馆金石组编：《北京图书馆藏中国历代石刻拓本汇编（六）》，中州古籍出版社1989年版，图90。

还有东魏武定八年（550年）《廉富等造义井颂》：

> 率我乡邦三十人等造义井……劝率邑仪，如父存焉。①

在此类公益性建设活动中，邑义及相关的佛教组织发挥了比较重要的作用，所以可以说邑义不但组织乡村佛教信徒进行广泛的佛事活动，而且在乡村也发挥了其进行公益建设和组织的作用。

类似的佛教团体在印度并没有出现，因此邑义完全是在中国发展出来的独特现象。大村西崖认为邑义的出现和昙曜的僧祇户及佛图户制度有关。② 山崎宏（Yamazaki Hiroshi）则提出异议，指出这两种制度是出于不同的原因而建立。总之，"邑义"这些佛教信仰团体，无论在名称、组织还是成员资格上，是以佛教传入中国前就已存在的社、邑社或里社这些组织为模型的。尽管昙曜的僧祇户和佛图户制度可能并不是佛教信仰团体产生的直接来源，但是北魏把佛教作为国家制度，以汉族模式进行管理，农业的逐渐恢复，乡村里宗教的传播，都是这些以地方为基础的普通民众的宗教组织兴起的先决条件。正如谢和耐（Jacques Gernet）所言，接受佛教信仰并非一定与当地习俗和传统相冲突，相反，受佛教激发而再度高涨的宗教热情很可能复兴已经衰微的宗教习俗。③ 一旦这样的组织在乡村有适当的位置，中国石碑适用的场所就产生了。对石碑而言，如古代的社石一样，是团体在区域领土、宗教、社会和文化身份的象征。④

三 陇右碑刻中的佛教民间团体中职衔专有名词

前贤王昶《金石萃编》卷三九《王女晖等造像记》条所附《北朝造

---

① 北京图书馆金石组编：《北京图书馆藏中国历代石刻拓本汇编（六）》，中州古籍出版社1989年版，图166、167。

② 参见大村西崖：《支那美术史：雕塑编》（Omura Seigai, Shina bijutsushi: chōsohen），佛书刊行会图像部1915年版，第179—180页。

③ 山崎宏：《支那中世佛教的展开》（Yamazaki Hiroshi, Shina chūsei bukkyōū no tenkai）东京：清水书店1942年版，第765—831页。

④ 王静芬：《中国石碑——一种象征形式在佛教传入之前与之后的运用》，商务印书馆2011年版，第93—94页。

像诸碑总论》是有关造像碑的重要文献，对我们了解造像碑中诸多专有名词是很有帮助的。笔者现列其全文如下：

按造像立碑始于北魏，迄于唐之中叶。大抵所造者释伽、弥陀、弥勒及观音势至为多。或刻山崖，或刻碑石，或造石窟，或造佛龛（或作龛，或作碴），或造浮图。其初不过刻石，其后或施以金涂彩绘。其形模之大小广狭，制作之精粗不等。造像或称一区（或作区或作躯），或称一堪，其后乃称一铺。造像必有记（记后或有铭颂），记后题名。昶所得拓本，计自北魏至隋约百余种，则其余之散轶寺庙塔院者当不可胜纪也。尝推其故，盖自典午之初，中原板荡，继分十六国，沿及南北朝魏齐周隋，以迄唐初，稍见平定。旋经天宝安史之乱，干戈扰攘。民生其间，荡析离居，迄无宁宇，几有尚寐？无讹不如无生之叹。而释氏以往生西方极乐净土，上升兜率天官之说诱之，故愚夫愚妇相率造像，以冀佛佑。百余年来，浸威风俗。释氏谓弥陀为西方教主，观音势至又能率念佛人归于净土，而释伽先说此经，弥勒则当来次补佛处。故造像率不外此。综观造像诸记，其祈祷之词上及国家，下及父子，以至来生，愿望甚除赊。其余鄙俚不经，为吾儒所必斥。然其幸生畏死，伤离乱而想太平，迫于不得已而不暇计其妄诞者。仁人君子阅此，所当恻然念之，不应遽为斥詈也。考造像之人官职姓氏地名有资考证者，悉已分疏本条，其称谓之无关典实而散见各碑者，今更汇录于此。凡造像人自称曰佛弟子、正信佛弟子、清信士、清信女、优婆塞、优婆夷，凡出资造像者曰像主、副像主、东西南北四面像主、发心主、都开光明主、光明主、天官主、南面北面上堪中堪像主、檀越主、大像主、释伽像主、开明像主、弥勒像主、弥勒开明主、观世音像主、无量佛主、都大檀越、都像主、像斋主、左右箱斋主，造塔者曰塔主，造钟者曰钟主，造浮图者曰东面西面南面浮图主，造灯者曰登主（同灯）、登明主、世石主（未详），劝化者曰化主、教化主、卒西南北面化主、左右箱化主、都化主、大都化主、大化主、都录主、坐主、高坐主，邑中助缘者曰邑主、大都邑主、都邑主、东西面邑主、邑子、邑师、邑正、左右箱邑正、邑老、邑胃（疑同胥）、邑谓（疑同谞，亦同胥)、邑渭（疑同谓，亦即胥）、邑政（疑同正）、邑义、邑日（未详）、都邑忠正、邑中正、邑长、乡正、邑平正、乡党、治律（并未详），其寺职之称曰和上、比邱、比邱尼、都维那、维那、典录、典坐、香火、沙弥、门师、都邑维那、邑维那行维那、左右厢维那、左右厢香火。其名目之繁如此，撮其大凡以广异闻。而造像题记之梗槩备于此矣。入唐以后，不复赘论云。

下面对上述在陇右碑刻中发现的佛教团体中的专有名词予以说明。

（一）（都）维那

维那二字，系梵汉兼举之词。维，纲维，统理之义；那，为梵语 karma-da^na（音译羯磨陀那）之略译，意译授事，即以诸杂事指授于人。（都）维那，旧称悦众、寺护。为寺中统理僧众杂事之职僧。据《十诵律》卷三十四载，昔时佛陀于舍卫国，为使僧众中杂事皆有序，因令设维那。

我国僧官制中设维那，始于姚秦时中央僧官制中所设悦众。北魏亦设僧官以统理全国有关佛教之诸般事物，于中央设昭玄曹，以沙门统为最高僧官，维那为副官；在地方设僧曹，以僧统为长官，维那为副官。"维那在佛教寺院的内部管理中扮演着重要角色。"① 维那是官员，作为国家中央控制的佛教机构的代表，可由在家佛教徒或僧侣担当。如《豆卢子等结社造释迦像（北周立佛像）》中有"南面唯那骠骑将军都督地连昌""东面唯那吐难庆安""都唯那都督启宁县平州刺史贾延"等，《禄文造像碑》中有"维那屯道仁""维那苟驎櫚"等。

"维那原为寺院三纲之一，即上座、寺主、维那，宋元以后寺院所设维那主管僧众威仪，进退纲纪，实际上是寺院的监察官。维那的职权比僧值要大一些，所辖范围也比僧值要宽泛许多。"② 《敕修百丈清规》卷四说，维那的职权是"纲维众僧，曲尽调摄。堂僧挂搭，辨度牒真伪。众有争竞遗失，为辨析和会。戒腊资次，床历图帐，凡僧事内外，无不掌之"。若遇法会由维那点到并维持秩序。两序出班上香时，维那要独趋

---

① ［法］谢和耐：《中国五至十世纪的寺院经济》，上海古籍出版社 2004 年版，第 327 页。
② http：//www.foyuan.net/article-730486-1.html.

炉前揖请住持上香。旧执事卸任或新执事上任举行法会时，由维那唱称礼赞。有的大寺同时也设悦众一至数员，作为维那的助手。若维那休假、缺员，悦众可代行其职。

（二）"（都）邑主""邑子""邑生""（佛）弟子""（都）邑政（正）""邑师""邑谓"

（都）邑主通常是俗人，是邑义团体的首领，可能是佛事活动的发起者，也可能是寺院的信仰弟子中比较有威望的或比较有财富的人，有的还是地方官员，其职责主要是领导由在家佛教徒组成的团体。如《大代持节幽州刺史山公寺碑》中有"邑主郭猛略""邑主别将封运"，《李阿昌造像碑》中有"都邑主宁远将军右员外常侍鸰觚令李显""都邑主前邑阳郡守李阿昌"，《豆卢子等结社造释迦像（北周立佛像）》中有"南面邑主建中将军诚紫别将郭永""东面邑主都督豆卢子光"等。

普通成员则被称为"邑子""邑生"或"（佛）弟子"，如《大代持节幽州刺史山公寺碑》中有"邑生董阿先""邑生范娘晕"等，《大统二年权氏石造像塔》中有"邑子权显恭""邑子权保多"等，《李阿昌造像碑》中有"邑生长安县人刘小洛""邑生辅国将军前河东郡守梁令伯"等，《禄文造像碑》中有"邑生比丘文欢""邑生侯寄生"等，《豆卢子等结社造释迦像（北周立佛像）》中有"邑生范阿斤姊""邑生乐永兴""邑生弥姐者总"等。有时团体内的年长者被尊称为"邑老"，这可能与传统的"三老"的称呼有些关系，在陇右造像碑中未发现"邑老"的职衔，而在其他地区造像碑中有此职衔，如出土于河南孟津县的《北魏常岳造像碑》中，邑老有两位，其中一位邑老杨崇的政治身份是"定陵太守"[1]，这表明，邑老应该是由邑义中具有相当尊崇地位的人来担任。

（都）邑政（正）这个称谓可能来自魏晋南北朝九品官人法中的中正官之名，现存文献中只有梁武帝《断杀绝宗庙牺牲诏（并表请）》中提到上定林寺沙门僧佑和"龙华邑正柏超度"[2] 请求梁武帝下诏控制打猎捕鱼

---

[1]《北魏常岳造像碑》，参见冯吾现《四件北朝造像碑介绍》，载《中原文物》1994年第2期，第18页。

[2] 梁武帝：《断杀绝宗庙牺牲诏（并表请）》，见《广弘明集·慈济篇》之《序卷》第26，载《大正新修大藏经》第52册《史转部》4。

行为的上书，但是对于邑正在邑义中具体职掌和角色是什么，就不太清楚。此外，在一些造像碑中，还有"中正"这样的职衔，可能也就是邑政（正）。如《李阿昌造像碑》中有"都邑正白李香"，《豆卢子等结社造释迦像（北周立佛像）》中有"南面邑政吐谷浑阿□""东面邑政黄（皇）甫罗妃""西面邑正纥奚康和"等。

"邑师"是指担当邑义法事活动的当地寺院中的僧人，如《李阿昌造像碑》中有"邑师比丘僧钦""邑师比丘道珍"，《豆卢子等结社造释迦像（北周立佛像）》中有"邑师比丘僧静""邑师比丘显和"等，从题名可以看出，邑师是由僧侣担当的。但在《豆卢子等结社造释迦像（北周立佛像）》有一个题名很特别，就是"邑师岳法显"，题名并没有显示其为僧侣。在同一造像碑中，同样的职衔"邑师"，有的题名前冠以"比丘"，有的却没有，这是不是意味着"邑师"的职衔也可以由非僧侣人士承担，这一点还需更多的材料予以证明。

"邑谓"是何意，是何职能，由何人担任，尚不可知。在关中羌人村邑造像记中就有"侍者""邑谓""弹官""平望""录事""侍子"这些职衔①，在本书涉及的造像碑中，该称呼多次出现，如《豆卢子等结社造释迦像（北周立佛像）》中有"南面邑谓孙庆遵""东面邑谓阿六丸伏姬""西面邑谓白庆妃""北面邑谓呼延永兴"等。

（三）"像主""斋主""香火""香火主""（都）化（花）主""（都）典坐""佛堂主""菩萨主""灯明主""檀越主""浮屠主""都典录""典录"等

在造像题名中，除邑子、清信这些一般成员外，邑义组织中的有职衔的人分为两大类，一类是邑义本身的管理者，上面所涉及的如（都）邑主、（都）维那、（都）邑政（正）、邑师等这些职衔名称就属于此类；还有一类本身并不是邑义组织的组织者或管理者，而是在某次造像活动中的某个方面的主要作为者，比如"像主"就是造像的主要施主，"斋主"就是提供素斋筵席的主要成员，"香火""香火主"就是负责提供香

---

① 参见《雷树等五十人造像铭》《邑主隽蒙□娥合邑子卅一人等造像记》，载马长寿先生《碑铭所见前秦至隋初的关中部族》之附录一《关中北魏北周隋末未著录的羌村十种造像碑铭》，中华书局1985年版，第90—92页。

火的成员，"化（花）主""都化主"是劝化别人者，其他造像碑中还有"开明主"，就是负责佛像开光（如眼睛）仪式的施主。他们之所以有这样的权力和称号，同他们在某次造像活动中的具体行为有关，而同邑义本身的组织体系没有什么关系。这些成员通过自己所承担的职责或进行的仪式，将普通人之手所造的雕像转变为具有神圣力量的灵像。

"（都）典坐"原来是典坐床的意思，掌理僧众礼拜的九件事情：床坐、房舍、衣物、香花、瓜果、饮水的次序，其实也就是管理一些跟法事有关的杂事。[①] 因而，佛典有"调和众僧故有维那，供养众僧故有典坐"（《敕修百丈清规》卷第六《龟镜文》，《大正新修大藏经》第48卷《诸宗部》5），可见典坐主要是管理僧寺后勤的。

"佛堂主""菩萨主""灯明主""浮屠主"，这些称谓是指在某次造像活动中，施主主要是针对某一造像题材出资，其称谓也对应相应的造像题材。"檀越主"，檀越就是施主的意思。"都典录""典录"在邑义组织中扮演何种角色，或在某次造像活动中具体负责什么工作则不得而知。

四 "邑义"所体现的民族融合与社会整合作用

对于邑义发挥民族融合和社会整合作用的微观结构，我们可以从以下几方面进行理解。

邑义的组成与角色分配，至少考虑了三个方面的调和：本村落或不同村落中不同家族势力之间的调和；捐钱捐物数目不同者之间的调和；对乡村中实力人物与一般邑子等成员差别的调和。因本书碑刻资料有限，无法对陇右地区邑子内部结构进行这三方面的分析，下面仅就碑刻所反映的邑义组织内职衔拥有者的民族属性和社会身份，来简单谈谈邑义所体现的民族融合与社会整合作用。

造像碑兴盛的北朝时期，在北方地区，由于当时的社会政治原因，家族或宗族救助体系所发挥的社会调节作用和救助功能相当有限，正因为有这种社会状况的存在，在村这样的地缘聚落中，就迫切需要一个能突破血缘社会圈层和政治等级制拘束的社会组织，在民族杂居的陇右地

---

① 这个说法，请参见刘淑芬先生《五至六世纪华北乡村的佛教信仰》，载林富士主编《礼俗与宗教》，中国大百科全书出版社2005年版，第238页。

区，不可避免地还需要突破民族界限，来改变北方由于战乱、政权更迭和多民族杂居而带来的社会结构的混乱状态。

在这种需求下，邑义这种社群组织很快地在制度层面和生活空间上进入了传统的乡村社群体系，并在文化观念和价值伦理体系方面迅速和传统的观念融合在一起，在陇右这样多民族杂居的地区，该组织为实现民族的融合起到了积极的作用。这种结果的产生，究其原因，主要有以下两个方面：一是邑义关注的是乡村百姓最基本的生老病死，是从精神、物质和社会救助等方面切切实实给了个体生命一个曾经存在、现在存在和未来存在的保障和期望。我们从搜集的造像碑上可以看到和感觉到，芸芸众生的期望是对死者的祝愿，对生者的祈祷，对家族和睦的期盼，对儿女的牵挂，对父母的报答，对自己家人去世后灵魂归宿的盼望等。二是邑义在组织结构上借用了僧官制度和国家政治体制中的某些管理体系，但是在成员的选择和成员待遇上，却坚持了众生平等的原则。诚如《豆卢子等结社造释迦像（北周立佛像）》所说"共同尊心，为法界众生广发洪愿"，由于邑义活动的目的主要就是"祈福"，所以坚持众生平等就是应有之义了。从本书所搜集的陇右造像碑题名中可以发现，作为深入民间的寺院外围组织，其成员在社会阶级上，包括官员、僧人和下层民众，在民族成分上，几乎包括了当时北方的主要民族，他们在邑义组织内的地位，并没有随着传统的等级制度而分配相应的位置，也并没有因自己的民族不同而有差别待遇。邑义组织在专制的等级社会里，在一定程度上模糊了参与者的政治身份、法律身份和民族身份，仅仅根据其在邑义组织的活动中所做的贡献和所承担的职责，赋予了成员"邑子""邑主""维那""佛弟子""斋主""开光主"等称呼。对于那些有政治地位官员，也仅在"邑子""邑主""维那"等名称下再加上官职称谓，而不是相反。如《李阿昌造像碑》中有"都邑主宁远将军右员外常侍鹑觚令李显""邑生辅国将军前河东郡守梁令伯"等。在造像碑题名的刊刻位置上，平民百姓与贵族高官也没有什么等级差别。对于那些捐钱物多的邑义成员，也只是给予"像主""香火""斋主"等名称，这些名称只是表明这些成员在此次造像活动中所担当的角色，是自己在积累功德，而并不是等级制身份的符号。可以说，邑义组织给了底层人民一种代价低廉的尊严。

所以，在当时的历史背景下，邑义组织的最大作用就是将不同姓氏、不同宗族、不同文化背景、不同民族的北方人组织在目的一致的民间团体中，通过造像、写经、斋集、诵经、修建佛堂、修桥掘井等共同活动，将这些有差别的人，不断从传统意义的各种规范制约中解放出来，进而创造出一种有异于传统意义的小范围的全民规范，从而为北方各民族关系的调适、民族之间的融合起到了积极作用，最终为北方社会成为一个民族共同体的社会构建了基础性根基。在这个意义上，邑义组织在3世纪到6世纪这个民族大融合时代，起到了整合北方社会的黏合剂作用。也可以说，邑义组织是我们理解在汉唐文明过渡过程中社会结构转型和唐代辉煌的最基本的社会结构基因。

本书搜集的陇右地区的北朝造像碑，都有少数民族参与，所以在这些碑刻的题名中，不仅可以看到在一个村中往往会有很多不同的姓氏，其中有些是大姓，有些是小姓，也能看到承担不同社会职务的人物的平等参与，更能看到邑义内部的各民族成员之间毫无民族隔阂的融洽关系和平等地位。

下面以《豆卢子等结社造释迦像（北周立佛像）》为例予以说明。

该造像碑是一通典型的结社造像，四面题名共有158人，其中南面30人，西面49人，北面52人，东面27人。结社所列人物头衔有斋主、典录、化主、唯那、都香火、都唯那、都邑政、邑主、都化主、都邑谓、师都督、都像主、大都督、都邑主、邑师、佛堂主、都典、邑生、典坐，成员中邑生人数最多。各面大体相同，四面各设斋主。

该造像结社民族成分十分复杂，属于同邑异族异姓人造像的类型。从姓氏上基本可断为汉族姓氏者计有87人，约占全部题名人数的54%，北方少数民族姓氏者至少有65人，约占总题名人数的41%。此外，还有一些姓名难以断定属何族，计有5人，如：毛奴子、六（陆）道女、段阿亥女、范阿斤姊、比阿朱等，从名字判断应该是属于少数民族。

在这通同邑异族异姓人造像碑的题名中，我们可以发现，不同民族的人在此次造像活动中所扮演的角色毫无民族规律可循，承担不同社会职务的人在该造像活动中所扮演的角色也无明显受社会职务影响的规律可循，因此我们可以推断，在邑义这一民间自发的宗教组织中，各成员之间是"众生平等"的，不受阶级、民族、财富多寡、世俗社会地位的固有影响，而只是根据其在本次活动中的贡献来确定其称谓或职衔。

在题名中，除了普通的"邑生"之外，承担某方面主要职责的，不同民族成员均有担任，如"南面化主轻车将军别将宇文元达""都化主牛文龙"；"南面唯那骠骑将军都督地连昌""东面唯那吐难庆安""都唯那都督启宁县平州刺史贾延"；"都香火主车骑将军师都督纥奚慎""东面香火主徐贵安""东面邑谓阿六丸伏姬""西面邑谓白庆妃""都邑谓也丘目归"；"西面邑正纥奚康和""东面邑政黄（皇）甫罗妃"等，从这些职衔中可以看出，在此次造像活动中，丝毫没有因民族身份而表现出差别对待。同时，在这些称谓中，我们也可以发现，社会地位的高低也并没有决定其在此次造像活动中地位的高低，如"南面化主"是"轻车将军别将宇文元达"，而"都化主"却是无社会职务的普通民众"牛文龙"；"南面维那"是"骠骑将军都督地连昌"，"东面唯那"却是普通民众"吐难庆安"，而"都唯那"是"都督启宁县平州刺史贾延"；"都香火主"是少数民族成员"纥奚慎"，而"东面香火主"是汉人"徐贵安"，等等。这些毫无民族或阶级差别的邑义成员的"众生平等"，在该组织普通成员"邑生"中体现的更为明显。如"邑生刘法姬""邑生弥姐者总""邑生侯莫陈阿显""邑生开府司马荔非穆""邑生吐谷浑天山""邑生骠骑将军都督赵和""邑生建中将军统军贾洪遵""邑生宁远将军平兴县开国子曹□"等，从邑生的题名中，我们可以清晰看到，上至将军、都督，下至普通百姓，各民族成员在此次造像活动中，都有可能成为普通的"邑生"，可见"邑义"这一组织，在实现民族融合和社会整合方面发挥了重要作用，同时也使佛教获得了稳定的社会基础。

第 五 章

陇右少数民族碑铭的价值

第一节 文献价值

一 碑铭的文献价值

"就中国书写文献的发展而言,汉代是纸简替代的时代,宋代是印刷繁盛的时代。处于其间的魏晋南北朝至隋唐五代的中古时期,石刻就成为最值得重视的一个文献类别。"[1] 碑铭是考古断代最具说服力的实物器证,也是研究古代社会的政治、经济、军事、文学、书法艺术乃至民风民俗的重要文献资料。正所谓"陵谷恐变,非石莫保其坚;传记后来,非文莫以旌其德"[2]。

碑铭之所以具有如此重要的文献价值,是因为碑铭强调内容的写实性。写实性包括两个方面,一是记事,二是强调真实的记事。

拿墓志来说,墓志的主要内容和功能是以石质作为书写材料叙其谱系,记其生卒,述其行事,标埋葬时间地点,以求永远铭记,虽陵谷迁变,而不至磨灭,墓志"记事"的文体功能决定了墓志具有写实性创作风貌的本色特点。《文心雕龙·诔碑篇》载:"(碑者)埤也。上古帝皇,纪号封禅,树石埤岳,故曰碑也。周穆纪迹于弇山之石,亦古碑之意也。"相传周穆王曾在弇山上刻石记其行踪,这是"碑"最早的含义,因此,墓志作为碑刻文献,亦具有记录墓主生前行迹的记事文体功能。明

---

[1] 胡可先:《新出墓志:中古文学研究的重要载体》,《光明日报》2016年4月7日16版。
[2] 郑炳林:《敦煌碑铭赞辑释》(敦煌遗书 P3556),甘肃教育出版社1992年版,第401页。

代吴讷《文章辨体序说·墓志》云:"(墓志)则直述世系、岁月、名字、爵里,用防陵谷迁改。"即明言墓志的记事功能。墓志本身亦有用文字体现其记事意图的目的,如《高岑墓志》曰:"犹恐人代不恒,桑田变海,刻记贞石,篆于墓门。"由此可知墓志的一个重要创作意图是永久地镌刻铭记墓主的一生。

墓志文体不仅有"记事"功能,还强调记述的写实性,即在记叙事迹时要真实可靠,反映现实,不能肆意捏造事实。明代王行《墓铭举例》载:"凡墓志铭书法有例,其大要十有三事焉。曰讳,曰字,曰姓氏,曰乡邑,曰族出,曰行治,曰履历,曰卒日,曰寿年,曰妻,曰子,曰葬日,曰葬地……其他虽序次或有先后,要不越此十余事而已。此正例也。"可看出墓志属于一种纪实性实用文体,且以记录墓主生平事迹与家庭状况为主。魏曹丕《典论·论文》曰:"铭诔尚实",即言记述死者经历和功德的文章要真实可信。墓志虽时有溢美之词,但正如宋赵明诚《金石录序》所言:"若夫岁月、地理、官爵、世次、以金石考之,其牴牾十常三四。盖史牒出于后人之手,不能无失,而刻词当时所立,可信不疑。"墓志所记载的姓名、生卒、仕宦、地理等信息应是无误的。

但是,墓志又有其自己的特点,真实的"记事",并不意味着记所有的事,而是只记"善"事,不记"恶"事。《礼记·祭统》云:"夫鼎有铭,铭者,自名也。自名,以称扬其先祖之美,而明著之后世者也。为先祖者,莫不有美焉,莫不有恶焉,铭之义,称美而不称恶。此孝子孝孙之心也。"曾巩《寄欧阳舍人书》亦云:"夫铭志之著于世,义近于史,而亦有与史异者。盖史之于善恶无所不书,而铭者,盖古之人有功德材行志义之美者,惧后世之不知,则必铭而见之,或纳于庙,或存于墓,一也。苟其人之恶,则于铭乎何有?此其所以与史异也。"

虽然后来随着文人的墓志撰写的介入,有"谀墓"之嫌,但是,基本的史实是比较可靠的,只是有过誉的味道而已。

因此,墓志可以说是地下档案,它一旦出土,就从地下档案变成了地上的活档案。其价值历来为考古界、历史界和学术界所重视和研究。简而言之,其文献价值主要表现在:第一,补阙史书。墓志对于历史事实能较翔实地记载和反映,有些史实在史料中没有记载,成为研究的障碍,一旦有墓志记述墓主的经历,该史实会被揭开历史的面纱,呈现在今人的眼前，为补阙史书提供了的宝贵资料。墓志中对墓主人的葬地的记载，也是研究历史、地理的宝贵资料。墓主人的官爵记载，成为研究职官、政治、军事的参考资料。墓主人的家族谱系，成为补充史料记载、研究家族历史的重要资料等不一而足。第二，墓志文是研究辞学和文学的宝贵资料。墓志的内容最能真实地体现当时人们的语言风格、字形演变、行文习惯、词汇特色、专门称谓、文体风貌、思想情感、表达方式等，对研究辞学与文学提供了宝贵的真实材料。第三，互证史书记载。史书作为后人撰写的历史记载，由于种种原因，有些史书的真实性是存疑的，通过诸多史书的相互佐证，还原历史的真相，成为史学研究者的一项重要任务。相比较后人记述的史书，作为当时就撰写的墓志，其真实性就大大提高，于是，墓志的发现与出土，可以很好地与史书的记载起到互证作用，修正被篡改的史实。第四，编纂传记的宝贵资料。墓志本来就是记述墓主生平的文字，加上其真实性，所以佐以史书的记载，可以很好地还原墓主的一生，成为编纂人物传记的纲领性材料。

墓志如此，其他的碑铭材料，其文献价值也大体如此，都因其"真实"而显得弥足珍贵。

二　陇右少数民族碑铭的文献价值

碑石渊薮在于关中，毗邻关中的陇右地区，在北朝至隋唐时期，虽然长时间处于各民族杂居状态，少数民族政权在这块地域长期且复杂地存在，但是碑石数量也不在少数，并且有很多珍贵的碑铭材料均反映了那个时期陇右地区的少数民族状况，从而凸显出陇右少数民族碑铭的文献价值，下面就本文所涉及的碑铭，介绍其文献价值。

（一）反映了民族杂居的历史现实

本文所收集的陇右少数民族碑铭材料共计33通，其中涉及的少数民族种类非常丰富，根据对每一通碑铭材料的分析，这些少数民族（按照现在的观点，可能有些名称不同的人是同一民族，但因为他们之间还是有着一些差异，故在历史上给予了不同的称谓，此处予以分别列出）包括：匈奴、鲜卑、羯、氐、羌、粟特、卢水胡、西域胡人、匈奴屠各、吐谷浑、月支、龟兹、突厥、吐蕃、党项羌。通过这些历经千年的历史物证，我们对陇右地区之一时期交错聚居民族状况有了更为清晰和鲜活的认识。

如前文提到的《邑子共造释迦像》，该造像的题名据暨远志、宋文玉考证发现，151 名邑子题名中，部族人士占 100%，其中，羌族占 17.2%，氐族占 18%，屠各占 18.5%，卢水胡占 8.6%，月支胡占 0.7%，龟兹胡占 0.7%，粟特胡占 2%，吐谷浑占 1.3%，而迁徙安置的六镇鲜卑也占 18.5%。因此，即使到了西魏、北周，豳宁地区仍然是氐族、羌族、屠各、卢水胡、粟特胡聚居的地区之一。

此外，按照时间的轨迹细细梳理这些碑铭材料，虽然它们延续的时间并不是很长，数量并不是很多，但我们仍能从这些碑铭所涉及的少数民族状况，大体看出不同的民族在陇右地区的存在、发展、演变的过程，以及不同民族的兴亡更替。氐族、羌族是这一地区最为持久的民族，鲜卑、匈奴紧随其后，粟特人的存在似乎若隐若现，说明在陇右一带有粟特人，但不是很多，而吐蕃出现较晚，这与吐蕃崛起，与中原发生关系的历史背景是一致的，龟兹、吐谷浑偶有出现，可见他们并不是陇右一带的常客。

（二）体现了民族融洽的历史画卷

北朝至隋唐时期，是我国历史上民族大迁徙、大融合的重要阶段，这是毋庸置疑的史实。通过陇右地区的碑铭材料，我们更能清楚地看到，陇右地区的民族融合是这一历史阶段的重要组成部分。

比如《苟头赤鲁地券》，此券所见卖地人有二：车阿姚和车高兴，买地人为苟头赤鲁，本券见证人（时人）为苟头昨和、苟头阿小、王阿经、王吴生、彭兴生、杨鲜。车氏当是西域胡人，苟头赤鲁、苟头昨和、苟头阿小应是羌人，也有人认为是鲜卑人。[①] 据此券可知，部分车师人移居安定郡一带，已能出卖土地，可知他们在此地居住，王阿经、王吴生、彭兴生、杨鲜四个人，根据其姓名判断，其中可能有汉人，但彭姓很可能为少数民族。此地券很好地说明了在当时陇右地区的各少数民族之间，经济交往是普遍存在的，这只有在民族关系融洽的情况下才会发生。

比如《大代持节豳州刺史山公寺碑》，碑中共保留人名 180 个，有姓者 177 人（见附录）。其中可推断为汉族的有 83 人，约占 47%。可推断

---

① 张传玺：《中国历代契约会编考释》（上），北京大学出版社 1995 年版，第 117 页。

为少数民族的有94人，约占53%。无姓而不详族属的3人，□小李、□屈奴、□兴。据考证①，该碑中羌族姓氏有：雷氏（16人）、弥姐氏（10人）、荔非氏（7人）、甞氏（4人）、昨和氏（4人）、屈男氏（2人）、彭氏（2人）、姚氏（1人）、姜氏（1人）、地连氏（1人），共10姓48人。属鲜卑族姓氏有：山氏（1人）、长孙氏（1人）、拔拔氏（1人）、厍氏（1人）、奚氏（1人）、陆氏（1人）、杜氏（1人）、寇氏（1人）、伏氏（1人）、受洛（干）氏（2人），共10姓11人。属匈奴屠各姓氏有成氏（5人）、董氏（4人）、卜氏（1人）、曹氏（1人），共4姓11人。属氐族的姓氏有杨氏（3人）、樊氏（2人）、梁氏（1人）、苟氏（1人），共4姓7人。属高车姓氏的有路氏（4人）、解氏（1人），共2姓5人。属尉迟部2人，尉姓。族属不详的有大非氏（2人，大非定成、大非午龙）、供乌氏（2人，供乌仵明、供乌山寿）、未代氏（1人，未代天保）、盖同氏（1人，盖同仵明）、仵封氏（1人，仵封毕堕）、杂定氏（1人，杂定光生）、丁尾氏（1人，丁尾普贤）、者非氏（1人，者非安都），共8姓10人。

一通碑铭上，竟然有如此众多的民族，不仅说明了该地以汉族为主、多民族杂居的实况，更有力地说明了民族间关系的融洽。碑主为鲜卑人山累，大家捐款之所以为其立碑，除了山累是一方要员之外，更因为当地有着良好融洽的民族关系。这也能够从一个侧面反映出当时统治者所采取的正确的民族政策和管理艺术。

其他碑刻，如《嵩显（禅）寺碑》《南石窟寺碑》《禄文造像碑》《邑子共造释迦像》《豆卢子等结社造释迦像（北周立佛像）》等，都很好地反映了民族之间关系的融洽。

（三）透露出汉文化的强大魅力

人名是体现命名者文化本源的重要载体，陇右少数民族的碑铭中许许多多的人名，无不透露出汉文化对各少数民族的影响力与吸引力，展现了汉文化的强大魅力。汉文化中儒学的重要思想，在各民族的命名中不时出现的现象，足以体现这一点。

---

① 高然、苑黎：《"大代持节幽州刺史山公寺碑"考释》，《考古与文物》2010年第3期，第72—77页。

"仁"的思想：《大代持节幽州刺史山公寺碑》中有杨黑仁、受洛干仁、荔非兴仁，《禄文造像碑》中有屯道仁，《豆卢子等结社造释迦像》中有亓苟仁，《唐故齐州历城县令库狄君墓志铭并序》墓主库狄通（字丰仁）。"义"的思想：《大唐隋故车骑将军金公墓志铭并序》墓主金行举（字义起）。"礼"的思想：《李阿昌造像碑》中有郭序礼。"智"的思想：《康智墓碑》墓主康智（字元功），《豆卢子等结社造释迦像》中有李永知（智）、雷智显。"敬"的思想：《大代持节幽州刺史山公寺碑》中有杨众敬。"恭"的思想：《大统二年权氏石造像塔》中有权显恭，《豆卢子等结社造释迦像》中有纥奚元恭，《北魏追远寺造像碑》中有善恭，《鲁恭姬造像碑》中有鲁恭姬。"德"的思想：《大代持节幽州刺史山公寺碑》中有强伏德。"和"的思想：《大代持节幽州刺史山公寺碑》中有长孙和，《嵩显（禅）寺碑》中有梁穆（字文和），《李阿昌造像碑》中有员安和，《豆卢子等结社造释迦像》中有纥奚康和、梁和妃。

另外，一些能够表现汉文化的文字在各少数民族的命名中也有出现。如"天"的思想：《豆卢子等结社造释迦像》中有吐谷浑天生。"龙"的思想：《大代持节幽州刺史山公寺碑》中有成定龙、荔非飞龙、甏定龙、弥姐龙成、大非午龙、路龙保、童道龙。"法"的思想：《大代持节幽州刺史山公寺碑》中有杨法欢、苟阿法，《建崇寺造像碑》中有权法超，《豆卢子等结社造释迦像》中有安法嵩。

（四）揭示了佛、道两教对各少数民族的深刻影响

陇右地区作为丝绸之路重要的一环，佛教在东渐的过程中，必然会在此留下光辉的印记，这从现在陇右地区丰富的佛教遗存中可以得到证明。其实通过陇右地区少数民族碑铭中的人名，也可以清楚地看到这一点，因为只有对佛教的高度认同与信赖，才有可能在命名中使用相关的思想。各民族成员的名字中都有佛教思想的体现，可见佛教在陇右地区各民族中深厚的群众基础。

如"佛"字的使用：《豆卢子等结社造释迦像》碑刻中有雷仏得["佛"俗作"仏"，"仏（佛）"是六朝俗字]。"普贤"的使用：《大代持节幽州刺史山公寺碑》中有丁尾普贤。"僧"字的使用：《南石窟寺碑》中的梁僧寿，《禄文造像碑》中的曹僧，《豆卢子等结社造释迦像》中的成僧和，《大代持节幽州刺史山公寺碑》中的陆僧寿。"惠"字的使

用：《豆卢子等结社造释迦像》中有豆卢子惠。"妙"字的使用：《建崇寺造像记》中有权常妙，《豆卢子等结社造释迦像》中有金妙客、魏伏妙。

道教思想在陇右地区也有深厚的群众基础，作为一种本土宗教，起源于汉文化的道家思想的道教，在各少数民族的命名中也时有出现。

如"真"字的使用：《王真保墓志》中有王真保，《豆卢子等结社造释迦像》中有董真欢。"道"字的使用：《大代持节幽州刺史山公寺碑》中有董道欢、董道分、彭道仁、雷道明、雷道平、童道龙，《禄文造像碑》中有屯道仁，《豆卢子等结社造释迦像》中有雷道生、雷道奴。

在本书所收集的碑铭材料中，有很多造像碑，而且这些造像碑大部分都是在民间佛教组织"邑义"的组织下，众人共同建造的，可见宗教不仅成了各民族融洽相处的纽带，也成了大家共同的信仰和精神追求，这些造像碑的建造，表明了宗教对陇右地区各少数民族深刻而广泛的影响。

（五）开拓了陇右地区的民族史学

对陇右地区少数民族碑铭的整理与研究，可以很好地丰富陇右地区的民族史学，促进民族史学的进一步发展，对提升陇右地区的文化内涵、追溯陇右地区的文化渊源、丰富陇右地区的旅游资源都具有积极意义。

第二节　文学价值

一　碑铭与墓志概说

矗立在世间富有历史沧桑感的碑刻，往往给人一种来自悠久时空的敬畏感，我们感到刻在石碑上的文字不再是话语，而是一种让人肃穆起敬的强有力的话语权，这就是碑刻的宗教特色。宗教是人类绵延炳焕之精神文化的重要组成部分。"精神文化起源于人类在满足自己的最基本的生存需要时，超越更多最基本的需要而产生的需要，这是一种创造性的和自由的需要。因此，在文化的所有层面中，最具有内在性，最能体现文化的超越性和创造性本质特征的是精神文化。"[①] 以神话巫术、宗教等

---

① 衣俊卿：《文化哲学——理论理性和实践理性交汇处的文化批判》，云南人民出版社2001年版，第77页。

为代表的自发的精神文化和以思想哲学、艺术为代表的自觉的精神文化构成了精神文化的两个层面，其中前一个层面又构成了后一个层面的基础。而碑刻文化更显著地属于自发的精神文化层面，也即它的宗教层面，这一层面默默规定着中国人的文化潜意识：让人既敬又畏，却难言其妙。碑刻仿佛隔开了人和神的距离，又拉近了人和神的感情，当那些虔诚的古人将信念和感情投注在冰冷的石块上时，他们做的事难道没有意义吗？任何宗教仪式都是有意义的，那就是人在礼拜神灵时，不再狂妄自大，懂得了收敛，明白了和谐。宗教的意义在于使人认识到了应当谦卑。

马衡《中国金石学概要》云："庙门之碑用石，以丽牲，以测日景。墓所之碑用木，以引绳下棺。"刻辞之碑"始于东汉之初，而盛于桓灵之际……汉碑之制，首多有穿，穿之外或有晕者，乃墓碑施鹿卢之遗制。其初盖因墓所引棺之碑而利用之，以述德纪事于其上，其后相习成风，碑遂为刻辞而设"。墓碑铭文多为鸿篇巨制，文体显示出汉代诗赋等文体的影响，起首即叙死者名字籍贯，追述祖系；然后颂扬功德，表示哀悼；最后往往以四言韵文结尾。墓碑的前身当即西汉坟墓上的墓表。《汉书·淮南厉王长传》曰："葬之肥陵，……树表其上曰'开章死，葬此下'。"师古注云："表者，竖木为之，若柱形也。"木质易朽，又需刊名为记，东汉改在下葬时装鹿卢系棺的石碑上刻铭。铭文遂发展为具有规整格式的祝颂。《后汉书》载："林宗既葬，同志者立碑，蔡邕为其文，谓卢植曰：'吾为碑铭多矣，皆有惭德，惟郭有道无愧色耳。'"[1] 蔡邕尚且大量撰写碑文，可见其文体在当时已普遍流行。是故，东汉以降，所称墓表实乃墓碑，显然有别于西汉墓表的概念，如元初元年（114年）《渴者景君墓表》，中平三年（186年）《汤阴令张迁表颂》等。[2] 魏晋之时，禁止厚葬，不得树碑立阙。诏令一到，石兽碑表，一禁断之。东汉盛极一时的墓碑迅速消失，然而铭刻墓葬的观念无法立即消除，世人多变通铭刻转入地下，于是乎汉代偶尔可见的碑形铭刻此时多出现在墓室中。迄今

---

[1] （宋）范晔：《后汉书》卷六十八列传第五十八《郭太传》，中华书局点校本1965年版，第2227页。

[2] 赵超：《墓志溯源》，《文史》第21辑，中华书局1983年版，第51页。

出土的魏晋时期墓中铭刻大多为缩小了的碑形，竖立着安放在墓室内，有的爽直称为碑形墓志，如西晋永平元年（291年）《徐夫人营洛碑》、元康九年（299年）《美人徐氏之铭》、永嘉元年（307年）《王浚妻华芳之铭》①。直至十六国时期，这种碑形铭刻仍在流行。1975年甘肃武威赵家磨村出土一件前凉时碑形铭刻，碑额处题为"墓表"，为建元十二年（376年）《梁舒及妻宋华墓表》②。20世纪90年代陕西咸阳市渭城区密店镇东北原又出土了后秦弘始四年（402年）《吕他墓表》③。墓志这种称呼在当时还没有出现，但这种碑形铭刻对后世影响很大，以至于北魏墓志发现有做碑形的，如《司马金龙妻姬辰墓志》④为碑形而无盖。墓碑在隋唐重新兴起，士公大人、富豪士族的丰碑巨碣林立，墓中往往还有一块与墓碑内容相同的墓志，并成一组，构成了唐代以降墓葬刻辞的主要形式。

就墓志内容的变化而言，魏晋南北朝是一个重要的时期。

魏晋南北朝是一个觉醒的时代，士人们在力求调整纲常礼教与人性自由之间关系的过程中，逐渐形成一种新的时代风尚，也就是经常说的"魏晋风度"。"越名教而任自然"成为当时人们的思想行为准则，其内涵就是对个体生命价值的重视，对自我的表现，从根本上说是产生了一种新的觉醒——人的觉醒，这是对人性的解放，是人思想的自由，它把人们的思想从儒学礼教的束缚中摆脱出来。马良怀在《魏晋南北朝时期的社会文化思潮论纲》一文中认为，魏晋南北朝是人的觉醒的时代，也是一个没有思想权威的时代。

在墓志铭的变化上，同样有所体现。随着人们社会观念的转变，对于人自身价值认识的深化，墓志铭也在不断演化以至于趋向成熟。

秦汉时期的刑徒砖，相当于墓志铭。最初如此简单的墓志铭，任何

---

① 邵茗生：《晋王浚妻华芳墓志》，《文物》1966年第2期，第41页。
② 钟长发、宁笃学：《武威金沙公社出土前秦建元十二年墓表》，《文物》1981年第2期。
③ 李朝阳：《吕他墓表考述》，《文物》1997年第10期，第81—82页；路远：《吕他墓表》与《吕宪墓表》，《文博》2001年第5期，第62—65页。
④ 山西大同市博物馆、山西省文物工作委员会：《山西大同石家寨北魏司马金龙墓》，《文物》1972年第3期，第20页；殷宪：《北魏早期平城墓铭析》，《北朝研究》第一辑，燕山出版社1999年版，第165页。

人都可以写，不需要多少文化知识水平，因为仅需刻写籍贯与名字，以表明死者的身份。但随着个体的觉醒及对自身价值的重视，仅仅简单地标示死者身份的墓志铭已经不能满足人们观念认识的需要，这就使墓志铭的形式被不断完善，内容被不断丰富。从形式上，它逐渐有了固定的格式套路；从内容上，它不再仅限于籍贯和姓名的寥寥几字，而进一步包括了死者的讳、字、族出、行治、履历、卒日、寿年、妻、子、葬日、葬地等十分丰富而详尽的信息，更包括了对于死者的业绩、道德的颂扬，以及生者寄托的情深意切的哀思等。

墓志铭不再简单，对一般平民百姓如此，对有一定身份地位的官僚士人王公贵族则更不必说。那么它的撰写，自然也非一般人的能力可为了。于是，墓志铭撰写的主体开始确定在一类人身上——文人。如果说在墓志铭发展演变过程中，对于死者讳、字、族出、行治、履历、卒日、寿年、妻、子、葬日、葬地等信息的详尽罗列并不需要文人，那么对于死者的业绩、道德的颂扬，以及寄托生者哀思等需要感情投入的描写，就是非文人不能为之的事情了。尤其是处于社会中上层的人物，他们的墓志铭的撰写非文人甚至非著名文人不足以彰显他们的地位与德行。[1]

如果我们关注一下《昭明文选》《南北朝文举要》《唐宋文举要》《骈体文钞》《骈文类纂》这些选本就会发现它们都收有墓志铭之作。而它们所收的作品又都富于文学性。我从中得到启示，深感墓志铭之作能走进文学苑囿，和真正的诗人、文人介入这类文章的写作有相当大的关系。

因为墓志铭承担着特殊功能，所以在历史研究当中，与传世文献相比，墓志等出土文献其可靠性相对要大一些。但是，由于刻石纪功等原因，使得石刻文献的真实性在一定程度上也有折扣，也因此受到学界的非议。刘勰在《文心雕龙·诔碑》里说："标序盛德，必见清风之华；昭纪鸿懿，必见峻伟之烈。此碑之制也。"[2] 为了表现"盛德"和"鸿懿"，有些墓志铭就难免夸大其词那么虚假便成为这些碑刻的最大的问题。桓范在《世要论·铭诔》中说，那些"爵以赂至，官以贿成"的人，他们

---

[1] 李慧、王晓勇：《唐碑汉刻的文化视野》，人民出版社2009年版，第107—108页。

[2] 周振甫：《文心雕龙注释》，人民文学出版社1981年版，第128页。

死后,"门生故吏,合集财货,刊石纪功,称述勋德,高邈尹周,下陵管晏"。桓范贬斥这种做法"欺曜当世,疑误后世,罪莫大焉"。特别是墓志铭走入文学领域后,文人参与墓志铭的撰写,他们在写作过程中,或出于驰骋文采,或出于展现人物,不自觉地融入了大量文学的手法,使得人物的展现称得上"塑造"。而这些文学手法本身就是和真实性相抵触的,比如说夸张甚至虚构等手法,这也使很多文人因所写不实而遭诟病,落下了"谀墓"的名声。

沈约在《宋书·裴松之传》中记载,裴松之曾上书禁碑,原因是:"勒铭寡取信之实,刊石成虚伪之常。真假相蒙,殆使合美者不贵。"晋武帝也曾下诏禁碑:"此石兽碑表,既私褒美,兴长虚伪,伤财害人,其大于此。一禁断之,其犯者虽会赦令,皆为毁坏。"[①] 由此可见,种种原因使碑刻内容的真实性方面也存在程度不同的问题。

另外,当墓志铭越来越格式化,越来越多的专业人士的介入,使得墓志铭的写作深受同时代文章写作风气的影响,而墓志作品自身同样也会反映出同时代文学的风格与特点。

比如,南北朝时骈文盛行。骈文是与散文相对而言的,在形式上讲究对偶,因其多偶句似两马并行而称之为骈文。骈文讲究文采华美,讲究用典,语句上追求整齐和对称之美;在声律上骈文虽不如诗歌要求严格,但也追求平仄配合,音韵谐和。骈文体在南北朝时期成熟并向精美化方向发展。"魏晋群才,析句弥密,连字合趣,剖毫析理。"[②] 尤其在梁陈之际,臻完美大盛,典型的就是"徐(徐摛、徐陵父子)庾(庾肩吾、庾信父子)体"的出现。这种骈俪化的风气影响了同时代墓志铭的撰写,"这种骈文墓志文体的影响长达一百多年,至唐代中期才有所改变"[③],其中以庾信即为典型代表。如庾信撰写的《后魏骠骑将军荆州刺史贺拔夫人元氏墓志铭》中有"在河之洲,闻君子之配德;言采其蕨,见夫人之有礼""方之棠棣,譬以螽斯,既全妇德,还称母仪",《周安昌公夫人郑氏墓志铭》中有"采采芣苢,萋萋葛覃"等,墓志铭不仅骈俪化,而且

---

① 《宋书》卷15,中华书局2000年版,第273页。
② 刘勰著,范文澜注:《文心雕龙·丽辞》,人民文学出版社1978年版,第588页。
③ 赵超:《古代墓志通论》,紫禁城出版社2003年版,第236页。

多用《诗经》之句。

总之，在南北朝隋唐时期，成熟的墓志作品大多包括志和铭两部分（志和铭的内容比较固定，前者主要记叙死者姓名、籍贯、官级、功德事迹，或间加赞颂评议之词，后者重在表达对死者的悼念、安慰、褒扬之情）。在语体形式上，铭文多用韵体表达，风格变化不多，但志部分则多为无韵之文，或为散体或为骈散结合体。散体长于记叙，骈体长于抒情，骈散结合既融记叙、抒情于一体，又融语言形式自由灵活、对偶工整于一体，能够较好地实现墓志作品内容和形式的统一。就南北朝时期而言，北朝时期的墓志志文主要包括骈散结合和散体为主两大形式，骈句在墓志中的比例不大，与南朝相比，展现了南朝文学重情感和北朝文学重实用的不同文学取向。

下面就以北魏陇右天水时张家川回族自治县出土的《王真保墓志》为例，分析陇右地区碑铭的文学价值及特点。

二 《王真保墓志》的文学价值

该墓志的背景是，北魏末年北镇起义时，高平镇胡琛的部将万俟丑奴所建立的割据政权为了拉拢陇西豪族王氏，而给该家族已死的王真保赠"天水郡开国公太原王"，谥号"懿"的碑铭。

《王真保墓志》，读起来朗朗上口，节奏跌宕起伏，既有赋的味道，但又没有南朝骈体文的华丽与繁缛，全文既简洁质朴，又富有文采，清新脱俗，表现了陇右地区汉文化的发展与少数民族文化特质相融合的风貌，与当时南朝的墓志的文风有着明显的区别。

其文学价值和审美价值主要表现在以下四个方面。

第一，层次清晰，布局合理，结构严谨。

因其立碑的独特背景以及碑主家世的特殊性，墓志在结构布局上独出心裁，作了别有意味的处理。

墓志开头首先介绍墓主的家世渊源，充满赞美之词，说墓主家族"实轩辕之裔，后稷之胄"，这是当时进入中原的少数民族最为常用的附会之辞，然后表明墓主一家"历代名位，左右贤王"，同时将墓主一家从武威到陇右的历史也巧妙予以交代，"遂飞实武威，别为王氏……因朝入士，鸣玉西都。后中国失御，魏晋迭升，或龙腾白马，凤扬金城。所在立功,图勋帝室,受晋茅土,遂家略阳"。此处与文首的简单交代"君讳真保,秦州略阳人"相呼应,为墓志第一部分。接着是墓志的第二部分,就追根溯源,逐步交代墓主祖先的不凡地位,"高祖擢晋龙骧将军、宁夷校尉、赵显美侯",高祖去世后,"秦后痛之,追谥曰庄";"曾祖陵,抚军将军梁州刺史";"烈祖伏仁,乞伏世祗连汉阳二郡太守";"父润,陇西太守"。交代墓主家族的仕宦经历,几乎全部是赞誉有加之词,我们可以明显感觉到墓主一家历代为公、才能卓越、深受统治者欣赏,为下文赞扬墓主打下了坚实基础,诚如墓志所言,"自非累代豪家王公之族,才逸孤群,都无以豫其选"。下文是墓志的第三部分,开始大加赞美墓志的才智与品行,"于时民豪列庭,冠带鳞萃。公独被瞩盼,留目丁宁,即补西曹,用强贞干。在公清雅,声驰北京"。"公执操自高,每多慷慨。志兼择翮之规,情含矫鳞之望"。对墓主的去世,表达英才早逝的痛惜,"凤随之节未申,腾雾之枕未举"。第四部分是墓志的铭文,充满了凄惨与遗憾之情。

这样的结构安排,因目的的特殊性,所以有了完全独特的处理,没有按照一般的墓志那样,首先介绍墓主的基本情况,而是开始只说墓主是略阳人,然后就介绍墓主一家的历史,最后又介绍墓主,既前后呼应,又在文中对墓主一家的历史进行了梳理,这样既不至正文有冗赘之弊,流水之嫌,又由远及近,层次分明,思路清晰,针线细密,开合得体;既遵循旧格,又有所创新,赋予碑文以独具的结构之美。全文前后形成了复调和奏,错综反复皴染的目的,从而十分有力地突出了王氏宗族的显赫,其立志的目的得以彰显。

第二,句式整齐匀称,具有形式之美。

正文则按一般碑铭的固定格式,分为散文和韵文两大部分。

这篇碑文很好地把骈散结合的特点发挥到极致,突破了骈体文四句、六句的呆板程式,四言、五言、六言、七言错杂使用,整齐中富于变化,取得了很高的审美效果,同时还能根据表达内容的需要,灵活运用散句,整散结合,奇偶相生,摇曳多姿。比如下面各句:"入服貂珰,出任推毂""后中国失御,魏晋迭升,或龙腾白马,凤扬金城""世祖为之徘徊,曹公于是逊遁""豪杰鼎跱于三方,壮士偃蹇于斯年""良工不能侥其劲,修纶未足度其深""明帝置席,建师贤之礼,分土南安,托殊常之寄",

这些语句完全突破了僵化的四句、六句式，读起来抑扬顿挫，舒缓自然而又不失情感的准确流露。学者们在把它作为有价值的史料引用时，往往也被其飞扬的文采和灵动的诗意所感染，顿觉神清气爽，疲劳为之一消。

第三，与前述句式之美相关，这篇碑文还有一个突出的特点是平仄相谐，具有音乐之美。在讲究对偶的同时，碑文还特别追求文字声调的平仄相对。就一联而言，上联如以平声字结尾，则下联以仄声收束，或者相反，上下联高低相错，错落有致。如："志兼择翻之规，情含矫鳞之望""民怀市哭之恋，吏抱野祭之哀"。再就一句本身而言，不论四句、六句或七字句，均如同律诗一样，在双音节处要交替使用平仄声字，以使句中平仄相间，铿锵起伏，错落有致。同一联中的两句，也如同诗句一样讲求平仄相对，使全文抑扬顿挫，回环往复，具有悦耳的音乐之美。比如："豪杰鼎跱于三方，壮士偃蹇于斯年""乃是将军仞锋之场，帝王雕威之地"。

第四，情感高亢悲壮，磅礴充沛。志文记述墓志一家的历史时，充满了庄重和崇敬之情，情感饱满，气势磅礴，使读者在言语之间就能感觉到一个世代豪族的显赫，也能感觉到撰写碑文者的满腔悲痛之情，而这种悲痛不是柔弱的凄婉，而是为这些终身为公的逝去的英才流露出的深沉痛惜，这种痛惜就是一种发自内心深处的赞美。

一般而言，墓志之志文除墓主姓名、籍贯、履历之外，其功德多为谀语，千篇一律，平淡无奇。然而此墓志在颂扬墓主的同时，却成功地塑造了墓主家族五代人物的形象，尤其是墓主王真保的形象，通过对其品行与才干的赞扬，使我们好像清晰地看到了墓主的才智过人的形象。

此外，与其他碑铭一样，此碑的铭文部分为四言短语，"以韵语的方式表达对碑主的感情，不因志事而影响和局限生花妙笔，而是利用诗歌抒情、形象的表现手段，使铭文显著地展示出诗歌的特质"[①]，也具有很高的审美价值。

正如《王真保墓志》一样，陇右地区的一些著名的碑铭，其碑铭内容的文学价值是相当高的，它们既有传统汉文化的韵味，又流露出北方

[①] 颜廷亮：《敦煌文学概论》，甘肃人民出版社1993年版，第484页。

民族的粗犷与疏朗,刚柔相济,具有特殊的欣赏价值。

三 北朝墓志文学价值的时代意义

伏俊琏在论及俗赋在中国文学史上的理论意义和实际意义时说:"赋这种文体本来就是从民间来的,它是民间故事、寓言、歌谣等多种艺术形式相融合的产物。……早期的赋以娱乐为目的,所以诙谐调侃是它的主要风格特征。优人正是利用了这种体裁,把它引入宫廷,逐渐文人化贵族化了。"① 可谓真正揭示出了赋体文学起源、演变的真相。笔者认为,向来被文学史家视为赋体正宗的文人大赋,之所以铺采摛文、极尽铺陈夸张之能事,究其实质,也不过是为了取悦于人,只不过取悦的对象由引车卖浆者流转为高门贵族乃至皇帝罢了。所以,当赋被引入宫廷,成为贵族们的消费品之后,也就由夸饰宫廷苑囿的富丽和歌颂帝王的文治武功,逐渐被赋予了更为神圣庄严的色彩,成为颂赞释老儒宗和世家大族最为相宜的文体形式,"正如汉武帝纯属个人即兴抒情之作的'天马'诗,在《史记》中是带'兮'字的七言体,笔法雄健,语言流畅灵动,到《汉书》中就被改造成了符合政治目的的'郊祀歌',句式也变为短促庄严的三字句,以和正大、庄严、高妙的'黄钟大吕'之音"②。文人大赋的手法被碑铭文学作品吸收后,其铺采摛文的一面有所节制,又注入了作者的真情实感,加之对传主家世及生平仕履的交代,也就有了充实的内容,渐次从赋体中脱离出来,自成一格。

随着经济的高速发展,社会的持久安定,文化的不断繁荣,中华民族的传统文化日益得到重视,一些汉语文学特有的文体其功用也将会被重新认识。尤其是赋体,近年来逐渐有中兴复活的趋势,铺采摛文,夸饰想象等文学表现手法也将重新得到借鉴。《光明日报》曾开设《百城赋》专栏,连篇累牍地刊载模仿《两京》《三都》的名城赋。2007年4月,古都洛阳举办了首届中国辞赋创作研讨会,到会代表五六十人,他

---

① 伏俊琏:《敦煌俗赋的文学史意义》,《敦煌文学文献丛稿》,中华书局2004年版,第122页。
② 吴浩军:《天马初从渥水来,效歌曾唱得龙媒——汉武帝〈天马歌〉解读》,《酒泉地域文化丛稿》,甘肃人民出版社2007年版,第222—227页。

们所作的赋少则三五篇、十几篇,多则上百篇,甚至三百余篇;还提出"神气辞派""韵文赋派""骚体赋派""骈文赋派""边疆赋派"等流派概念;辞赋专集纷纷出版,辞赋专网纷纷创办,一些辞赋作家还发起"中华新辞赋骈文运动",并倡议申请将中国辞赋定为世界非物质文化遗产。一时之间,似乎将要掀起一个赋的创作高潮。

但在这表面极度繁荣的背后,也还存在一些问题。对此,著名辞赋学者龚克昌专门撰文指出:"现在不少赋作,尚停留在模仿阶段,主要是仿效汉大赋,六朝骈赋,唐宋律赋。而且多率尔成篇,遣词造句大都比较粗糙,艺术感染力不强。另有一些作者,甚至连古代诸种赋体的不同特征都不甚了解,自以为用古文写作,自称为赋便算赋,古代赋的体式气势韵味全失。"而"中国古代有成就的赋家,无一不是大学问家,大作家。如两汉著名的五大赋家司马相如、扬雄、班固、张衡、蔡邕,全都是语言学家(都有著名的小学著作),文、史、哲上都有很高的造诣","没有较深厚的艺术修养,是不可能写出优秀的赋篇的"[①]。怎样获得较深厚的艺术修养?除了博览群书,刻苦磨炼之外,选择若干篇优秀的赋作精研细读,揣摩手法,训练语感,受其渐染熏陶是必不可少的功课。此即《北史·魏收传》所引扬雄言"能读赋千首,则善为之"之意。

在此背景下,重新审视北朝碑铭,包括陇右地区碑铭的文学价值,继承和借鉴其表现手法,从中汲取有益的养分,赋予传统文学形式以新的生命力,这对于弘扬传统文化、繁荣当代文艺将会起到积极的作用。

第三节 艺术价值

碑铭的艺术价值可以有很多方面,如它的形制、造像、书法、语言、格式、装饰等方面,都可以进行专题研究。在这当中,碑铭的形制与造像研究是其重要的方面。另外,"魏碑体"已成为中国书法发展史上的瑰宝之一,作为北方的陇右地区,其碑铭的书法艺术很好地体现了"魏碑体"的特点,并具有一定的地域特色,所以下面对陇右地区的少数民族碑铭的形制、造像和书法艺术进行分析与研究,以促进陇右地域文化的

[①] 龚克昌:《评现代辞赋创作》,《山东大学校报》2007年11月29日版。

研究与发展。

一 碑刻形制与塑像特点

碑刻作为一种独特的石刻形式，源远流长，历代相承，经过2000多年的发展变化，分布地域辽阔，形式多样，内容涉及哲学、宗教、民族、地理、历史、政治、经济、军事、文化、艺术、教育、科学、技术等许多方面，且具有清晰的发展脉络。先秦是中国碑刻的萌芽期，数量不多，文字短少，内容简单，形制不定，"石鼓文""监囿守丘刻石"为其代表，"石鼓文"现存有10通。秦和西汉，处于碑刻品种单一、文字短少的阶段，秦刻石共有7种，西汉刻石，已知的有10余种。东汉时期，碑刻种类增多，文字加长，内容更加丰富多彩，种类上已发展为刻石、摩崖、碑、石经等多类并存，其数量至少有300种。魏晋南北朝时期，前期屡颁禁碑之令，刻碑受到限制，魏晋碑刻发展一度低迷，但仍形成了独特风格，"魏碑"是其典型代表。南北朝时逐渐复苏，成为隋唐乃至明清石碑形制的直接来源。隋唐时期，碑刻形制高大，内容广泛，分布地区辽阔，种类齐全，文种大增，尤其讲究碑刻的书法艺术，碑刻呈现出百花盛开的局面。宋元时期碑刻数量相比隋唐时期虽有减少，但某些方面有突出表现，如刻帖的兴起。明清时期碑刻的数量与种类都不少，形制也很壮观，内容也有时代气息，但无突出的、新的创造。

在中国碑刻发展过程中，碑刻形制与功用密切关联。两汉时期，墓碑多为圭首类形制，古朴稚拙，功德碑多为圆首晕纹类形制，精美华丽，纪事碑为方首类形制，简洁纯朴。魏晋时期，墓碑鲜见，可见者形制朴素简单，功德碑多为圭首类，简朴瘦长，纪事碑为圭首类。南北朝时期，各类功能的石碑均以圆首蟠龙式样为主，后来者均以此居多。

魏晋南北朝时期碑刻各类型的发展存在明显的差异。南北朝时期，佛教大兴，北方地区广开石窟，兴建各种佛教碑刻作品，涌现出大量巨制杰作。由于受到宗教、政权、民族、地域等因素的影响，北朝各区碑刻形成自西向东、由北至南发展的基本格局，全国碑刻表现出明显的南北地域差异。北方地区造像碑大盛。本选题所涉及的造像碑几乎都是这一阶段的产物,并且延伸至隋唐,如隋的《李阿昌造像碑》。

造成这种差异的原因既有类型相互作用的结果,也有不同时代、不同地域碑刻相互影响的因素。而且这些因素的共同作用,还使它们的发展呈现出明显的阶段特点。

清末以来,金石学的著录涉及了一些石碑形制方面的内容,叶昌炽《语石》认为,"汉碑多蟠螭,唐碑多蟠龙",马衡《凡将斋金石丛稿》云,"汉碑之制,首多有穿,穿之外或有晕者……魏晋以后,穿晕渐废,额必居中,文必布满",柯昌泗《语石异同评》曰,"碑本以穿为用,汉末祠墓之碑,无不有穿……至于长吏颂德之碑则无之"。

石碑形制区别在于碑首,碑首大致分为圆首、圭首、方首三大类,碑头尖顶,状如三角的,为"圭首类";碑头半圆,称"圆首类";碑头齐平,通体长方形者,是"方首类"。如图(5—1)。

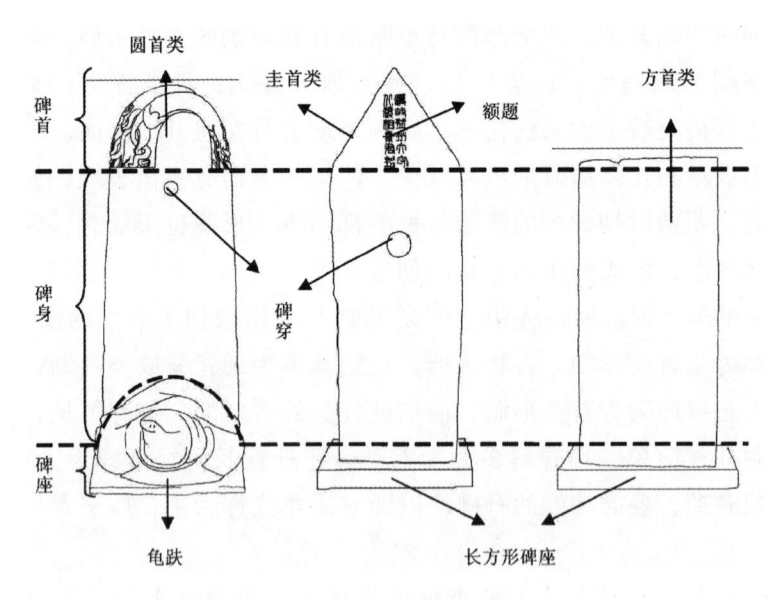

图 5—1 碑刻形制示意图

资料来源:杨磊《汉魏晋南北朝石碑形制研究》图 2—1—1,硕士学位论文,山东艺术学院,2011 年,第 42 页。

其中圆首类又细划为素面、晕纹、蟠龙、蟠螭四个亚类。三大类各自具有明显的形制特征及清晰的演化顺序。灵帝之前，圭首类碑数量最多，形制成熟完善；方首类碑数量居二，碑面多施画像；圆首类碑数量较少，形制多样。灵帝时期，石碑以圆首晕纹居多，北方地区出现圆首蟠龙类，方首类碑面简洁。献帝时期，四川地区出现圆首蟠螭类。魏晋石碑形制多为圭首类。南北朝则以圆首蟠龙类为主，石碑内容及装饰图案还多见于佛教题材。北魏时期，正方形的墓志成为定制，两块等大的正方形石板上下重叠，下为底，上为盖。隋唐时期的墓志直接继承北朝墓志而来。唐代墓志在形制上基本确立了墓志正方形的主体形态，墓志非常发达，主要体现在以下几个方面：1. 墓志铭的形制完善；2. 墓志铭的撰写完全程序化；3. 数量庞大；4. 志盖雕刻纹饰精美。

魏晋南北朝时期碑刻形制包括圆首、圭首、方首三种类型，每件石碑形制结构由三部分组成：碑首、碑身、碑座（见图5—1）。

碑首，又称"碑头""碑额"，指碑的上部。碑首款式是判断石碑形制的依据。

碑首题字，称"额题"，或称"题额""书额"，亦简称"额"。它犹如文章题目，位置居中，或偏向一侧。依据字数多少，行款格式分为单行、双行或多行，以阴文或阳文方式雕刻。

碑身是石碑的主体部分，整体为长方形石板。正面称"碑阳"，背面为"碑阴"，左右两侧合称"碑侧"，碑阳是刊刻石碑正文的主要地方。碑阴内容丰富，毛远明先生在《碑刻文献学通论》一文中，将碑阴题字内容分为八种类别：碑阴续刻正文、碑阴续刻他文、碑阴纪、碑阴补刻、碑阴译释碑阳、碑阴额、碑阴题诗。[①] 碑侧有无字的，有题名的，也有装饰图案的。

碑座，也称"碑趺""石跗""石座""跗石"，有树立石碑以及防止石碑年久下沉之用。石座顶面依据碑身及其榫头宽厚长度，在其中央凿制凹槽，使碑身嵌入槽内。碑座形制主要有长方形和龟形两种，龟形碑座，称"龟趺"，又名"赑屃"。[②]

碑穿，是指碑身中上部或碑首处凿通的圆形空洞，直径在10—15厘

---

① 毛远明：《碑刻文献学通论》，中华书局2009年版，第50—54页。
② 参见杨慎《升庵集·龙生九子》："一曰赑屃，形似龟，好负重，今石碑下龟趺是也。"

米，是石碑形制的重要内容。

下面以收集到的部分碑刻图物为例，分类谈谈这些石碑的形制与塑像特点。

（一）墓志类

1.《梁阿广墓表》

图5—2　梁阿广墓表①

这方前秦时期的墓表的形制既具有墓碑的形式，也具备墓志的雏形，是从地表碑转埋于地下的墓志的最初形式，似"碑"似"志"，其独特的形制稀世罕见，为研究墓碑向墓志转变提供了实物证据。因此具有较高的考古价值和书法研究价值，为国家一级文物，现收藏于宁夏固原博物馆。

---

① 拍摄于固原县博物馆。

2. 《王真保墓志》

图5—3　王真保墓志①

《王真保墓志》距今已1400多年，共上下二方，呈正方形，边长约56.8厘米，厚约7厘米。志文两块相连，均刻铭文，有界格，共计800

---

① 秦明智、任步云：《甘肃张家川发现"大赵神平二年"墓》，《文物》1975年第6期，第85—88页。

余字。王真保墓志向我们展示了北魏时期西北地区的墓志特征。

王真保墓为横长方形单室砖墓，尚保留着平城地区北魏前期砖室墓的特点。随葬品中，陶细颈壶2件，平底，一件为盘口，颈部饰带纹一周，另一件为喇叭口，腹上部饰弦纹三道；铜细颈壶1件，喇叭口，圈足，肩腹部饰划纹五组。这3件壶的造型还明显保持着北魏早中期平城地区的风格。出土5件龙头铜帐钩，平城地区有类似发现，如沙岭壁画墓出土铜帐钩1件、杨众庆墓出土铅帐钩6件。王真保墓帐钩的形制与杨众庆墓的形制相当接近。

墓中还有一些具有地方特色的器物：陶罐2件，一件小口，短颈，双腹耳，平底，肩腹部饰三道弦纹，另一件侈口折唇，双耳，腹上部有带纹一周；铁灶铜釜甑1套、长柄铜鐎斗2件，与固原漆棺画墓所出对应铜器相似。双耳陶罐和两种铜器同时期在其他地区几乎不见，也就成为陇山一带的特色。两块石墓志皆为正方形，体现了洛阳地区的新因素，表明北魏末期洛阳墓葬文化的影响已扩及陇右。总体来看，王真保墓中平城文化因素的影响仍占主导。

3.《史射勿墓志》

图5—4　史射勿墓盖[①]　　图5—5　史射勿墓志[②]

[①] 荣新江：《从撒马尔干到长安——粟特人在中国的文化遗迹》，北京图书馆出版社2004年版，第92页。

[②] 同上。

本墓志形成于隋大业六年（610年），1987年出土于固原县南郊乡（今原州区开城镇），现藏于宁夏固原博物馆。"该墓志志盖和志石均为青石质。志盖，呈长方体，长47厘米，宽46.5厘米，厚10厘米，左上角稍有缺损，四边阴刻一周忍冬纹样。志盖正面有双线刻画界格，盖顶正中阳文篆书5行，每行4字，共20字，内容为：大隋正议大夫右领军骠骑将军故史府君之墓志。志石，呈长方体，长46.5厘米，宽45厘米，厚6厘米。表面有细线刻画界格，格内竖阴刻楷书志文，共32行，行满24字，最后空一行，全文共499字。志文内容首先介绍了墓主史射勿的生平、籍贯、家世情况，称其先出自西国；其次又回顾了墓主一生的战功战绩；之后又介绍了墓志死亡的时间和埋葬地点；在志文的最后简单提到了墓主后人的姓名。"①

4.《唐故游击将军穆泰墓志》

图5—6 唐故游击将军穆泰墓志（志、盖）②

灰陶质地，呈正方形。长36厘米，宽36厘米，厚10厘米。盖、底形制相同，为盒式相扣。盖顶以白粉饰菱花纹，底内铭文自右起竖排，以白粉书小楷15行，满行31字，字径1厘米。字体工整，内容翔实。

墓志铭上刊刻纹饰，分为志盖纹饰和墓志纹饰两种。大部分墓志铭，

---

① 何玫玫：《固原市地方文献提要》，硕士学位论文，宁夏大学，2014年，第23页。
② 庆阳市博物馆、庆城县博物馆《甘肃庆城唐代游击将军穆泰墓》图二五，《文物》2008年第3期，第40页。

志盖有纹饰，而墓志本身没有纹饰。

　　墓志铭（主要是志盖）纹饰，主要分为祥云、走兽、飞龙、花卉、水浪等。这些纹饰均为阴刻，大都精雕细刻，设计华丽，主要起装饰作用。那些设计精美、刻画精良和那些刻画粗糙的图案纹饰，也从一个侧面透露了墓主人生前地位的显赫或卑微。尤其是志盖文字的设计和排列与印章的发展有着内在的关联。有些志盖极其精美，如《唐故義府君》志盖：

图5—7　唐故義府君志盖[①]

5.《獖生墓志》拓片

　　大统九年（543年），志高35厘米，宽24厘米，志文正书8行，满行18字。其余不详。现对图5—8右边拓片题跋释读如下，以助了解。西魏獖生墓志世存墓志铭文数万种计，唯魏志恣肆，书文形成并奇，历受书家收藏者所重。北魏墓志量大质佳，故声名最为深远。东魏墓石比之北魏量小；而品高者稀，西魏志石止目前存世仅十余种且半数海内书家多不能见。其风貌，其中精品更难得一观。今獖生墓志

[①] 翻拍于拍卖会志盖拓片。

石发现于古秦州,为西魏时期主体疆域,此志石刻工精,书法高绝,结字整饬而奇美多端。犹字号大小疏密自然中多霸气,方折处力抗九鼎,文法字法章法皆为魏志之中稀品,观之甚喜,幸甚。岁次丁亥正月初十日恣意斋主人新国识并添跋。

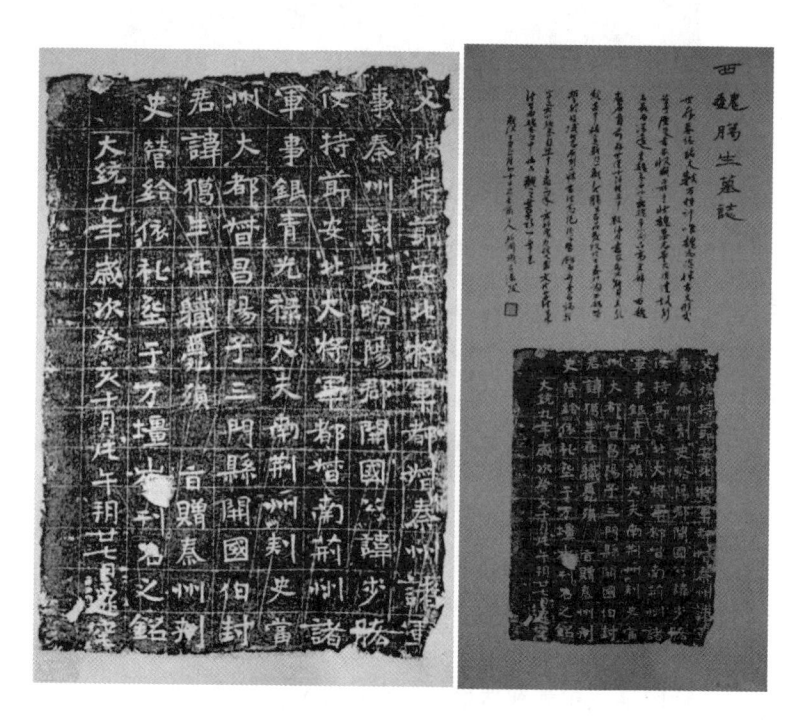

图5—8 獦生墓志拓片[①]

(二)造像碑类

1.《成丑儿造像碑》(图5—9)

造像碑魏圆拱形碑头,碑正面上部刻二排11个方形小龛,内各雕一坐佛,碑中部开主龛,内雕一佛二胁侍菩萨,碑下部浅刻7个供养人,并分别镌刻"成双鲁"等7个成氏家族成员的名字。碑左侧面阴刻有"太和十二年岁次庚辰二月十二日弟子成丑儿合家眷属为七世父母历劫诸除一切众生敬造石像十四区"。

---

① 王连龙:《西魏獦生墓志》,《社会科学战线》2011年第4期,封底照片。

图 5—9　成丑儿造像碑①

2.《北魏熙平二年郭熙造像》(图 5—10)

砂岩质。高 41.5 厘米，宽 21.5 厘米，厚 7 厘米。背屏式，碑首尖拱形，顶部刻一身飞天，左右两边刻两身伎乐天。造像中间开浅龛，雕一佛。龛外两侧刻胁侍菩萨。佛座下部中间开浅龛，内刻一胡跪力士，龛外两侧各雕两身供养人。造像左右两侧面有题记。

3.《禄文造像碑》

此造像碑没有找到相关实物资料或拓片资料。

该碑为砂岩质，竖长方形，高 150 厘米，宽 60 厘米。碑上部及右侧略残，碑面下部有剥落。碑正面分三层雕刻，上层分左右两栏雕刻根据后秦鸠摩罗什译《维摩诘所说经》的"维摩诘变"。右栏内刻维摩诘斜卧

---

① 拍摄于宁县博物馆。

图 5—10 北魏熙平二年郭熙造像①

于宝帐内的病榻上示疾，左手执尘尾，身后有几名侍从；右栏右侧刻前来问疾的文殊菩萨，顶有华盖，文殊右手执一物前伸，正与对面的维摩诘展开激烈的辩论。文殊菩萨的左侧雕三身弟子，应是随其而来听法的弟子。又刻一力士双手托举一束腰座，这是依《不思议品》而雕刻的。这一品说明了维摩诘借助神通力而为诸大众说佛理。炳灵寺169窟西秦壁画有数幅简单的维摩诘变，是目前保存最早的维摩诘变②。这一题材在北朝及以后更加普及，石刻中也常见这一题材，但大多都比较简单，以《问疾品》这一最具标志性的画面出现。此碑刻出《不思议品》的内容，在石刻中是比较特殊的。

碑中层分四栏雕刻。中间二栏内分别雕坐于帐形龛内的交脚菩萨和顶有华盖的倚坐佛像，应分别代表弥勒菩萨居于兜率天宫和弥勒下生成

---

① 王怀宥：《甘肃华亭县出土北朝佛教石刻造像供养人族属考》图2，《敦煌学辑刊》2016年第2期，第134页。

② 吴荭、魏文斌：《甘肃中东部石窟早起经变及佛教故事题材考释》，载《敦煌研究》2002年第3期，第19页。

佛。左栏内雕刻一佛站立右手前伸，前三小儿，最下者爬于地上，中间一个站于其背，双手托最上面立于其肩头的小儿，最上者双手向佛前伸的右手贡献东西。此画面表现的是阿育王施土的因缘故事。右栏内刻一菩萨侧身站立，前一人恭身双手向上作供奉状，可能是佛传中的牧女向佛敬献乳糜的情节。佛传故事是石刻中常表现的题材，有用较多情节表现释迦牟尼从诞生到涅盘的佛传雕刻，如著名的麦积山石窟北魏10号造像碑等。但大多石刻仅雕刻了佛传中比较有代表性的个别情节，如乘象入胎、九龙灌顶、树下诞生、降魔成道、涅盘等。此碑所雕的牧女献糜是甘肃北朝石刻仅见的。

碑下层中间为一尖楣圆拱龛龛内一佛结跏趺坐，两侧各侍立二弟子。龛楣拱两外侧各一飞天，龛外各站立一胁侍菩萨。

碑阴上部刻造像发愿文，可惜大多残破，无法成文。下部及左右侧面刻供养人姓名，其中左侧面"城太守□州别驾邑主禄文"，为此造像碑的主要功德主，故称"禄文造像碑"。又侧面刻九位邑生的姓名，背面下部刻30多位邑生及寺院维那的姓名，其中维那两名，邑主两名，余皆为邑生，供养人的姓氏能辨识的有：禄、程、曹、宇文、屯、李、康、晋、梁、苟、郑、胡、侯、马、安、王、郭、匡等，其中的宇文氏为当时的鲜卑大姓，曹、康、安姓可能为西域胡姓，另外梁、苟、胡、侯也可能是当时的少数部族。可见这是一种社邑造像，是属于同邑异族异姓人的造像，即马长寿先生总结北魏造像题名的四种方式之一。社邑造像自北魏以来非常普及，龙门石窟北魏即有许多社邑联合造像，北朝石刻造像也出现过很多社邑造像的实例。

观此造像碑的风格，佛、菩萨均穿褒衣博带式服装，造像清秀，为典型的北魏晚期风格。此碑的佛像衣饰、造型以及雕刻手法与华亭南川出土的北魏造像塔十分接近，因此其原出土地当与之相近。陇东地区是甘肃北朝石刻造像出土最为集中和重要的地区之一，表明当时这一地区佛教的发达以及佛教寺院的兴盛，而且这一地区还发现了一些少数部族与汉族共同造像的例子，说明了这一地区北朝时期胡汉杂居以及少数部族逐渐与汉族融合并有着共同的佛教信仰意识的历史情况。

4.《豆卢子等结社造释迦像》(《北周立佛像》)(图5—11、5—12)

佛低平螺髻，面形丰圆，着圆领通肩袈裟，阶梯状稀疏衣纹，腹部

第五章　陇右少数民族碑铭的价值 / 225

图 5—11　豆卢子等结社造释迦像①

外鼓，躯体造型敦厚壮实，为典型的北周风格。两手略残，左手握袈裟边缘，右手于胸前手掌向外作施无畏与愿印。双脚已残失。下为站立的覆莲台，莲瓣为重瓣，饱满圆润，莲瓣两侧正面各刻一蹲狮，均略残。莲瓣下为方形台基，台座高47厘米，宽80厘米，四面皆刻文，正面刻发愿文及部分造像人姓名，其余三面均刻造像人姓名。其中南面30人，西面49人，北面52人，东面27人，四面实际刻名为158人，与正面发愿文载"合邑生一百三十人等"发愿同造释迦石像一躯基本相符（除去有宗教职位的人名，如邑师、佛堂主、香火主、都斋、典坐等）。②

---

① 张宝玺：《甘肃佛教石刻造像》图204，甘肃人民美术出版社2001年版。
② 陈瑞琳：《甘肃正宁县出土北周佛像》，载《考古与文物》1985年第4期，第109页；周伟洲：《甘肃正宁出土的北周造像题名考释》，《西北民族史研究》，中州古籍出版社1994年版，第450—459页。

226 / 北朝至隋唐陇右少数民族历史与文化

图5—12 豆卢子等结社造释迦像台座正面（南面）发愿文及题名①

5.《王文超造像碑》（《还鹘寺碑》）（图5—13）

图5—13 王文超造像碑碑阴②

---

① 张宝玺：《甘肃佛教石刻造像》图204，甘肃人民美术出版社2001年版。
② 拍摄于甘肃省博物馆。

碑高96厘米，宽43厘米，厚12厘米。四面雕刻，四龙蟠交式碑首。碑阳额刻"还鹨寺"，下开方形大龛，内雕一佛二菩萨，大龛两侧各开一小龛，龛内各雕一坐佛。碑阴上部方形大龛，内雕一佛二弟子，大龛两侧各开一小龛，左侧龛内雕维摩诘，右侧龛内雕文殊。碑两面及左右侧刻发愿文，首起刻北周"保定四年二月庚寅朔十四日"，并有供养人王文超及家人二十多人的题名。这些造像题记不仅为研究当时的历史、民族风俗提供了极为重要的依据，也是难得的书法史料。其书法兼有汉隶、魏碑笔意，字体刚健、秀美，堪称书法珍品。

6.《张丑奴造像碑》（图5—14）

图5—14 张丑奴造像碑①

---

① 华亭县博物馆提供。

碑为砂岩质,首半圆,底方榫。通高84厘米,宽29厘米,厚8厘米。碑阳内容三层:上层为帷幕形龛,上饰火焰纹。龛内雕二佛五弟子,主尊均高髻,大耳,内着僧祇支,外着通肩袈裟,半结跏趺坐,作说法状;五弟子着袈裟,双手抱腹,听法姿态。中层中间雕尖拱形龛,内有一佛二弟子,佛施与原印;龛外两侧各凿一帷幕形小龛,内立一菩萨,菩萨戴花冠,束发宝缯下垂两肩,施与愿印。中层佛、弟子、菩萨衣着与上层近似。下层右面雕帷幕形龛;左面雕尖拱形龛,内一佛二菩萨。右龛内主尊高髻,大耳,着通肩袈裟,交脚坐于方座之上,施与愿印;二弟子与上层相同。左龛内主尊高髻、大耳,外着双领下垂式袈裟,结跏趺坐,施禅定印;二弟子身材较小,站立于方坐上。碑阴分二层,上层和碑阳相同,阴刻尖拱形龛,内一佛二菩萨;下层阴刻发愿文7行97字。此造像碑佛龛形式多样,内容繁多,工艺装饰较为精美,纪年明确,具备北周佛教造像的断代标准。

7.《王令猥造像碑》(图5—15、5—16、5—17、5—18)

图5—15 王令猥造像碑阳①

---

① 拍摄于甘肃省博物馆。

第五章　陇右少数民族碑铭的价值　/　229

图 5—16　王令猥造像碑阴下部①

图 5—17　王令猥造像碑阴②　　　图 5—18　王令猥造像碑侧③

---

① 拍摄于甘肃省博物馆。
② 同上。
③ 同上。

碑通高113厘米，额高23厘米，宽42厘米，碑身高67厘米，宽39厘米，分碑额、碑身、碑底三部分。

《王令猥造像碑》阳面、阴面及两侧皆有雕刻。碑额作四龙交蟠样式，碑额阳、阴两面中下方均有一高约10厘米的小浅龛，内置小坐佛一尊。

阳面碑身分上下两层，上层作方形帷幕龛，高25厘米。帷幕两侧刻垂苏长穗。龛内雕一佛结跏趺坐于方形台基上，手施无畏印，内右袒，外着通肩长袍，袍下摆遮住台基。

左右胁侍菩萨头戴花冠，帔巾下垂，璎珞华美。下着长裙，赤足。各拈花一枝。坐佛与菩萨高度只有25厘米，而比例合度，面容丰润，表情愉悦。

下层排列四个方形浅龛，中间二龛各雕有相向单跪的护法神王，一手抚膝，一手握拳置于胸前，面均朝外，目光与左右二龛中的护法狮子的目光相接。

再下层是刻有供养铭文的碑座。

碑身两侧在碑额下垂的龙首下方各有一小浅龛，左侧浅龛内一坐佛，双腿屈膝直放，所谓"善跏趺坐"，手施无畏印；右侧浅龛内小坐佛作交脚坐姿，作施无畏印。

最有特色的是碑阴雕刻。碑阴居中上部开一尖形龛，高约20厘米，内雕一佛二菩萨，佛作善跏趺坐姿，低肉髻，挂项圈，内右袒，外着通肩大衣，面圆颐方，作施无畏印。两侧各有一胁侍菩萨立像，均头戴花冠，双肩有宝镜、帔巾为饰，拈花含笑。

此龛两侧刻供养人姓氏文字："猥清信息女□容清信女颜容清信□容供养""猥弟永世法□侄元庆弟主簿王安绍先孙何□"。

龛下为一组供养人车马图，高约47厘米，前左方为两辆牛拉棚车，右方为骑马乘者的随从，均以浅浮雕手法刻出。

牛拉棚车前高后低，边厢开有车窗，其中一窗内刻出一人面，旁题文字"忘息女□女乘供养佛时"。车后上方乘马者也有一随从为他撑长柄伞，旁刻文字云："忘息延庆乘马供佛时。"在车马的周围刻满了一家人的姓名。甚至在牛车前方，也浅刻出一个模糊的人头，注明"扶车奴丰德"。

根据碑上发愿文来看，供养主的身份是"堡主"，从碑上乘马者戴卷边毡帽,着圆领窄袖紧身服,束腰带,脑后露出小辫等形象特点来看,供养者是鲜卑人。

从构图上说,此碑在主要格式上显然遵照了流行的样式,即碑额四龙交蟠,额中有小佛龛,下为一大龛,供一佛二胁侍。但碑阴部分作者自行其是,把供养车马放大,且形象生拙,配合杂乱的汉字题记,显现了供养人朴质纯真的宗教感情。

北周王朝统一北方后,大量吸收中原文化,同时又积极与西域交往,其佛教文化受两者影响很深,其造像已向隋唐丰满圆润风格过渡。《王令猥造像碑》上的佛像既有南朝"秀骨清像"之遗风,又有西域形体健壮、面相丰润的余韵。低平肉髻,面相方圆,面短而艳,实为北周敦厚壮实、珠圆玉润的新艺术风格的典型之作,为以后隋唐石窟艺术风格形成创造了条件。该碑现藏于甘肃省博物馆。

8.《建崇寺造像碑》(图5—19)

图5—19 建崇寺造像碑①

---

① 西安碑林博物馆提供。

此造像碑螭首圆顶两边二螭式，两面浮雕佛龛，手法纤细，已启唐碑螭首风格。碑额正面为方形坐佛龛，背面刻"建崇寺"三字。碑身正面做屋形楣拱，脊雕有鸱吻宝珠饰，间以缘觉头四个。脊下为莲瓣式瓦纹两列，拱两端仰首鸟衔三珠吊磬穗形式柱。龛下题铭建德三年（574年）记时。背面龛为尖拱端式，两旁各有供养人、飞天、一缘觉头二作饰。龛内为一佛二菩萨、二罗汉、二比丘式七尊佛。龛下为题名。此造像碑的雕刻与北魏各浮雕艺术相比较，无论在形式上还是在技巧上，都只保存了一些形骸，但螭首较以前的制作有进步而且更加生动，似乎可以认为是一件过渡时期的作品。

9.《李阿昌造像碑》（图5—20、5—21）

图5—20 李阿昌造像碑[①]

---

① 拍摄于甘肃省博物馆。

图5—21 李阿昌造像碑（碑阴、碑阳）①

隋开皇元年（581年）四月二十三日，佛弟子李阿昌等20家结社造此碑，碑高146.5厘米，宽50厘米，厚16厘米，碑原存泾川水泉禅寺，现存甘肃省博物馆。碑额呈圆拱形，下接长方座。碑身四面开龛造像。碑阳分四层造像，底层造维摩、文殊对坐辩法图为主。二层中造倚坐弥勒佛二弟子，两侧各为一佛二弟子小龛。第三层中造一佛二菩萨，两侧菩提树下雕舒相菩萨。最上层中造释迦、多宝佛，两侧布一佛二弟子小龛。碑阴上部正中造弥勒菩萨龛像，以下通体刻发愿文13行，行18字，其下题名12行，是佛教文化金石艺术珍品。

隋开皇元年，是周武帝灭法之后，佛教由衰逐渐转盛的转折点。隋文帝是一个自称以兴佛而得天下的皇帝，他曾"普诏天下，任听出家，仍令计口出钱，营造经像"（《隋书·经籍志》），碑文称"今蒙皇家之明德开兴二教"，与史书记载相符。此碑正是隋文帝兴佛的产物。

---

① 拍摄于甘肃省博物馆。

碑龛中的造像，佛多做磨光高肉髻，面相丰圆，肩宽体健，具有浑厚凝重的风格。菩萨面型则比较清秀，带有北魏晚期的造型特点。在雕刻技巧上，刀法纯熟，概括简练，表现出肌肉丰满、衣纹柔和的特点，较大程度地突破了外来造像程式的束缚，民族化的成分在逐渐增加。这些都为唐代造像的进一步发展奠定了基础。

下面谈谈造像碑的形制问题。为了方便论述，以表格形式将这八通造像碑的基本信息予以罗列。

表5—1　　　　　　　　　　造像碑基本数据

碑名	时间	高（cm）	宽（cm）	厚（cm）	高宽比例
《成丑儿造像碑》	北魏太和十二年（488年）	60	30	9	2∶1
《郭熙造像碑》	北魏熙平二年（517年）	41.5	21.5	7	1.9∶1
《禄文造像碑》	北魏	150	60		2.5∶1
《王文超造像碑》	北周保定四年（564年）	96	53	12	1.8∶1
《张丑奴造像碑》	北周保定四年（564年）	84	29	8	2.9∶1
《王令猥造像碑》	北周建德二年（573年）	113	42		2.7∶1
《建崇寺造像碑》	北周建德三年（574年）	110	53		2.1∶1
《李阿昌造像碑》	隋	146.5	50	16	2.9∶1

在体积方面，本书所收集造像碑形制都并不庞大。在本次调查分析中，最高的造像碑为北魏的《禄文造像碑》，高150厘米；最低的造像碑为北魏熙平二年（517年）《郭熙造像碑》，高41.5厘米；其余大多数造像碑的高度都为100厘米左右，高宽比例几乎都在2∶1以上。所以北朝时期陇右地区的造像碑虽然尺寸多样，但大都形制较小，这样的碑刻便于刻凿。同时，较小的体积也使得造像碑这一对宗教的信仰形式得以广为普及，上至达官贵人、下至平民百姓，都有能力和资本进行建造，使得这种艺术形式在动乱不已的南北朝时期得以在中原及以北地区遍地开花，成为时代的印记和民间工艺品的体现。而陇右地区地处西北，少数民族众多且杂处，经济落后，战乱频繁，在此条件下，形制较小的、能寄托当事人祈福及美好愿望的造像碑，就显得恰当而合适。

造像碑在形制上，主要有扁体碑与四面体柱状碑两种类型，本选题所收集的造像碑均为扁体形造像碑，另一种四面体柱状的造像碑则属于比较罕见的造像碑样式，这可能是北朝陇右地区造像碑形制的一个特色。

在这扁平体的造像碑中，有的只有碑阳有造像，如《建崇寺造像碑》《成丑儿造像碑》《禄文造像碑》，有的碑阳与碑阴有造像，如《王文超造像碑》《张丑奴造像碑》，有的石碑四面均有造像，如《李阿昌造像碑》《王令猥造像碑》。

上述造像碑的碑首都是圆首，但是圆弧的大小还是有一定差异的。这种上圆下方的石碑造型，是中国传统文化中"天圆地方"宇宙观的体现。虽然这些造像碑的建造者或资助者或多或少都与少数民族相关，但造像碑本身就是中国传统碑刻艺术与外来宗教融合的产物，所以在造像碑的宏观层面上始终在体现中国的传统文化。陇右地区的这些与少数民族相关的造像碑，碑首不仅几乎都是圆首，而且多数有缠绕盘旋的蟠龙。这也应该是陇右地区造像碑的一个特点。而与陇右地区毗邻的关中地区，造像碑大多是平首造型，造型华丽的圆首碑为少数样式。

龛是开凿在石窟墙壁上的石室或小阁。龛里安置宗教造像供人们供奉，虽然龛内安置的宗教造像有佛像也有道像，但往往人们统称为佛龛。"佛龛最早出现于犍陀罗时期，通常把佛龛排列在塔基的每层阶石上。一个石窟内通常有若干个佛龛，佛龛是洞窟的主体，是观者视觉上的焦点，同时也是建筑装饰的中心。"[①] 不同时期佛龛往往呈现出不同的样式，本书收集的造像碑，碑龛造型简单，主要由内龛和龛楣构成。

内龛的主要样式有拱形龛、长方形龛、尖拱形龛三种。长方形和拱形龛是比较常见的碑龛造型，但是由于造像碑多为民间集资，民间工匠打造，再加上年代久远，所以有时碑龛边沿不是特别齐整，拱形龛和长方形龛不好区分。《王令猥造像碑》碑阳佛龛就是长方形龛，而碑阴佛龛却是尖拱形龛；《张丑奴造像碑》《王文超造像碑》佛龛则是拱形龛。这些龛常开于石碑的中上方，碑首开龛的如《王令猥造像碑》。同时也会出现几层龛上下排列或平行并置的情况，如《李阿昌造像碑》碑体四层，《张丑奴造像碑》碑体三层，《王令猥造像碑》碑体碑阳二层，《王文超造像碑》碑体造像一层等。同时，《李阿昌造像碑》《张丑奴造像碑》《王文超造像碑》不仅上下分层排列，而且每层都会有几个碑龛，有主龛

---

① ［日］长广敏雄著，王雁卿译：《云冈石窟装饰的意义》，《北朝研究》1996年第4期，第45页。

和相应配套的副龛。有些碑两个侧面也刻凿有佛龛。

在以上造像碑中，我们仔细研读，就会发现碑龛龛楣及四周的装饰是有一定规律的，那就是有着位置相对固定的装饰纹样。如：碑龛上方常以龙纹装饰；碑龛下方正中常放置香炉，侍奉人像；龛楣常以双龙交缠、忍冬纹、火焰纹、帷幔、单房檐庑殿顶等纹样装饰等。

从对碑龛造型及装饰的分析中可以看出：一方面，北朝陇右地区的造像碑相比关中地区平首简单朴素的造型显得较为隆重庄严，内龛形制变化较多，碑龛龛楣及四周的装饰位置内容相对稳定，体现出多彩多姿的艺术风格；另一方面，北朝陇右地区造像碑的龛楣与碑龛四周的装饰中，已经出现许多与汉代大不相同的纹饰图样，充分体现出民族交流与融合、艺术因素相互影响吸收和多元化的艺术风格。我们可以把上述造像碑与同时期山东地区的《曹望憘等造像残座》（见图5—22）进行比较，就可以明显感觉到各个方面风格的不同。

图5—22 曹望憘等造像残座拓片[①]

---

① http：//www.360doc.com/content/13/0521/09/52920_286944408.shtml.

此石晚清时出于山东临淄桐林庄,为弥勒造像之石座,北魏正光六年(525 年)三月造。正面线刻头顶香炉的仙人及双狮,左右两侧刻男女供养人及侍者、车马行列,皆极精美。背面刻楷书造像记。

对于龛内的造像组合样式,在前文各通造像碑的介绍中已有说明,此处不再赘述。

总之,造像碑是佛教中国化的重要标志之一。上述造像碑也是各民族在方方面面不断融合的标志之一。大量的造像碑和石造像,是集民众之力予以开凿建设的,是广大各族劳动人民审美理念的体现,是民间能工巧匠卓越艺术创造力的体现,是佛教造像中国式语言初步积累的阶段,为后来隋唐时期佛教造像中国式语言的确立打下了基础。这种佛教造像中国式语言的初步积累并不只是体现在造像碑艺术中,也是整个北朝时期佛教雕塑文化发展中的共性。

(三) 庙碑

1.《南石窟寺碑》

图 5—23　南石窟寺碑①

---

① http://blog.sina.com.cn/s/blog_766df4e30101d7mo.html.

圆形碑首主要包括圆首素面类（图5—25）、圆首晕纹类（图5—26）、圆首蟠螭类（图5—27）、圆首蟠龙类（图5—28）四类。南石窟寺碑就属于圆首蟠龙类。本文提到的《山公寺碑》也属此类。

图5—24　南石窟寺碑碑首[①]

图5—25　爨龙颜碑[②]

（南朝刘宋大明二年，458年）

[①] http：//blog.sina.com.cn/s/blog_766df4e30101d7mo.html.
[②] 杨磊：《汉魏晋南北朝石碑形制研究》图2—1—4，硕士学位论文，山东艺术学院，2011年，第46页。

图 5—26　朐忍令景云碑①
（熹平二年，173 年）

图 5—27　辟雍碑②
（晋咸宁四年，278 年）

凡装饰龙身图案的圆首类石碑称圆首蟠龙类。它出现于东汉灵帝时期，魏晋遭受战乱、禁碑扼制，曾一度绝迹，北魏复苏，从此盛而不衰，影响了唐宋明清石碑形制的发展。在石碑发展史上，圆首蟠龙类碑延续时间最长，形制内容最为丰富，演变过程也最为复杂。

此类石碑形体比例同其他圆首类石碑基本接近。在已知 46 件圆首蟠龙类石碑中，有 21 件高度在 200 厘米以上，宽度为 100 厘米以

---

① 杨磊：《汉魏晋南北朝石碑形制研究》图 2—1—11，硕士学位论文，山东艺术学院，2011 年，第 50 页。

② 杨磊：《汉魏晋南北朝石碑形制研究》图 2—1—17，硕士学位论文，山东艺术学院，2011 年，第 53 页。

240　/　北朝至隋唐陇右少数民族历史与文化

图 5—28　宕昌公晖福寺碑①
（北魏太和十二年，488 年）

下。部分石窟内的圆首蟠龙类石碑，由于洞窟空间狭窄，限制了石碑的尺寸，其高度皆在200厘米以下，如《洛阳龙门石窟题记碑》《水泉石窟寺碑》《西沃石窟碑》等。北魏孝明帝以后，石碑高度大幅增加，出现超过400厘米的巨型碑，如《西岳华山神庙碑》《临淮王像碑》《洪顶山"摩诃衍经"碑》《铁山匡喆刻经碑》等。具体数据根据年代顺序，详见表5—2：

---

①　杨磊：《汉魏晋南北朝石碑形制研究》图2—1—24，硕士学位论文，山东艺术学院，2011年，第61页。

表5—2　　　　　　　　现存圆首蟠龙类石碑形制尺寸数据

碑名	年代	高(cm)	宽(cm)	厚(cm)	高宽比例	穿径(cm)
衡方碑	建宁元年（168年）	274	108	25.5	2.5:1	10
赵宽碑	光和三年（180年）	110（残）	55	17		
白石神君碑	光和六年（183年）	240	81	17	2.9:1	
王舍人碑	光和六年（183年）	170（残）	78	21		
张迁碑	中平三年（186年）	292	107	22	2.7:1	
张掖造御射碑	太延三年（437年）					
刘君碑	太平六年（445年）	211	90	24	2.3:1	
中岳嵩高灵庙碑	太安二年（456年）	282	99	23	2.8:1	14
皇帝南巡碑	和平二年（461年）	137（残）	145	30		
宕昌公晖福寺碑	太和十二（488年）	294	90	17	3.3:1	13
北海王元祥题记碑	太和十八（494年）	113	46		2.5:1	
尉迟等人题记碑	太和十九（495年）	100	34		2.9:1	
始平公题记碑	太和廿二年（498年）	130	40		3.3:1	
杨大眼造像题记碑	景明四年（503年）	126	42		3:1	
山公寺碑	正始元年（504年）	135（残）	110	37		
高庆碑	正始五年（508年）	220	98	16.5	2.2:1	
南石窟寺碑	永平三年（510年）	225	105	17	2.1:1	
杨宣碑	延昌元年（512年）	246	87	23	2.8:1	
贾思伯碑	神龟二年（519年）	215	84	21	2.6:1	
张猛龙碑	正光三年（522年）	226	91	24	2.5:1	
萧憺碑	普通三年（522年）	559	160	32	3.5:1	10
萧秀东碑	普通四年（523年）	516	146	31	3.5:1	11
萧秀西碑	普通四年（523年）	512	144	32	3.6:1	11
高贞碑	正光四年（523年）	222	98	18.5	2.3:1	
萧宏碑	普通七年（526年）	534	158	33.5	3.4:1	10
西沃石窟碑	普泰元年（531年）	63	34		1.9:1	
孙秋生等人题记碑	北魏	153	50		3.1:1	
水泉石窟碑	北魏	210	68（残）			
温泉颂	北魏	154	72	19	2:1	
赵修墓碑	北魏	228	85.5	22	1.8:1	

续表

碑名	年代	高(cm)	宽(cm)	厚(cm)	高宽比例	穿径(cm)
王府君碑	北魏	212	92	20	2.2∶1	
司马芳残碑	北魏	98（残）	97	23	2.3∶1	
高翻碑	元象二年（539年）	340（残）	125	34	3∶1	
敬史君碑	兴和二年（540年）	250	84	26	2.3∶1	
李仲璇修孔子庙碑	兴和三年（541年）	220	86	14	1.8∶1	
王元景植墓碑	兴和三年（541年）					
北周文王碑	闵帝初元（557年）	224	124		2.3∶1	
观世音经碑	皇建元年（560年）	184	94	27	3∶1	
石佛寺华严经碑	河清三年（564年）	290	88	17	2.3∶1	
西岳华山神庙碑	天和二年（567年）	459	116	33	1.8∶1	
张僧妙碑	天和五年（567年）	205	73	25	2.2∶1	
高肃墓碑	武平四年（573年）	344	124	34	2.3∶1	
临淮王像碑	武平四年（573年）	444	160	19	3∶1	
司空邸珍碑	武平五年（574年）	238	106	13.5	2.2∶1	
匡喆刻经颂	大象元年（579年）	6620	1640		2.3∶1	
古中皇山碑	北齐	365	157	38	1.8∶1	

此类石碑造型别致、雕刻精美，个别碑身形制独特、个性鲜明。陕西西安碑林博物馆存《宕昌公晖福寺碑》（图5—28），碑身下部1/3处两侧呈弧形对称向内收敛，形若古琴，甚为罕见。

碑首蟠龙繁缛复杂，丰富多彩。南北朝时期，圆首蟠龙类石碑形制表现出南北不同的地域特点。一方面，南朝圆首蟠龙类石碑沿袭汉代圆首蟠龙类形制特点，蟠龙以圆雕形式跌居碑首脊梁，盘叠有序。另一方面，北朝圆首蟠龙类石碑在汉代圆首蟠龙类、圆首蟠螭类石碑的造型基础上，进行相应的改进。北魏孝文帝前，龙身环拱碑首脊梁，龙首下垂两侧，龙体尚未盘叠，躯干细瘦。部分碑首弧度减小，呈扁圆形，如《南石窟寺碑》《大代持节豳州刺史山公寺碑》，孝文帝以后，石碑转变为圭内题额、圭外蟠龙拱护的新形式，龙体盘结复杂，躯干遒劲有力。由于蟠龙交结繁复、躯干愈加丰腴，碑首面积逐渐增大，发展至北朝晚期部分碑首几乎占石碑整体的1/3，如《宕昌公晖福寺碑》等为此类石碑中的精品。

南北朝时期，碑首额题外常置框栏，有长方形和圭形两种形式。北魏孝文帝之前石碑和南朝帝王陵墓碑常置长方形矩框，框内刊刻界格，《南石窟寺碑》就是如此。北魏孝文帝以后，额外框栏多为圭形结构。如《唐李将军碑》中间圭首阴刻"唐故大将军李公之碑"九个隶书大字。东魏时期，受碑首蟠龙体态变大的影响，额题外置圭框随之变小，框内文字排布相对紧密。

额题书写涉及篆书、隶书、楷书三体。额题篆书，常施减地阳刻技法，文字婉转通畅，线条弯曲变化，首尾处或强调毛笔书写提按动作，或夸张盘曲折叠修饰。额题楷书，采用阴刻技法，书写结构欹侧，笔画锐利。额题隶书，常以减地阳刻手法，书写稚拙，略显呆滞。《南石窟寺碑》的额题隶书，就是采用的减地阳刻手法。

2.《唐狄梁公碑》（图5—29、5—30）

图5—29　唐狄梁公碑及碑首[①]

[①] 拍摄于宁县博物馆。

图5—30　唐狄梁公碑碑身文字（局部）①

该碑碑额篆书，采用阴刻技法。额题外无框栏，额题框型为长方形，较少见。其余形制类似于《南石窟寺碑》。

3.《嵩显禅寺碑》（图5—31）

根据拓片，可见该碑碑首为圆首。额题篆书，阴刻技法。额题框型为长方形，与《南石窟寺碑》《狄梁公碑》类似。

（四）记事记功类

1.《唐李将军碑》（图5—32）

碑为红色细砂岩质地，碑额圆首，碑身为长方体，通高445厘米，身宽127厘米，厚37厘米，额高124厘米，宽134厘米。

除了书法艺术外，该碑在碑头、碑座、碑的两侧上，保存了大量具有艺术价值的精美装饰和图案花纹。虽经千年风雨侵蚀和人为破坏，仍伟岸雄浑，气势不凡，尤其是碑额雕刻，刀法雄健圆熟，六龙体态矫健，虽作相互缠绕，仍具有腾冲上升之势。龙首作喷吐云水状，如风呼云涌。后肢举火球，给人以活跃、蓬勃的感觉，呈现出飘逸而和谐的意境，是不可多得的盛唐艺术珍品。碑身的两侧以线刻和减地两种手法并用的图案作为装饰，将蔓草、凤凰穿插在碑身和赑屃座中，使人感到繁丽、活

---

① 拍摄于宁县博物馆。

图 5—31　嵩显禅寺碑拓片①

泼、美妙而有生气，图案刻画生动，是不可多得的线刻佳作。因此，此碑又具有极高的文物价值。

从艺术价值来说，不少的碑刻在书法艺术上是久负盛名的，而《唐李将军碑》也是如此。碑正文共 36 行，行 70 字，刻于 3.5—4 厘米的方格内，系欧体风格，以楷书为主，间以行书、草书。中间圭首阴刻"唐

---

① 拍摄于宁县博物馆。

图 5—32　唐李将军碑（碑阴）①

故大将军李公之碑"九个隶书大字，因自然风化和人为破坏，现仅存上部文字和下部少量文字，共计 462 字。碑的阴面刻宋、元碑记。宋代碑文刻于碑的中部，记宋人回观"李将军碑"题，字体肥厚，周边框以蔓草纹边饰。元代刻文，位于碑上部，记大元至正年间（1341—1370 年）总兵银青荣绿大夫过《唐李将军碑》请碑阴以记其事，字体瘦长、无装饰。它集楷书、行书、草书、隶书为一身，刻有唐、宋、元三代名人手迹，是古代书法的精品，也为一些书法爱好者和艺术工作者提供了便利的学习条件。

2.《大代持节豳州刺史山公寺碑》（图 5—33、5—34、5—35、5—36）

该碑青石雕琢而成，圆额，碑首饰三条并行的双龙头，龙头垂饰于碑两侧。碑残高 135 厘米，宽 110 厘米，厚 37 厘米。碑额篆刻"大代持节豳州刺史山公寺碑颂"，共 3 行 13 字。字径 3 厘米，中有界格。碑四面均刻有文字。该碑形制具体可参见《南石窟寺碑》形制问题分析。

---

① http：//blog.sina.com.cn/s/blog_3ebf25860100x7qw.html.

第五章　陇右少数民族碑铭的价值　/　247

图5—33　山公寺碑碑身①

图5—34　山公寺碑碑身文字（局部）②

---

① 照片由宁县博物馆提供。
② 同上。

图5—35　山公寺碑碑首、碑阴①

二　碑铭的书法艺术

魏碑书法艺术，主要存在于佛教的造像题记和民间的墓志铭中。作为楷书的一种，魏楷和晋朝楷书、唐朝楷书并称三大楷书字体。魏晋之际已经有了楷书，钟繇的《宣示表》、王羲之的《黄庭经》等楷书作品已然比较成熟，但是大批西晋知识分子随晋室南渡之后，北朝的书风就和南朝迥异了。北魏初年，佛教传入中原，受到北魏皇帝的推崇。同时，北魏统治者采取了一系列文教政策，表现出对汉族文化极大的热忱，有力地促进了鲜卑族与汉族的大融合，巩固了统治，也为书法艺术的发展与创新创造了良好的条件，此时，一种介于汉晋隶书和唐楷间的独特风格的新书体——"魏碑体"产生了。

北朝现存的碑刻大多是民间无名氏书法家的作品，和南朝士大夫所谓"风流蕴藉"的书法风格自然不一样。钟繇和王羲之完成了部分由隶变楷的过程，由于晋室南渡，北魏的民间书法家们没有继承多少他们的成果，而是遵循原来民间书法的发展轨迹，其书法更多地是直接从汉魏

---

① 照片由宁县博物馆提供。

图 5—36　山公寺碑碑侧①

时期的隶书演变而来，风格多样，朴拙险峻，舒畅流丽，既融合了北方少数民族的粗犷剽悍，又渗透了儒家文化的温文尔雅、刚正不阿，同时又受到佛教和道教文化的熏陶，呈现出古朴、自然、刚劲、雄壮的风貌。和南朝碑刻相比，清朝书论家刘熙载认为"南书温雅，北书雄健"。与晋楷相比，唐楷注重法度，用笔和结体趋于规范统一，魏碑则用笔任意挥洒，结体因势赋形，不受拘束。所以魏碑表现出由隶书向典型的唐楷发展过程中的一些过渡因素。

---

① 照片由宁县博物馆提供。

北魏以后，方形墓志始成定制，下底上盖，底刊志铭、盖刻标题。由于墓志埋藏地下多年，未遭风雨侵蚀，保存完好，书韵犹存。北魏墓志书法继承魏碑传统"千岩竞秀、万壑争流"，随取一家，皆足成体。其书法端稳奇正，气势浑厚，雄健挺拔，当为魏碑书艺之完美体现，综观其气势风度皆为晋唐楷书所不及，是中国书法中的又一审美典型。

当然，墓志书法的精美表现，除名家书手之造诣外，刻工技艺之精湛亦不可疏视。北魏墓志尤可见其功力，或骨骼血肉、气质魂魄，或典雅庄严、浑穆沉重，或朴拙自然，或灵动诙谐，刻工走刀石上，皆能毫厘不爽，其中奥妙美丽，字里行间皆能见其端倪。北魏墓志大多为民间书法家所为，亦有少数为名家所作。高等级官员或名人的墓志铭大都是当时的一些鸿学大儒根据官方档案写就。墓志书法端庄规整，结体方严，笔画沉着，变化多端，美不胜收。通观北魏墓志书法，可见初期之阳刚风骨，中期之隽逸灵秀，后期之娟秀柔润，形成中国楷书发展史上的一大奇观，为唐代标准楷书的创建奠定了历史基础。

钟致帅《雪轩书品》称："魏碑书法，承汉隶之余韵，启唐楷之先声。"唐初几位楷书大家如欧阳询、虞世南、褚遂良等，都是取法魏碑的。

魏碑发现虽早，但书法艺术引起人们重视却是在清代。原来我国的楷书的书法艺术，多从晋楷、唐楷一脉传承，晋唐的楷书艺术已经达到登峰造极的地步，后人很难超越。到了明清时期，由于科举取士的日益僵化，考试时规定用"台阁体"的官方字体，以追求美观、大方，同时也要求标准、规范，这种要求抑制了书法家的创作个性。清朝则进一步演变为"馆阁体"，千人一面的弊端更为突出。清代随着金石文字学兴起，南北朝碑刻大量出土，魏碑开始受到书法家和书法理论家的重视。康有为在《广艺舟双楫》中赞誉魏碑有"十美"："古今之中，唯南碑与魏碑可宗。可宗为何？曰有十美：一曰魄力雄强，二曰气象浑穆，三曰笔法跳越，四曰点画峻厚，五曰意态奇逸，六曰精神飞动，七曰兴趣酣足，八曰骨法洞达，九曰结构天成，十曰血肉丰美，是十美者，唯魏碑南碑有之。"从此，魏碑的质朴刚健特征，为书法艺术界吹进了清新的风气，魏碑的价值得到普遍的承认，修习楷书的人除了取法"晋唐"，也有越来越多的人开始选择魏碑。

甘肃出土的墓志较少，其中以1972年3月在张家川回族自治县木河乡平王村出土，现存甘肃省博物馆的《王司徒墓志》最为珍贵，此墓志距今已1400多年，为研究北魏晚期甘肃少数民族政治活动及书法艺术提供了珍贵的史料。《王司徒墓志》共计800余字，其书体以魏碑体为主，间有隶、楷笔意。从文字看，别体字较多，且有少数错字。此墓志铭文简短精练，镌刻有致，高超绝伦。此墓志书法刚健挺拔，沉雄浑博，结体严谨，骨力强劲，契刻精细，沟道深刻，字口分明，如同初制。尤其点画方圆皆备、爽洁峻利、秀润严整，顾盼生姿而开张有度。寓变化于整齐之中，藏奇绝于方平之内，属于北魏时期比较精美的楷书作品。一般来说，在同一历史时期，不同书体并存的现象是客观存在的，这是社会环境包括政治和文化的因素使然。

下面就魏碑碑刻书法的大概特征，用文中相关碑刻予以简要描述。

作为前秦碑刻的《梁阿广墓表》（见图5—2），其文字既有浓重的汉隶特点，又有魏体的端倪，书体苍劲，结构严谨，有力地佐证了书法从汉隶到魏碑的转变。北魏的《山公寺碑》（见图5—34），碑文文字优美，雕刻苍劲有力，笔法古朴，为正宗魏体，是研究魏体书法艺术的珍贵资料。而北魏的《嵩显（禅）寺碑》（见图5—37）其书法较之中原各地传世的魏碑书法，更具西北特有的狂悍不羁的阳刚之美。《缘督庐日记》评价："书法精整雄劲，饶有华贵之气，魏碑能品，孙渊如已著录。"① 西魏的《獦生墓志》（见图5—8），刻工精致，书法高绝，结字整饬而奇崎，字在大小疏密之中自然流露出几多霸气，笔画方折之处似能力扛九鼎，文法、字法、章法皆为魏碑中的精品。而隋时期的《史射勿墓志》（见图5—5），汉隶风格已荡然殆尽，楷书风格已成，结构严谨，字体端庄，笔画规整。细细端详之下，若隐若现中似能感觉到行笔之间的汉隶遗迹。

本选题所涉及的其他碑刻的书法艺术，在前面相关章节已有过不同侧面的介绍，下面就大家所公认的陇右碑刻书法精品予以介绍，一睹魏碑书法艺术的风采。

---

① 叶昌炽：《缘督庐日记》，江苏古籍出版社2002年版，第4959页。

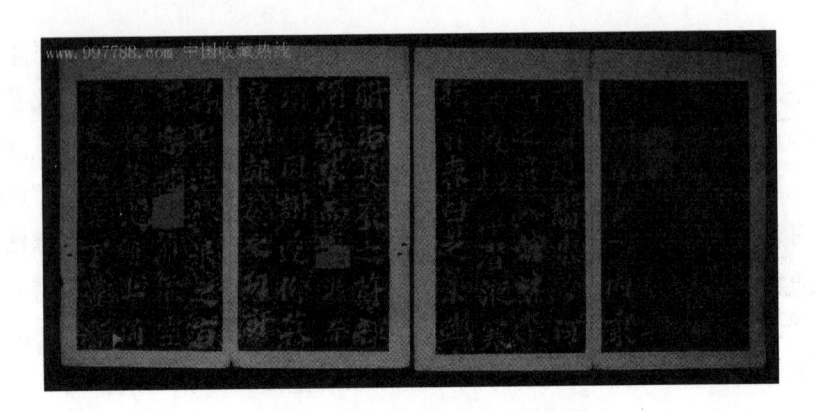

图 5—37　嵩显（禅）寺碑碑帖①

（一）《南石窟寺碑》书法艺术赏析

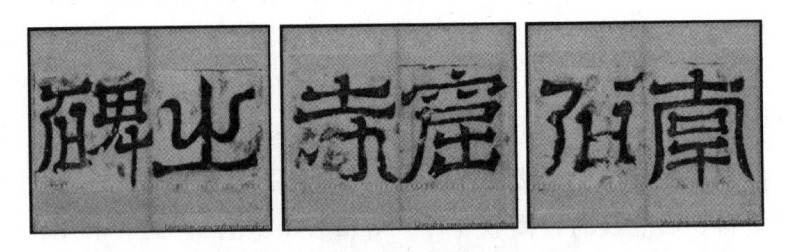

图 5—38　南石窟寺碑额题字②

图 5—39　南石窟寺碑碑身文字（局部）③

---

① http：//www.997788.com/31381/auction_155_3874062.html。
② http：//blog.sina.com.cn/s/blog_63f3f53d0102dx6y.html。
③ Iibd.．

魏碑书法大多出自民间书法家之手，因罕署书者之名而默默无闻。魏海峰先生认为，基于开凿南石窟寺的特殊背景，加之奚康生这样的重要历史人物的参与，《南石窟寺碑》的书写者当是一方高手，因而其书法价值是不言而喻的。细审此碑，此言不虚也。

众所周知，南、北石窟寺开凿之时，正值云冈、龙门等大型石窟向四周扩散其影响之际，龙门石窟保存了大量的北魏时期的造像记，著名的"龙门二十品"就是其中的一小部分。对于其风格，康有为有一个总体的评价："龙门造像自为一体，意象相近，皆雄峻伟茂，极意发宕，方笔之极轨也。"[1] 尤值得一提的是被合称为"龙门四品"的《始平公造像记》（刻于北魏孝文帝太和二十二年，498年）、《孙秋生造像记》（刻于北魏宣武帝景明三年，502年）、《杨大眼造像记》和《魏灵藏造像记》。后两者虽无造像题刻时间，但考虑到杨大眼和奚康生是同属一个时代的权贵，再从书刻风格上比较便可断定，四品的书刻时间应相去不远。而这个时间段刚好比南石窟寺的开凿稍早一点。我们虽不能断言"龙门四品"一定影响了《南石窟寺碑》，但最起码它们的总体风格是一致的，某种程度上可以认为是一种时代风尚的反映，通过几个拓片的对比便很容易得到这样的认识。难怪范寿铭在评价此碑书法时说："书体雄朴，犹存太和时造像风度。"（《北魏南石窟寺碑跋》）尽管如此，如若从点画用笔、结字取势以及章法布局等几个方面仔细研究的话便会发现，《南石窟寺碑》更有着鲜明的特色。

1. 用笔特色

关于学习碑刻书法，启功先生有"透过刀锋看笔锋"的诗句。同北魏其他一些碑刻一样，《南石窟寺碑》也是刀、笔结合的杰作。尽管笔画被有意地刻得方整峻拔，而且字迹也并不十分清晰，但我们今天仍可透过刀锋去想象书丹时的情形，书写者用笔的劲健、持重可见一斑，尤其是中、侧锋自然、协调的变换以及笔画形态、粗细等方面的变化更是令人叹为观止。这样的用笔再加上刀刻的作用，使得《南石窟寺碑》笔力丰厚凝重，方折峻利，充满了生命力和刚毅感，富有魏碑雄健的特点。

尽管经过了刀刻的工序，但从我们现在看到的拓片来看，一些字还

---

[1] 崔尔平：《广艺舟双楫注》，上海书画出版社1981年版，第188页。

是基本如实地反映了书丹时的原貌，毛笔书写的痕迹依稀可见。例如，铭文倒数第二行有一个"是"字（见图5—39），最后一笔极为厚重，是明显的侧锋用笔，它让我们感受到了书写者用笔的大胆和果敢，书写过程宛在眼前，这令我们禁不住感叹刻工技艺的高超。

另外，此碑的一些字尚保留有隶书横画的波尾，如"五""六""阿"（见图5—39）等字的长横都是如此。这一方面显示了《南石窟寺碑》具有由隶向楷过渡阶段的特征，另一方面更为碑刻增添了庄重、古朴的效果。

2. 结体取势

《南石窟寺碑》在结体取势上有一个突出的特征：寓变化于平正之中。

总地来看，《南石窟寺碑》结字横扁、紧密，平正取势。以至于有些字几乎达到了不能再扁的地步，如"石窟寺主僧斌""酬"等字就是如此（见图5—40）。

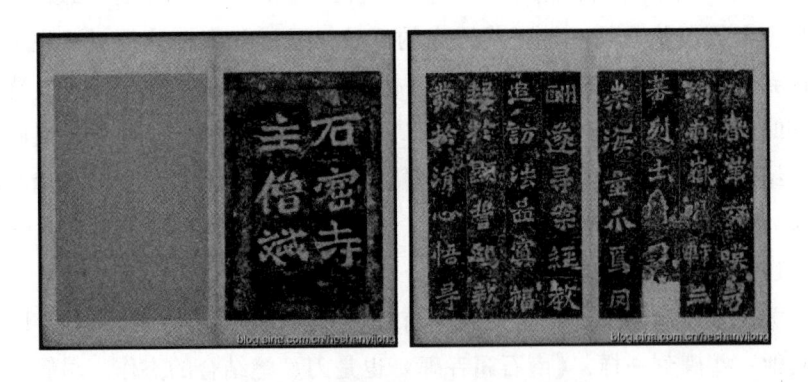

图5—40 南石窟寺碑碑身文字（局部）①

也正是这样的缘故，有些横画较多的字，横画的间距很小，几乎达到密不透风的地步。如"三""圣"等字（见图5—41）。

---

① http：//blog.sina.com.cn/s/blog_63f3f53d0102dx6y.html.

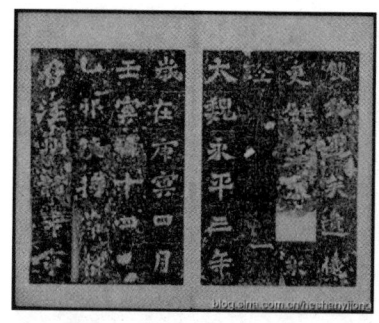

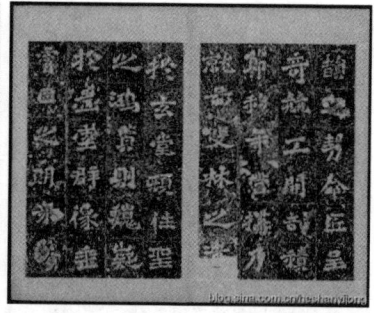

图 5—41　南石窟寺碑碑身文字（局部）①

相比较而言，"龙门四品"显然都是欹侧取势的，尤其是被康有为评为"若少年偏将，气雄力健"的《杨大眼造像记》更是有一种剑拔弩张的飞扬之势。而《南石窟寺碑》则显得持重、温文尔雅，这一点再次突出了它总体风格上的稳健、质朴。罗振玉认为此碑"从分隶出"，除了前文说过的保留一定的隶书笔法之外，恐怕还与字形普遍横扁取势息息相关。

虽然此碑在总体上结字稳健，平正取势，但细审每个字我们就会发现，此碑在结字取势方面蕴藏着丰富的变化。比如说，横画之间在走向上总有程度不同的区别，所以我们无论在单个字还是在整通碑中几乎看不出像《史平公造像记》那样一律的横画走向（见图 5—42）。

再比如，单字部件之间的位置安排往往突破常规，这可以说是《南石窟寺碑》在结字取势富于变化方面最具特色的一个表现了。例如："澄"字将三点水位置提高，缩在部件"登"的左上方，然后将"登"最后的横画左伸，从而将两个部件以一个全新的布局重新组构成一个整体。《南石窟寺碑》有一个特点，当左右结构的字左侧部件笔画数较少时，其位置往往被提得很高，刚刚说过的"澄"就是一例，"烟"则是另外一例：部件"火"不但高出右侧部件很多，而且大有继续"拾级而上"的趋势。这样的安排往往使得类似的字形显得稚拙而率真；"绮"字的绞丝旁上下散开，离得很远，实际上就避开了右侧部件"奇"中厚重的"口"，

---

① http：//blog.sina.com.cn/s/blog_63f3f53d0102dx6y.html.

图5—42　史平公造像记拓片（局部）①

从而使得整字布局出奇制胜；"纷"字的绞丝旁则是另外一种情况了，书家通过让、就将两个部件巧妙地结合在一起，水乳交融，密不可分；"蔚"字由上下结构变成了左右结构，令人不解的是，书家将"草字头"这个"砝码"加到了分量已经很重的左侧部件一边，部件"寸"沦为附庸，但由于书家的巧妙安排，此字形并没有给人以失衡之感。这样的字形让人感受到在书家的眼中，整体才是最为重要的；"房"字由半包围结构调整为上下结构，突出了中间的长横，可谓结字险绝……

总之，《南石窟寺碑》在结字取势上的变化处处体现着书写者过人的胆量，同时也让人充分感受到了其中的匠心独运。也正是这样的原因，使《南石窟寺碑》尽管结体取势平正、稳重，但几乎每个字都动感十足。

---

① http：//www.360doc.com/content/15/0602/10/1134405_475060850.shtml.

3. 章法布局

《南石窟寺碑》在章法布局上主要有以下三个特点：

（1）字距、行距都较大。又由于字势平正、多数字形较扁的缘故，同"龙门四品"相比较而言，此碑字距显得相对更大一些，所以通篇的布局颇有一些汉碑的意味。

（2）变化丰富。包世臣《艺舟双楫》有云："古帖字体大小颇有相径庭者，如老翁携幼孙行，长短参差，而情意真挚，痛痒相关。"包氏所说"古帖"当就行书、草书而言。而隶书、楷书一类的字体在篇幅上一般要求字形大小整齐划一。但《南石窟寺碑》却不然，通篇字形大小参差变化，甚至占地最小而笔画数又较多的字形（如"凤""周"等）大概只占最大字形面积的1/3。包氏所言"如老翁携幼孙行"在这里得到了充分的体现，应该说这在类似的碑刻中绝无仅有。此碑在章法上的变化还体现在笔法和结字的变化方面，因为无论是笔法还是结字都受制于章法布局，它们的变化归根结蒂也就是章法的变化。比如说，碑文第二行有五个挨得很近的带有平捺的字："回""迷""趣""返""是"，仔细比对后就会发现，几个平捺处理得各不相同。这种丰富的变化使得通篇几乎所有的元素都跌宕多姿，处处充满了生机和活力。

（3）总体风格协调一致，布局完满。尽管《南石窟寺碑》包含了如此丰富的变化，但总体上，无论是写还是刻，前后风格是统一的。字与字之间配合默契，痛痒相关，从而使通篇组成一个和谐完满的整体，不管是笔法还是结字上的变化，甚至于字形大小的悬殊对比，在通篇中都并不惹人注目，足见书家过人的布局谋篇能力。

书、刻者高超的技艺造就了《南石窟寺碑》在书法艺术上独树一帜的风格，这独特的风格又直接决定了它非凡的价值远非同时代的许多"穷乡儿女造像"所能企及。正这样的缘故，它才能与《中岳嵩高灵庙碑》《张猛龙碑》《吊比干文》等一同被纳入北魏著名碑刻之列。陆维钊先生认为，此碑属于六朝书法中"近于《石门铭》而用笔方圆皆能"一派的"整齐"者，"与其学《爨宝子》，尚不如学《南石窟寺》"。①

"南石窟寺之碑本身承载着丰富的历史信息，是南、北石窟寺仅存的

---

① 陆维钊：《书法述要》，浙江古籍出版社2002年版，第15页。

唯一的造像碑，不仅成为解读两窟造像背景及造像内容最主要的依据，而且也是研究地方志、职官的主要实物资料。"①

（二）《王真保墓志》书法艺术赏析

魏晋南北朝时期是中国文化史上"最富艺术精神的时代"，即审美意识的觉醒时代。这个时期的艺术既体现出情感的冲动，又形成了一种特有的风度；既形象又超越形象，彰显事物本质的内在精神和韵味，达到鲜活饱满的生命洋溢状态。北魏文化所呈现出的是高亢激越、豪迈奔放的景象。北魏书法一面传承着汉晋书风，积极地吸取营养，体现出隶书博大、深厚的特点；另一面努力充实本民族的特色，融入本民族的精神内涵与审美取向，最终形成一种刚毅、质朴、劲健、豪迈的书风。北魏是墓志书法的辉煌时期，也是艺术信息较为丰富的时期，这一时期的书法虽是依托于共同的民族文化背景，但在保持这一共性的同时又有自己的特点，体现出多种审美意味。

《王真保墓志》从书法风格上看，结体严谨，略有倾斜，具有俯仰向背的姿态和曲张之势，精紧茂密、秀逸多姿，极富韵致，兼有帖学书法的飞动妍丽和碑学的茂密豪宕。其笔意沉着劲重，端庄方正，方笔斩截，棱角钝厚，峻整遒劲，气势雄伟，洋溢着北方游牧民族强健骠悍的气质，其书法方严峻整，无犷野拘滞之习，笔画爽朗，法度森严。疏密互应的基建中显得稳而不呆，动而不欹，非善毫翰之士而不能为之，诚盛魏之正宗也。

《王真保墓志》笔法刚劲、潇洒，古拙、朴茂，险峻奇伟、惊心动魄。横画保持隶书的特点，常伸展到字形边界甚至超出边界，字形略呈扁方形；斜画紧结，字形横扁，且整体呈欹斜态势；撇画、捺画突出，如长枪大戟，刀砍斧凿，给人以遒劲雄壮之感。整个字形厚重稳健，略显飞扬，规则中正而有动态。其结体宽博疏朗，寓险于平，笔画之间顾盼生姿，和谐统一，其章法纵横分明，疏密得当，虽有界格但却毫无板滞之病，端庄凝重之中，不乏流逸率真之趣。通篇观之，首尾呼应，铭辞与志石相宜，有"量石裁文"之妙，章法和谐谨严，在众多的北朝墓

---

① 魏海峰：《泾川北魏〈南石窟寺碑〉：书法艺术不让中原》，《西王母原地》2004年8月号，第21页。

志中丰姿特秀、独具风神，颇具书法审美价值。

总之，《王司徒墓志》是北魏时期比较精美的楷书作品，它渗透了儒、释、道三家文化的血脉，融合了北方少数民族的粗犷与汉民族的内敛、北方书法的古朴浑厚与南方行楷的新妍妩媚、隶书的笔势开张与楷书的结体严谨，给人以雄健开张的心理体验，具有极高的美学价值，为研究北魏晚期甘肃少数民族政治活动及书法艺术提供了珍贵的史料。

结　　语

　　本书主要以搜集到的北朝至隋唐时期陇右地区涉及少数民族成员的碑铭材料为研究对象，围绕这些材料，对其进行了多方面的研究。主要包括以下方面：

　　第一，对碑铭所体现的陇右少数民族，在充分利用史料及相关研究的基础之上，分别梳理了魏晋至隋唐时期主要少数民族在陇右地区的来源与发展。使我们明确陇右地区在这一历史时期是北方各少数民族展现自己风貌的历史大舞台，他们在这块土地上或自古有之，或迁徙往来，或建立政权，或接受奴役。总之，陇右地区的开拓与发展以及文化的形成与演变，诸多的北方少数民族做出了卓越的贡献。

　　第二，本书对该时期陇右地区涉及少数民族的碑铭按照时间顺序进行了一次系统的整理，按照其类型对这些碑铭进行了分类，并对每一通碑铭材料的基本情况、基本特点进行了介绍，通过这样较为全面的统计、分析与阐释，使我们对陇右地区涉及少数民族的碑铭材料有了一个较为全面的认识与了解，进而进一步从碑铭的角度印证了陇右地区少数民族众多的状况以及他们之间相互交往与融合的现实。

　　第三，本书根据碑铭内容、碑铭人名，揭示了不同碑铭材料所涉及、反映的少数民族及他们在当时共同生活的状态，展现了各民族在陇右地区的存在与发展状况。同时对一些少数民族姓氏进行了分析与研究，对某些人名的"名"与"字"的结构关系进行了分析，探究了"名"与"字"关系背后的文化含义。根据碑铭上的大量人名，统计、分析、研究了当时陇右地区的各族人民在命名中所体现出的明显的宗教意识和对儒家思想的尊崇意识，以及当时政治、经济及社会生活对人们命名的深刻影响，例如孝文帝迁都这一重大历史事件在命名中就有显著印迹。使我们明白先进且丰富的社会生活、文化传统在民族团结与民族融合等方面所发挥的无处不在的重要作用。

第四，本书从整体上论述了陇右地区胡族汉化的原因及特点，以及佛教在作为丝绸之路要冲区域的陇右的兴盛。对碑铭中出现的民间宗教组织"邑义"及其成员的称呼进行了阐释和说明，从一个侧面更好地理解了佛教在陇右兴盛的原因，同时也表明宗教在陇右地区民族融合与民族关系融洽中所发挥的作用。

第五，本书对陇右地区的少数民族碑铭的价值进行了说明。本书从碑铭的文献价值、文学价值、艺术价值的角度，通过举例的方式，进行了逐一的阐发，彰显了对陇右少数民族碑铭进行研究的重要意义。

在本书的整个写作过程中，让我越来越深切地感受到文化对人类生存和发展产生的重要作用和深远影响。

本书经过数次的柳暗花明和百般努力，终于完稿，但仍存在诸多遗憾，现予以说明，以便将来有机会再行探讨与深入研究。

其一，无论是现存碑铭材料所限，抑或碑铭材料搜集不全，使得本书中碑铭所涉及范围与题目所称的"陇右"地区并不能完全相称，希望将来随着更多陇右少数民族碑铭的发现，能够弥补此缺憾。

其二，由于碑铭材料所限，有些少数民族没有涉及。只能以搜集到的碑铭材料为依据，分析研究了主要的七个少数民族，希望将来随着碑铭材料的丰富，能进一步开展研究，从碑铭角度展现这一时期少数民族的全貌。

其三，民族的历史与文化研究，涉及的方面是很广泛的，本书除了所分析研究的诸方面之外，还有很多方面未能涉及。本书囿于碑铭材料及个人能力，对以下诸问题没有涉及：少数民族的攀附郡望（门第观念）问题；婚龄与婚俗问题；各民族间的通婚问题；葬俗及其演变问题；寿命状况；文化的交流与碰撞问题等。希望将来随着更多陇右少数民族碑铭的发现，继续进行研究查考。

其四，在宗教方面，根据史料，南北朝时期，道教规模大成，陇右地区也有道教的传播，关中地区就有很多的道教造像碑或佛道混合造像碑。但由于搜集的碑铭材料所限，本书没有找到陇右地区涉及少数民族成员的道教造像碑或佛道混合造像碑，所以几乎没有涉及道教方面的问题。

　　以上四点,是本书写作留有的主要遗憾,此外还存在其他未尽之处,包括:社会组织、女性地位(女德、女性修养、纳妾、贞洁)、民间小众宗教信仰等,这些都可以成为民族文化与历史研究的对象。希望随着碑铭材料搜集与发现的不断丰富,对上述问题,将来有机会能从少数民族的角度进行研究,以期对陇右地区少数民族的历史与文化有更加全面的认识。

参考文献

(一) 古籍类

[1] (西汉) 司马迁:《史记》,中华书局 2007 年版。
[2] (东汉) 许慎:《说文解字》,中华书局 1963 年版。
[3] (东汉) 班固:《汉书》,中华书局 2007 年版。
[4] (晋) 陈寿撰,(宋) 裴松之注:《三国志》,中华书局 2011 年版。
[5] (南朝梁) 慧皎著:《高僧传》,汤用彤校注,汤一玄整理,中华书局 1992 年版。
[6] (北齐) 魏收:《魏书》,中华书局 1974 年版。
[7] (唐) 魏征等:《隋书》,中华书局 1973 年版。
[8] (唐) 令狐德棻:《周书》,中华书局 1971 年版。
[9] (唐) 房玄龄:《晋书》,中华书局 1973 年版。
[10] (后晋) 刘昫:《旧唐书》,中华书局 1975 年版。
[11] (北宋) 欧阳修等:《新唐书》,中华书局 1975 年版。
[12] (北宋) 司马光:《资治通鉴》,中华书局 2007 年版。
[13] (南宋) 郑樵:《通志略》,上海古籍出版社 1990 年版。
[14] (宋) 赵明诚撰:《金石录》,金文明校正,广西师范大学出版社 2005 年版。
[15] (宋) 邓名世撰:《古今姓氏书辩证》,王力平点校,江西人民出版社 2006 年版。
[16] (宋) 王钦若:《册府元龟》,中华书局 2016 年版。
[17] (清) 顾祖禹:《读史方舆纪要》,中华书局 1955 年版。
[18] (明) 傅学礼、(清) 杨藻凤:《庆阳府志》(合订本),甘肃人民出版社 2001 年版。

（二）专著类

[1] 国家图书馆善本金石组专家组编：《先秦秦汉魏晋南北朝石刻文献全编》，北京图书馆出版社2003年版。

[2] 北京图书馆金石组编：《北京图书馆藏中国历代石刻拓本汇编》，中州古籍出版社1989年版。

[3] 国家图书馆善本金石组组编：《隋唐五代石刻文献全编》（1—4册），北京图书馆出版社2003年版。

[4] 王昶：《金石萃编》，中国书店1985年影印本。

[5] 张维：《陇右金石录—附补》，甘肃省文献整理委员会校印，1943年。

[6] 赵万里：《汉魏南北朝墓志集释》，广西师范大学出版社2008年版。

[7] 赵超：《汉魏南北朝墓志汇编》，天津古籍出版社2008年版。

[8] 周绍良：《唐代墓志汇编》，上海古籍出版社1992年版。

[9] （清）陆增祥：《八琼室金石补正》，文物出版社1985年版。

[10] 汪楷：《陇西金石录》，甘肃人民出版社2011年版。

[11] 王其祎、周晓薇：《隋代墓志铭汇考》，线装书局2007年版。

[12] 《石刻史料新编》，第一辑（共30册，1982年第二版）、第二辑（共20册，1979年6月）、第三辑（共40册，1986年7月）、第四辑（共10册，2006年），新文丰出版公司。

[13] 陈长安：《隋唐五代墓志汇编》，天津古籍出版社2009年版。

[14] 毛远明：《汉魏六朝石刻校注》，线装书局2006年版。

[15] 甘肃省古籍文献整理编译中心：《中国金石总录》（电子试运行版）。

[16] 吴景山：《西北民族碑文》，甘肃人民出版社2001年版。

[17] 马衡：《凡将斋金石丛稿》，中华书局1996年版。

[18] 罗新、叶炜：《新出魏晋南北朝墓志疏证》，中华书局2005年版。

[19] 王连龙：《新见北朝墓志集释》，中国书籍出版社2013年版。

[20] 岑仲勉：《金石论丛》，上海古籍出版社1981年版。

[21] 冯云鹏、冯云鹓：《金石索》，书目文献出版社1996年版。

[22] 《历代碑帖大观》，上海书店出版社1998年版。

[23] 赵超：《古代墓志通论》，紫禁城出版社2003年版。

[24] 赵超：《中国古代石刻概论》，文物出版社1997年版。

[25] 毛远明：《碑刻文献学通论》，中华书局2009年版。

［26］马衡：《中国金石学概论》，时代文艺出版社2009年版。

［27］郁贤皓：《唐刺史全编》，安徽大学出版社2000年版。

［28］章群：《唐代蕃将研究》，联经出版事业公司1986年版。

［29］姚薇元：《北朝胡姓考》（修订本），中华书局2007年版。

［30］吕思勉：《两晋南北朝史》，上海古籍出版社1983年版。

［31］赵向群、刘光华：《甘肃通史·魏晋南北朝卷》，甘肃人民出版社2009年版。

［32］尹伟先、杨富学、魏明孔：《甘肃通史·隋唐五代卷》，甘肃人民出版社2009年版。

［33］唐长孺：《魏晋南北朝史论拾遗》，中华书局1983年版。

［34］唐长孺：《魏晋南北朝史论丛》，中华书局2011年版。

［35］王仲荦：《魏晋南北朝史》（下册），上海人民出版社1980年版。

［36］慕寿祺：《甘宁青史略》，兰州古籍书店出版社2013年版。

［37］万绳楠整理：《陈寅恪魏晋南北朝史讲演录》，黄山书社2000年版。

［38］宋进喜：《天水通史·秦汉至宋元卷》，中华书局2014年版。

［39］宁县志编委会：《宁县志》，甘肃人民出版社1988年版。

［40］陇西县志编撰委员会：《陇西县志》，甘肃人民出版社1990年版。

［41］姚自昌：《庆阳大事纪年》，甘肃人民出版社1994年版。

［42］周伟洲：《早期党项史研究》，中国社会科学出版社2004年版。

［43］马长寿：《氐与羌》，上海人民出版社1984年版。

［44］冉光荣、周锡银、李绍明：《羌族史》，四川民族出版社1985年版。

［45］杨铭：《氐族史》，吉林教育出版社1991年版。

［46］马长寿：《北狄与匈奴》，三联书店1962年版。

［47］马长寿：《碑铭所见前秦至隋初的关中部族》，中华书局1985年版。

［48］马长寿：《乌桓与鲜卑》，上海人民出版社1962年版。

［49］马长寿著，周伟洲编：《马长寿民族学论文集》，人民出版社2003年版。

［50］周伟洲：《西北民族史研究》，中州古籍出版社1994年版。

［51］周伟洲：《唐代党项》，三秦出版社1988年版。

［52］黄烈：《中国古代民族史》，人民出版社1987年版。

［53］高路加：《中国北方民族史》，内蒙古文化出版社1994年版。

[54] 林幹：《中国古代北方民族通论》，内蒙古人民出版社 1998 年版。
[55] 梁披云主编：《中国书法大辞典》，书谱出版社 1984 年版。
[56] 田澍、何玉红主编：《西北边疆社会研究》，中国社会科学出版社 2009 年版。
[57] 侯旭东：《北朝村民的生活世界——朝廷、州县与村里》，商务印书馆 2010 年版。
[58] 杨建新：《中国西北少数民族史》，民族出版社 2003 年版。
[59] 孟德斯鸠：《论法的精神》，陕西人民出版社 2002 年版。
[60] 巴克尔：《文化史》，商务印书馆 1936 年版。
[61] 拉策尔：《人类地理学》，南京大学出版社 2005 年版。
[62] 王宗维、周伟洲编：《马长寿纪念文集》，西北大学出版社 1993 年版。
[63] 荣新江：《从撒马尔干到长安——粟特人在中国的文化遗迹》，北京图书馆出版社 2004 年版。
[64] 李慧、王晓勇：《唐碑汉刻的文化视野》，人民出版社 2009 年版。
[65] 唐晓军：《甘肃古代石刻艺术》，民族出版社 2007 年版。
[66] 闫福卿等：《中国姓氏汇编》，人民邮电出版社 1984 年版。
[67] 严耕望：《中国地方行政制度史（乙部）魏晋南北朝地方行政制度》（下册），上海古籍出版社 2007 年版。
[68] 洛川县志编纂委员会：《洛川县志》，陕西人民出版社 1994 年版。
[69] 李鸿宾：《唐朝的北方边地与民族》，宁夏人民出版社 2011 年版。
[70] 王静芬：《中国石碑——一种象征形式在佛教传入之前与之后的运用》，商务印书馆 2011 年版。
[71] 冯天瑜、何晓明、周积明：《中国文化史》，上海人民出版社 2010 年版。
[72] 王青：《魏晋南北朝时期的佛教信仰与神话》，中国社会科学出版社 2001 年版。
[73] 万绳楠：《魏晋南北朝文化史》，黄山书社 1989 年版。
[74] 任继愈主编：《中国佛教史》（第二卷、第三卷），中国社会科学出版社 1988 年版。
[75] 侯旭东：《五、六世纪北方民众佛教信仰》，中国社会科学出版社

1998年版。

[76] 郑炳林:《敦煌碑铭赞辑释》,甘肃教育出版社1992年版。
[77] 方立天:《中国佛教哲学要义》(上卷),中国人民大学出版社2002年版。
[78] 张宝玺:《甘肃佛教石刻造像》,甘肃人民美术出版社2001年版。
[79] 荣新江:《中古中国与外来文明》,生活·读书·新知三联书店2001年版。
[80] 陕西省考古研究所:《西安北周安伽墓》,文物出版社2003年版。
[81] 罗宏才:《中国佛道造像碑研究——以关中地区为考察中心》,上海大学出版社2008年版。
[82] 张兵、李子伟:《陇右文化》,辽宁教育出版社1998年版。

(三) 论文类

[1] 柏贵喜:《北朝胡人贵族门第婚中的胡汉通婚》,《民族研究》2007年第6期。
[2] 崔明德:《李陵·拓跋氏·黠戛斯——兼论汉唐时期北方少数民族的寻根现象和认同心态》,《烟台大学学报》(哲学社会科学版)1995年第1期。
[3] 李文才:《试论西魏北周时期的赐、复胡姓》,《民族研究》2001年第3期。
[4] 李文才:《魏晋南北朝时期妇女社会地位研究——以上层社会妇女为中心考察》,《社会科学战线》2000年第5期。
[5] 石云孙:《魏晋南北朝人名字》,《皖西学院学报》2003年第3期。
[6] 袁志明:《北朝佛教信仰与民族文化认同》,《青海民族研究》(社会科学版)2001年第3期。
[7] 张德寿:《从民族关系角度看道教与北魏的政治结合》,《云南社会科学》2002年第3期。
[8] 卢建荣:《从造像铭记论五至六世纪北朝乡民社会意识》,《历史学报》1995年第23期。
[9] 郝春文:《东晋南北朝时期的佛教结社》,《历史研究》1992年第1期;《两晋南北朝时期的法社》,《北京师范学院学报》1992年第1期。

[10] 顾吉辰:《北宋前期党项羌族帐考》,《史学集刊》1985年第3期。
[11] 付兵兵:《唐乞伏令和墓志铭考释》,《中国历史文物》2009年第4期。
[12] 木十戊:《奚康生与南、北石窟寺》,《敦煌学辑刊》1993年第2期。
[13] 吴荭、魏文斌:《甘肃中东部石窟早起经变及佛教故事题材考述》,《敦煌研究》2002年第3期。
[14] 张耀民:《幽国辨》,《西北史地》1997年第2期。
[15] 侯旭东:《北魏境内胡族政策初探从〈大代持节豳州刺史山公寺碑〉说起》,《中国社会科学》2008年第5期。
[16] 侯旭东:《〈大代持节豳州刺史山公寺碑〉所见史事考》,《纪念西安碑林九百二十周年华诞国际学术研讨会论文集》,文物出版社2008年版。
[17] 唐长孺:《魏晋杂胡考》,《魏晋南北朝史论丛》,生活·读书·新知三联书店1955年版。
[18] 张广达:《唐代六胡州等地的昭武九姓》,《北京大学学报》1986年第2期。
[19] 李清凌:《汉唐陇右少数民族》,《中国典籍与文化》1997年第3期。
[20] 雍际春、余粮才:《陇右地域文化的基本特点》,《光明日报》2005年12月14日。
[21] 徐芳:《陇右文化与唐传奇》,硕士学位论文,陕西师范大学,2009年。
[22] 邓慧君:《论陇右文化的源与流》,《天水师范学院学报》2008年第6期。
[23] 何生海:《草原文化与陇右文化的亲和——以天水移民为研究视角》,《中央民族大学学报》(哲学社会科学版)2010年第5期。
[24] 张玉璧:《论陇右民间美术的区域文化特征》,《天水师范学院学报》2005年第1期。
[25] 孙武军:《北朝隋唐入华粟特人墓葬图像的文化与审美研究》,博士学位论文,西北大学,2012年。

[26] 杨维军:《秦汉魏晋南北朝时期的陇右文化》,硕士学位论文,山东师范大学,2014年。

[27] 水涛:《寺洼文化研究的几个问题》,《西北史地》1989年第4期。

[28] 陈逸平:《试论历史时期陇右地区的经济开发》,《天水师范学院学报》2006年第3期。

[29] 竺可桢:《中国五千年以来气候变迁的初步研究》,《中国社会科学（B辑）》1973年第2期。

[30] 魏长青、杨铭:《魏晋南北朝时期羌族部落考》,《青海民族研究》第25卷第1期。

[31] 严木初、吴明冉:《唐代少数民族碑刻述略》,《前沿》2013年第6期。

[32] 荣新江:《安史之乱后粟特胡人的动向》,《暨南史学》（第2辑）,暨南大学出版社2003年版。

[33] 张启发:《北朝民族的迁徙及其路线研究》,硕士学位论文,山西大学,2008年。

[34] 赵海丽:《北朝墓志文献研究》,博士学位论文,山东大学,2007年。

[35] 张有堂:《〈梁阿光墓表〉之考释》,《宁夏史志》2014年第3期。

[36] 杜镇:《从燕代到两京:北朝隋唐时期的库狄氏——以隋开皇十四年〈库狄士文墓志〉为切入点》,《唐史论丛》（第20辑）,三秦出版社2015年版。

[37] 张洪:《庆阳地区民族碑刻述论》,硕士学位论文,兰州大学,2012年。

[38] 李宁民:《天水出土屏风石棺床再探讨》,《中原文物》2013年第3期。

[39] 李静杰:《佛教造像碑》,《敦煌学辑刊》1998年第1期。

[40] 姜伯勤:《天水隋石屏风墓胡人"酒如绳"袄祭画像石图像研究》,《敦煌研究》2003年第1期。

[41] 杨磊:《汉魏晋南北朝石碑形制研究》,硕士学位论文,山东艺术学院,2011年。

[42] 王晓红:《甘肃省博物馆藏两件北朝佛像石刻》,《丝绸之路》2004

年第 S1 期。

[43] 秦明智：《隋开皇元年李阿昌造像碑》，《文物》1983 年第 7 期。

[44] 田燕：《北朝关中地区造像碑艺术中的文化多元性探讨》，硕士学位论文，苏州大学，2012 年。

[45] 杨圣敏：《浅论姓氏研究的意义》，《中央民族大学学报》（人文社会科学版）2001 年第 2 期。

[46] 陈瑞琳：《甘肃正宁县出土北周佛像》，《考古与文物》1985 年第 4 期；周伟洲：《甘肃正宁出土的北周造像题名考释》，《西北民族史研究》，中州古籍出版社 1994 年版。

[47] 杨双群：《魏晋南北朝碑刻人名研究》，硕士学位论文，西南大学，2007 年。

[48] 侯旭东：《汉魏六朝父系意识的成长与"宗族"问题——从北朝百姓的聚居状况说起》，《中国社会科学院历史研究所学刊》第三集，商务印书馆 2004 年版。

[49] 戴羽：《冲突与整合——魏晋南北朝民族意识研究》，硕士学位论文，宁波大学，2011 年。

[50] 秦晖：《传统中华帝国的乡村基层控制——汉唐间的乡村组织》，《传统十论》，复旦大学出版社 2005 年版。

[51] 吴浩军：《论唐五代敦煌碑铭的文学价值》，《天水师范学院学报》2011 年第 4 期。

[52] 李辉、罗明：《麦积山石窟造像风格探源》，《天水师范学院学报》2002 年第 4 期。

[53] 马丁：《武则天执政时期的北疆政策及其影响》，硕士学位论文，中国社会科学院研究生院，2012 年。

[54] 王谔：《陇右文献的内容与研究状况》，《天水师范学院学报》2002 年第 3 期。

[55] 杨东晨：《陇右地区西戎民族集团的诸族考辨》，《天水师范学院学报》2006 年第 6 期。

[56] 崔峰：《粟特文化对北齐佛教艺术的影响》，《甘肃高师学报》2008 年第 6 期。

[57] 王怀宥：《甘肃华亭县出土北朝佛教石刻造像供养人族属考》，《敦

煌学辑刊》2016年第2期。

[58] 徐芳：《陇右文化之精神特质》，《菏泽学院学报》2009年第4期。

[59] 张敏：《自然环境变迁与北魏的兴衰——兼论十六国割据局面的出现》，博士学位论文，首都师范大学，2002年。

[60] 李正晓：《中国内地早期佛教造像研究》，博士学位论文，中国社会科学院研究生院，2002年。

[61] 郑文：《魏晋南北朝时期关中地区氐羌民族的宗教信仰——以造像碑为中心的考察》，硕士学位论文，陕西师范大学，2006年。

[62] 程越：《从石刻史料看入华粟特人的汉化》，《史学月刊》1994年第1期。

[63] 孔毅：《魏晋南北朝宗族伦理述论》，《重庆社会科学》2005年第1期。

[64] 冯健：《陕西北朝佛教造像碑初探》，硕士学位论文，西北大学，2005年。

[65] 王永会：《中国佛教僧团发展及其管理研究》，博士学位论文，四川大学，2001年。

[66] 韩伟：《北周安伽墓围屏石榻之相关问题浅见》，《文物》2001年第1期。

[67] 李并成：《甘肃历史文化在中国文化史上的地位》，《陕西社会主义学院学报》2006年第2期。

[68] 雍际春：《陇右文化的基本特点及其地域特征》，《西北师大学报》（社会科学版）2006年第6期。

[69] 覃晓磊：《山西地区北朝佛教义邑研究》，硕士学位论文，华东师范大学，2016年。

附　　录

一　几点说明：

1. 附录所录少数民族碑铭，根据时间先后顺序予以排列。

2. 附录所录少数民族碑铭，仅将行文所需要的予以附录，并未将本书涉及的所有少数民族碑铭全部收录。

3. 文中符号说明："□"代表碑铭上一个未识别的字；"☒"代表若干个未识别的字；"/"代表碑铭本身的换行。

4. 有些铭文已做了句读，有些铭文没有做句读，只是进行了文字实录。

二　本书所引碑铭碑文如下：

1.《护羌校尉彭祁碑》①

君讳祈，字子互，陇西襄武人也，其先出自颛顼。有陆终之裔子大彭，实主夏盟，君则其后也。

历郡右职、州别驾从事。于时庸蜀未殄，侵扰王路，洮西之战，因败运奇，元帅获安。克厌强虏，列上功状，除舍人。还参本军事，除凉州护军。河右未清，戎寇鼎沸，谌谌神略，简在帝心。迁西郡太守，至官未久，复临酒泉，远夷望风，强负归命，白山丁令，率服宾贡。敦煌令孤丰，距违王度，渊泉之阵，兵不血刃。母老弟亡，辞职去官，圣上仁慈，听君所求，转略阳太守，近家禄养，遂罹大难，侍丧还家，服纪终始。有诏以军州始分，河右未清，豺狼肆虐，授君节盖，除护羌校尉，统摄凉州。上前后军功，应封七侯，劳谦退让，阴德不伐，年未知命，

---

① （清）严可均辑：《全晋文》，商务印书馆1999年版。

以太康十年三月癸酉薨，天子愍悼，遣使者监护丧事。策曰：君秉心公亮，所莅有方，不幸殒殁，朕甚痛惜，故孝廉参护羌军事酒泉马朔、改吏部郎中綦毋番、主簿郭晓、良吏夏侯俊等追思洪烈，感想叹嗟，乃刊石勒铭焉。

2.《苟头赤鲁地券》①

大延二年九月四日，苟头赤鲁从同军民车阿姚买地五十亩，东齐瓦舍大道，西引白雾头浴，顾布六匹。中有一邪道，次南坪。买车高兴地卅亩，顾布四匹。即日过了。时人王阿经、苟头昨和、王吴生、苟头阿小、彭兴生、杨鲜等时知。

3.《北魏追远寺造像碑》②

太和元年八月二十五日迁州前长史别驾柱国蔡国公府参军权彦弟陇右府参军景晖等稽首和南盖闻法轮停转因兹鸣颂慧日潜晖由斯像法是以优填世界铸宝为容波斯国土彫檀成相若乃生因构造住相殂迁霜露之悲白百身不赎风树之感万恨无追以朱明谢节白露生晨敬为亡弟景略造石浮屠一躯穷世上镂极金丹彫饰真容象相炳丽庶以兹善举愿亡弟舍身受身同超有色习□果报俱入无生愿七世祖宗沐浴弥陀之水迴向功德之林不为劫数所迁不为尘□所染愿□母德合珪璋行为仪表澄□如□丹坚持如大地又愿内外宗亲永离三途长辞八难弟子权彦供养佛弟子权徽供养佛清信女王妃供养佛清信女王妙供养佛清信女王俗供养佛弟子权睹供养佛弟子权□供养佛清信女男营供养佛清信女道妙供养佛清信女阳善供养佛清信女男容供养佛清□□□□供养佛从兄长史显□从弟景逸弟姪帛棠□□□超姪憧□□受姪善□□□姪善恭从兄□姪军远外生王阳皮姪□□清信□□□信□□

4.《大代持节幽州刺史山公寺碑》③

碑阳：

---

① 鲁西奇：《甘肃灵台、陕西长武所出北魏地券考释》，《中国经济史研究》2010年第4期。

② 张维：《陇右金石录—附补》，北魏31，民国三十二年甘肃省文献征集委员会校印，第15968页。

③ 吴荭、张陇宁、尚海啸：《新发现的北魏〈大代持节幽州刺史山公寺碑〉》，《文物》2007年第7期，第94—96页。

唯大代正始元年岁在甲申七月丙午朔十五日庚申/羽真散骑常侍安南将军殿

中尚书泰山公之孙安南/将军比部尚书泰山公之子持节督豳州诸军事冠军/将军豳州刺史山累率州府纲佐仰为/孝文皇帝立追献寺三级盖闻善不积不足以赞利见/之美业功不显何以标住圣之英踪窃惟/孝文皇帝叡哲清明渊晖洞远玄化迈于唐轩道风超/于三代澄缉四瀛冠冕万国是以玉烛效和禛彩杂曜/三趾九尾之瑞嘉禾素乌之符充集于庭苑矣累忝沐/恩景世荷荣爵历侍三朝出牧汾蕃皇上流恩迁/任此州宣猷垄左姬教西服夙夜追念不知何以仰助/寔祉愚谓三乘福应之原十善将来之庆遂发诚心开/造禅堂宝山四周华林荡野玩劀之初于寺所绝壁之/际有灵井三区忽然自成净丽渊圆今古莫见非至神/着感幽显荐祥如斯炁征何可闻觊遂乃镌石立颂焉/于显皇祚迭世重明跨周越汉车唐等庭滂作郁穆四/海仪形永惟/先帝至德玄经光泽区夏曜道三灵如日斯照如川斯/生如日伊何明朗九围如川伊何均育八维仁风洪济/民歌永思伊余寔昧夙沾恩然参侍累朝委任绸缪/皇心有眷锡土斯州兢兢克念尘露靡諿倾诚焉寄归/依大宝思愿/先皇升神玄皓丽景兜率靖证常道敬建斯寺时乘太/平禅馆爽辟宝宫霞庭荡荡云构济济僧英法响载璨/梵音漻清胜业光炳禛应自然秘井启露法水明泉瞎/镜昏俗芳烈净天舍生更晓为国福田圣业□康比隆/坤干爰刊玄志哉杨炁传/

碑阴上部：

曾☒祖☒安☒八☒显☒墓殡☒父讳☒性☒进☒（忄屋）☒长☒袭☒州华☒同☒圣☒诏☒□☒冠☒□☒累☒镇☒仓☒补☒［又］☒刺（史）☒［祚］☒［宜］

小龛左侧：

开皇六年岁次/丙午二月壬午/朔八日己丑/（残一行）/邑生董阿先/香火主秦保玉/邑生乐道奴/佛堂主封安贵/☒/邑主郭猛略/邑生强伏德/菩萨主封伯仁/邑生赵坎仁/☒

小龛右侧：

都化主封和仁/市令权仲誇/菩萨主乐奴子/邑生胡子荣/邑主别将封运/邑生口口口/灯明主赵凤母张/邑生姚子延/斋主姚黄头/邑生范娘晕/檀越主董桃母李/邑生晋阿仕/邑生杨黑仁/邑生乐突贵

碑阴下部：

第一栏

行参军董道欢/行参军前城内军副庞罗汉/行参军尉其骥/行参军刘元祚/兼主薄（簿）辅贤/蔽曾参军兼土（士）曹郭保龙/法曹参军兼刑狱集曹事长孙和/城局参军席惠训/长流参军奚庆/骑兵参军督护阳州县事陆僧寿/外兵参军姚慎终/中兵参军兼别驾督护西北地郡事尉静/仓曹参军郭众熹/功曹参军梁神宝/录事参军督护赵兴郡事杜将/司马鱼阳侯受洛干仁/长史都护襄乐郡事王绍/（其间空一窄行）长兼治中从事史主薄（簿）魏永/主薄（簿）弥姐李生/西曹书佐督护彭阳县事郭盘石/西曹书佐邓文祖/祭酒从事史督护赵安县事弥姐后进/祭酒从事史魏阿寿/部郡从事史弥姐阿元/部郡从事史魏阿度/部郡从事史张道达/前典签李安生/典签解敬宾

第二栏

田曹掾屈南赤城峨/水曹掾邓文石/铠曹掾郭龙虬/刑狱掾郭龙兴/城局掾路阿双/外长流掾雷众保/内长流掾董道分/骑兵掾雷守各/外兵掾郭太周/都统直兵曹拔拔/仓曹掾王天龙/户曹掾卜小里/统府功西李丰郎/录事晁金龙/录雷毛骑取/司马省事曹步浑/长史省事郑李生/（其间空一窄行）/门下督赵荣/省事郑洪伯/前都录事张丰仪/都录事魏标伦/录事彭羌兴/西曹月令上官文德/朝直杨法欢/记室雷太安/刺奸□官受洛孙/户曹掾邢世豪/佐户掾弥姐拔文/别局掾郭豹子/金曹掾［屈］男文朗/前金曹掾孙丰郎/金曹掾佐进愿/台仓曹掾郭广远/台仓曹掾邓龙安/镇仓曹掾彭道仁

第三栏

法曹史鲁文□/法曹史董珍□/刑狱史皇甫隆寿/城局史忤封毕堕/外长流史凳成柳/内长流史孟道兴/骑兵史孙卯龙/外兵史昨和安迁/中兵史李杰奴/仓曹史张道寿/户曹史杂定光生/功曹史郭安仁/录事史成定龙/录事史王回稚/默曹掾张天生/土（士）曹掾雷丘蹄拔/集曹掾郭法安/（其间空一窄行）/外兵掾荔非飞龙/骑兵掾丁尾普贤/长流掾王凤景/长流掾刘欢熹/长流掾路伏安/前田曹掾魏道建/田曹掾成法□/默曹掾郭黑郎/部郡掾弥姐王兴/部郡掾刘买龙/部郡掾赵阿建/录事史□小李/录事史荔非兴仁/西曹月令史杨众敬/典军张永达/前户曹史秦（？）仲迁/户曹史寇小保/佐户曹史史文龙

（缺一行）/城内幢（幢）副☐/城内幢（幢）副☐/三川幢（幢）主☐/三川幢（幢）主☐/城内幢（幢）主☐/城内幢（幢）主☐/三川军副郭☐/城内军副/三川军主☐/城内军□/默曹史伏☐/土（士）曹史荔非☐/集曹史张☐/田曹史郭☐/水曹史樊☐/铠曹史雷☐（其间空一窄行）/别局史姜☐/金曹史李☐/金曹史赵☐/台仓曹☐/镇仓曹☐/外兵史☐/骑兵史地☐/长流史郭☐/长流史弥☐/前田曹史☐/田曹史☐/默曹史向☐/部郡史成☐/部郡史孙☐/部郡史王☐/别驾教郭☐/别驾典事☐/别驾典事☐

碑右侧：

第一栏

彭阳县兵曹□弥姐散/户曹史荔非马郎/户曹史未代天保/金曹史赏俱取/金曹史樊件宜/租曹史荔非堕娥/租曹史赏定龙/兵曹史雷俱取/兵曹史供乌件明/兵[曹]史王凤奴

第二栏

富平县功曹弥姐龙成/主薄（簿）周道宜/录事雷景养/户曹掾荔非进成/金曹掾弥姐李安/租曹掾弥姐守磨/兵曹掾雷道明/兵曹掾者非安都/户□□□（脱三或四字）屈奴/户□□□□（脱四或五字）兴

第三栏

金曹史雷□拔/租曹史王白谷/兵曹史雷道平/兵曹史雷拔袿/安武县功曹供乌山寿/录事盖同件明/户曹掾□□□/金曹掾☐/租曹掾☐/兵曹掾☐

第四栏

户曹史荔☐/户曹史☐/金曹史[赏]☐/兵曹史☐/兵曹史☐/肤施县功☐/主薄（簿）/☐

碑左侧：

第一栏

赵安县户曹掾任定安/金曹掾昨和薄陨/租曹掾郭元寿/兵曹掾向伏奴/兵曹掾雷进安/户曹史贾法念/户曹史苟阿法/户曹史赵定众/金曹史王进保/金曹史郭龙保

第二栏

租曹史大非定成/租曹史唐法定/兵曹史王道安/兵曹史大非午龙/兵曹史张昙法/定安县功曹庞天安/主薄（簿）路龙保/录事严道郎/户曹掾

路天勋/金曹掾杨清奴

第三栏

租曹掾郭安仁/兵曹掾成安国/兵曹掾张万光/户曹史厍众熹/户曹史王还兴/户曹史郭龙安/金曹史张安保/金曹史成万寿/租曹史范龙光/租曹史童道龙

第四栏

兵曹☐/兵曹☐/兵曹☐/独洛☐/主薄（薄）昨和☐/录事雷☐/户曹[掾]雷☐/金曹掾昨和☐/租曹掾张☐/兵曹掾雷☐

5. 《嵩显（禅）寺碑》①

敕建嵩显禅寺碑记

☐☐☐☐☐☐☐☐☐☐☐☐☐☐☐☐☐☐☐☐☐☐☐☐☐☐☐☐☐☐☐☐/神☐☐☐☐☐☐不夜者也☐☐☐☐垂慈晖☐☐☐☐☐之上久☐☐☐☐/化于亿载☐☐☐☐大千兹昏且隐显弗恒契乎☐☐☐☐☐☐☐☐☐/非运资广目树应曩世岂能开扇道风施展至法雨者哉仰唯/皇帝陛下纂统重光绍隆继圣德洽三才道均五纬政极宸☐☐☐☐☐☐☐/源游神法苑慧鼓既振普天闻般若之音颓网更开率生悟火宅之☐☐☐☐场斯趣矣自唯启宗冀方树基渤海奕世冠勉着性神州灵降圣☐☐☐☐☐☐/得戚联朝旭昵亲夕内秉望舒之赞外整阿衡之翼入谋权议出☐☐☐☐☐/冲波坤津潜液寒挨贯春日之荣幽沾夏辰之蔚辉显哉口而☐☐☐☐☐/渥而涓心冈谢遂仰慕皇纬报施之功亦寻圣经缘果之[上一下曰]之详群☐☐☐☐☐☐/☐厥灵岭择兹飘岭上涌冲天之峰下带☐岫之险重基云构飞级☐☐☐☐☐☐/盘屈[左虫右立刀旁]电[日韦]艳琨成琼若资神乃☐☐质沉坚翠☐外☐丽炎新至☐☐之☐☐☐☐在/布世之相千像吐琦万形挺妙苕苕焉晖赫萃乎兆日修修焉感发☐☐☐☐☐☐/斯诚冀微功钟于至德显福应于道祚述尊然风遂兴颂曰：修哉浑源寘化琨成道气既门口像垂形纷华竞耀至猷口淹经圣觉匪☐☐☐☐☐至[忄上又下火][忄上又下火]谟苕苕退宣道流三界化溢大千幽衢启辄静巫埏隐显弗恒☐☐☐☐/圣皇冲感灵液退融润均法海肩协道风悟口训萃果随业崇口区衺

---

① 张维：《陇右金石录—附补》，北魏32，民国32年甘肃省文献征集委员会校印，第15968页。

□□□□□/灵降圣德二后经纶内光椒掖外允九臣帝思渭阳嘉爵交臻誓被□□□□□/沉溪口壑峰山霄星风云交液吐化蠢页玄堂玮额圣容启灵树铭兴□□□□□/大魏永平二年岁在己丑戊申朔八月乙卯使执节都督泾□□（下缺）

嵩显寺碑碑阴题名：

第一排

府长史张洪□字宝□辽东人也/威远将军司马吐谷浑珂字伏□吐谷浑国□也/别驾从事史皇甫轨字文则安定人/治中从事史梁微字定显安定人/征虏将军安定内史临泽伯□字天□河南人/平凉太守朝那男皇甫□字文远安定人/新平太守永宁伯元宪字叔期河南人/宁朔将军赵平太守临泾县开国子□□字宏明河南人/陇东太守张华字乐生河南人

第二排

功曹参军郭□字众延山□人/仓曹参军梁穆字文和安定人/中兵参军王□字□□乐浪人/府主簿魏文字子杨巨鹿人/外兵参军宋和字天顺敦煌人/骑兵参军元镇字安石河南人/长流参军梁□字宝贤天水人/主簿路彰字□乐安定人/主簿韩邕字法和安定人/西曹书佐梁瑞字成起安定人/西曹书佐彭颜字永度赵平人/祭酒从事史程熙字保愿安定人/安定令荣阳子阴愍字僧念南阳人/朝那令东阿子叱吕起字延兴河南人/临泾令居延男茹荣字□生河南人/威虏将军乌氏令扬威子元［左虫右立刀旁］字青龙河南人/石堂令段德字天□武威人/阴盘令元延字长寿河南人/三水令临洮太守杨英字伯儁恒农人

第三排

参军事□□□□儁天水人/参军事庞显字茂宗南安人/法曹参军□□字□□辽东人/铠曹参军裴□□字□理河东人/田曹参军□□字□□河南人/默曹参军尹显字季□天水人/□□将军兼军主张□字文□魏郡人/部郡从事史彭袭字胤祖赵平人/部郡从事史张炽字安昌安定人/部郡从事史张□字光□□□人/部郡从事史冯堆字金堆新平人/部郡从事史负佑字天念平凉人/高平令王冲字景□□□□/鹁鸱令中陶伯姚玉字珍宝□□□人/祖居令梁通字乐逸□□□/抚夷令黄□字惠□□□□

6.《南石窟寺碑》[1]

夫玄猷冲囨而繁霞尘其晖。冥渊澄镜而绮波或其□。□□□□（于）俗□。□□□□□□□□。使三有纷离。六尘嚣蘙。轮回幽涂。迷趣靡返者也。是以至觉垂悲。拯彼沉溺。阐三□□□□。□□□（火）宅。乘湛一之维则。腾□于妙境。正夕晖□日之旦。大千瞩常乐之□。□风□□。□□□□□□若不迁之训。周诲于昏明。万化无亏之范。永播于幽显。通塞归乎（有）（缘）。（行）（藏）（盛）□□□。□□□□□皇帝陛下。圣契潜通。应期纂历。道气笼三才之经。至德盖五常之纬。启唐□□魏□□□□□□□五教迴融。礼风远制。慈导开章。真宗显诰。戒网羁乎有心。政□变乎□□。彼岸□□□□□□□□□于兹将济矣。自惟鸿源帝乡。庇邻云液。议踪翼亲。论畴懿胕。荣要山河。连基齐晋。遂得□□□□□金于云阶。斑爵五等。垂玉于丹墀。内备帏幄。外委霜绒。专节戎场。辟土之效未申。耀威□□。□□□志靡建。岂谓干荫云敷。皇泽雨洒。冲旨遍加。春华交映。势均两岳。曜轩三蕃。列土□□。□崇海量。介焉罔酬。遂寻案经教。追访法图。冥福起于显誓。鸿报发于涓心。悟寻训旨。建□□□□□厥泾阳。简兹名埠。重峦烟蔚。景气之初交。川流决漾。鲜荣之后畅。飞峭合霄。玄崖吐液。□□□□□峙。冥造之形。风水萧散。瑶韵之势。命匠呈奇。竟工开剖。积节移年。营构乃就。图双林之遗□。□□□□于玄堂。规往圣之鸿质。则巍巍于□室。群像垂霄囨之朗。众□表珠光之鲜。晖晖焉若（分）□之□□。岌岌焉如踊出之应法机。又构以房馆。建之堂（阁）。藻洁渟津。荫□殊例。静宇禅区。众□□□□□。穷微之僧。近跬通寂之俊。謐尘□神乎治端。豪绩瑛乎不朽。刊铭乎（庭）。遂兴颂曰：攸攸冥造。寥寥太虚。动以应有。静以照无。穹经垂像，厚化亦敷。嚣□纷虇。道隐昏途。道（经）□□□四色。俗流竞波。爱根争殖。回往幽衢。沉沦邪或，圣觉匪运。真图□（测）。至哉大觉。持畅灵（姿）。□□□（廓）兹圣维。大千被化。幽境蒙晖。潜神吐曜。应我皇机。圣皇玄感。（协）扬（治）猷。道

---

[1] 张维：《陇右金石录—附补》，北魏34，民国32年甘肃省文献征集委员会校印，第15969页。

液垂津。冥（被）□□。□□九区。慧镜长（幽）。三乘既驾。六（度）（斯）流。餐沐法膏。藻心道津。鸿源流衍。是近是亲。均（感）退旧。□□□□。□躬罔报。建斯嘉因。重阿叠巘。蔚映阳川。邃户飞窗。翠错晖妍。双（兹）运矣。遗仪更鲜。□□□□。□□永证。大魏永平三年。岁在庚寅。四月壬寅朔。十四日乙卯。使持节都督泾州诸军事。平西将军□□泾□州刺史。安武县开国男奚康生造。

碑阴题名①：

第一排（25人）

平西府长史河南陈平/司马敷西男安定皇甫慎/录事参军扶风马瓒/功曹参军宁远将军华容男屈兴字允若/昌黎人/仓曹参军奋威将军赭阳子梁瑞字乡贡，天水人/中兵参军略阳王舛广/府主簿天水尹宁字庆安/外兵参军金城赵忻字兴庆/骑兵参军事都护安定内史辽西段逸字丰□/长流参军昌黎韩洪超/城局参军新平冯澄字青龙/参军事冯翊□□/鹰扬将军参军事北海郦哲□/别驾从事史□□□□□/安远将军统军治中□□史安□□□□/征虏将军安定内史临□□□□/平凉太守朝那男□□□/新平太守参军□□□□□/宁朔将军赵平太守临泾县开国□□□□/陇东太守领汧城戍河南□□/别驾从事史安定胡武伯/平漠将军统军兼别驾主簿安定胡文安/主簿平凉负祥/主簿兼州督别驾从事史安定梁僧寿/西曹□□主簿赵平彭□

第二排（14人）

法□□□□□□/铠曹参军赵平□□/田曹参军陇西董辨/默曹参军□□□□达/以下残九行/□酒从事史安定皇甫询/□□□□□泾阳王胤祖/□□□□□平雷炽/□□□□□□原郭松茂/□□□事□安定席道原/□□从事□□□张广昌/部郡从事史平凉负英/部郡从事史冯翊田雍芝/门下督北地傅神符/省事安定胡季安

第三排（缺前两行，1—2行不似题名，似叙述某事、略去）（10人）

安定郡丞沛国刘纪/平凉郡丞济南侯安定胡□［左虫右立刀旁］/新平郡丞京兆韦文恪/赵平郡丞上谷赵椿/陇东郡丞黄龙冯法孙/安定令荥阳子武威阴愁/临泾令□□男茹□河南□/石堂令□□□□□□/朝那

---

① 甘肃省博物馆：《甘肃泾川南石窟调查报告》，《考古》1983年第10期。

□□□□□/乌氏□□□□德/以下十行无字

第四排（10人）

白土令南阳邓生/临洮太守三水会恒农扬伯儁/爱得令朝耶罗宗/鹑觚令□□□南安姚玉/阴密令扶风马允咸/俎历令□□□□逸/抚夷□□□□明/阴盘令□□□□/高平令□□□□/泾阳令□□□□□

7.《王真保墓志》①

第一石：

王司徒墓志

君讳真保，秦州略阳人。实轩辕之裔，后稷之胄。盖隆周即豫，霸者专征，陈生嗟去，获兆西域。遂飞实武威，别为王氏。历代名位，左右贤王。暨汉世大统，诸国内属，因朝入士，鸣玉西都。后中国失御，魏晋迭升，或龙腾白马，凤飐金城。所在立功，图勋帝室，受晋茅土，遂家略阳。高祖擢晋龙骧将军、宁夷校尉、赵显美侯。石虎之子，于时冲年立操，二九登庸。布蕚蕃方，联晖相袭，分金益部，片珪井野。入服貂珰，出任推毂。兆虽盘根海底，即亦抽柯入汉。后石室告屯，苻宗策马，张氏承机，抚剑河西。豪杰鼎跱于三方，壮士偃蹇于斯年。爵命缤纷，竞溱如雾。公匪义张祚，东辕入秦。明帝置席，建师贤之礼；分土南安，托殊常之寄。将欲问策帏中，委戈厝门。不幸寝疾，薨于京师。翼赞之功未宣，六奇之谋掩发。秦后痛之，追谥曰庄。曾祖陵，抚军将军梁州刺史。烈祖伏仁，乞伏世衹连汉阳二郡太守。父润，陇西太守。秦黴戎裔，习俗悠犷。民负颠碍，世为嘱虑。乃是将军仞锋之场，帝王雕威之地。世祖为之徘徊，曹公于是逊遁。自代国启基，洮陇初开，抚新御险，时难其委。以公器略渊明，经纬有方，济时所托，以为

第二石：

德人。公体敦惠和，化邻南岐之风；育海千里，治□□欺之术。年未致仕，暴患而薨。民怀市哭之恋，吏抱野祭之哀。魏苞余善，赠龙骧将军交州刺史。君气品渊澄，资含玉质。良工不能侥其劲，修纶未足度其深。弱冠仕郡，历政功曹。刺史山阳公，魏之懿德，识亮高明，光临申举，择必良彦。自非累代豪家王公之族，才逸孤群，都无以豫其选。

---

① 秦明智、任步云：《甘肃张家川发现"大赵神平二年"墓》，《文物》1975年第6期。

于时民豪列庭，冠带鳞萃。公独被瞩盼，留目丁宁，即补西曹，用强贞干。在公清雅，声驰北京。孝文嘉之，策授广武将军城都侯。公执操自高，每多慷慨。志兼择翻之规，情含矫鳞之望。风随之节未申，腾雾之枕未举。寝疾不豫，晻然即世，时年六十，豪友痛之。自魏道历终，大赵应期，寻仁恋德，望坟追赠。加使持节大都督、西道诸军，事骠骑大将军司徒公，天水郡开国公太原王，谥曰懿。使持节即枢宣策，祭以太牢。仰述美绩，镌铭记德。颂曰：孤根特秀，翻条映月；凄风雅至，容不暂憩。非霜不酷，自有贞骨；偶傥不群，资狼亦别。严严荆山，遏遏蓝田，下积瑶琨，上插雾间。时遇善琢，宝器在焉。记斯明德，响玉相绵。金石永勒，千载长宣。大赵神平二年岁次己酉十一月戊寅朔十三日庚寅记。

8.《禄文造像碑》①

背面及左右供养人题名如下：

邑生程何垠/邑生曹僧/邑生宇文□岁/邑生程崇显/邑生屯秋□/邑生李定洛/邑生康□□/邑生□□□/邑生□□□/邑生□□□/邑生屯益寿/邑生晋阿双/邑生程可鳞/邑生梁祖欢/邑生比丘文欢/维那苟驎标/邑生李令贵/邑生郑文欢/维那屯道仁/邑生程崩山/邑生胡昙言/邑生胡令安/邑生侯寄生/邑生马万岁/□□胡洪□/□□□□□/邑生梁□□/邑生安□□/邑生王□□/邑生□□□/邑生□□□/邑生□令□/邑生苟广□/邑生苟□□/邑生郭廷□/邑生王□□/邑生郭□□/邑生郭□□/邑生程□□/邑生□□□/邑生匡日□/邑生李□□/邑生程□□/□生□□□

9.《权氏石造像塔》②

基座供养人题名：

第一面：左面有3身供养人，题名：

清☑/清信☑/清信女☑

右面有7条供养人题名，分别为：

邑子权□僵/邑子权保多/邑子权显恭/邑子王金□/邑子权杨□/邑子

---

① 张宝玺：《甘肃佛教石刻造像》，甘肃人民出版社2001年版。
② 《妙像庄严——秦安佛教文物展》，http：blo.sina.com.cn/s/blog_624682ef0101k8lm.html。

附　录 / 283

权□□/邑子权□□

第二面：8身供养人，左侧5身较小，右侧3身较大。3身大的题名：

弟子☑供养/弟子权☑供养/弟子权☑供养

第三面：6身供养人，题名分别为：

亡弟☑/亡□权☑/亡母吕小☑/亡父吕□供养佛时/☑

第四面为造像发愿文，部分文字磨泐不清，现根据拓片录文如下：

大统二年岁次□□正月癸卯朔廿八日□□清信仕权丑仁兄弟宿着弥浓恒□□□远知三宝可以□□（供？）□（私）发微愿情惠心□□□（以？）尽竭才力造立三劫石一区愿合家口大小□□延长子孙□□□□□习内外通达□□□□用之无□□亡后死不处八难生□遇□□□兴隆人民宁□□□六趣咸蒙斯庆□□一切

10.《猲生墓志》①

父使持节安北将军都督秦州诸军事秦州刺史略阳郡开国公讳步肱使持节安北大将军都督南荆州诸军事银青光禄大夫南荆州刺史当州大都督昌阳子三门县开国伯封君讳猲生在职薨陨□赠秦州刺史管给依礼窆于方疆□刊名之铭大统九年岁次癸亥十月戊午□月廿七日迁□

11.《豆卢子等结社造释迦像》（北周立佛像）②

四面发愿文及造像功德主题名顺序抄录如下（根据其他资料，有所补充）：

正面（南面），共26行，行11—14字不等：

□邑主刘归绵/邑生黄□罗/南面斋主宁远将军仪同司马孙□□/南面典录宁远将军统军库延丰□/南面化主轻车将军别将宇文元达/南面唯那骠骑将军都督地连昌/都香火主车骑将军师都督纥奚慎/都唯那都督启宁县平州刺史贾延/都邑政刘子皮为父都斋主程显庆/南面邑主建中将军诚紫别将郭永/都化主牛文龙都邑谓也丘目归/师都督真定县开国侯吐难庆/都像主前将军右银青光禄/大都督明水县开国公豆卢相/都邑主使持节骠骑将军仪同三司/保定元年正月十五日合邑生一百三十/人等共同尊心为法界众生广发/洪愿造人中释迦石像一躯愿使/黄（皇）帝比（陛）下明

---

① 王连龙：《西魏猲生墓志》，《社会科学战线》2011年4月。
② 周伟洲：《甘肃正宁出土的北周造像题名考释》，《考古与文物》1985年第4期。

中日月法界众生/□治此福公得圆满果保成佛/邑师比丘僧静/邑师比丘显和/佛堂主安法嵩/都典录孙阿妃/都典坐王僧姬/南面香火主支婴□/南面邑谓孙庆遵/南面邑政吐谷浑阿□/邑生刘法姬/南面典坐容公主/邑生范阿斤姊/邑生乐永兴/邑生弥姐者总/邑生郭要罗

左面（东面），共25行，行5—10字不等：

东面邑主都督豆卢子光/东面化主成安庆/东面邑谓阿六丸伏姬/东面邑政黄（皇）甫罗妃/东面唯那吐难庆安/东面典录刘道洛/东面典坐牛安和/东面香火主徐贵安/东面斋主段阿亥女/邑生侯莫陈阿显/邑生纥奚元恭/邑生步大汗阿颙/邑生□阿各奴/邑生成洪达/邑生地连猛略/邑生地连晖略/邑生赵天与/邑生豆卢子惠/邑生六道女/邑生孙阿妃/邑生尹妻比何朱/邑生侯莫陈康果/邑生开府司马荔非穆/邑师岳法显/邑生粟王生/邑生李华妃/邑生伟三婴

右面（西面），共25行，行5—12字不等：

邑生雷仏得/邑生张美香/西面邑主王回洛统军邑生金/西面化主成小生都督妙客/西面邑谓白庆妃/邑生王显谘/西面邑正纥奚康和/邑生傅阿妃/西面唯那江文洛/邑生王善晖/西面典录豆卢寄受/邑生王夐晖/西面典坐牛庆珎/邑生雷黑奴/西面香火主付清黑/邑生马婆惠/西面斋主房阿罗/邑生肖洪昶/邑生刘天生/邑生梁勤川/邑生董真欢/邑生宇文庆/邑生朱汁德/邑生吐谷浑天山/邑生徐洛僧/邑生赵郎宜/邑生宇文相寿/邑生畅子督/邑生李苟子奴/邑生雷正/邑生纥奚石奴/邑生成僧和/邑生王思业/邑生成万岁/邑生李永知/邑生程白居/邑生卫法胡/邑生皇甫富昌/邑生王分进/邑生雷士如/邑生徐阿毛/邑生赵比生/邑生毛奴子/邑生赵比磨/邑生骠骑将军都督赵和/邑生建中将军统军贾洪遵

背面（北面），共27行，行10—12字不等：

（北）（面）邑主卫相和/邑生徐华妃/北面花主袁阿显/邑生牛阿晖/北面邑谓呼延永兴/邑生李妙光/北面（邑）正段子祭/邑生梁和妃/北面唯那牛照世/邑生尉迟世晱/北面典录段元显/邑生聂行/北面典坐马思和/邑生李子欢/北面香火主程显荣/邑生华阿庆/北面斋主唐黄头/邑生张要妃/邑生魏罗慎/邑生雷道生/邑生韩洛祖/邑生师都督/邑生雷智显/曹买得/邑生雷婆非/邑生都□/邑生辛安保/督□悦光宗/邑生刘还绵/邑生孟阿广/邑生杨永洛/邑生贾元伯/邑生丁文欢/邑生雷道奴/邑生韩景开/邑

生横野将/邑生吐难奉生/军亓苟仁/邑生吐难纥亥/邑生柳生谘/邑生刘播贵/邑生贾羊眈/邑生赵万周/邑生贾仲眈/邑生李富昌/邑生雷兴郎/邑生刘达磨/邑生雷阿父女/邑生豆卢武长/邑生雷子乾/邑生李庆珎/邑/生巍伏妙/邑生宁远将军平兴县开国子曹□

12.《王令猥造像碑》①

建德二年岁次癸巳五月丙寅朔正信佛弟子堡主王令猬嘱值伯陆盈缩无常知德可舍知善可崇以减割妻子衣食之人为忘息延庆延明父母等敬造石铭壹区高四尺弥勒壹堪释迦门壹堪前有狮子伏令忘息等神生净土值愚诸佛龙花三会愿在祈首全家眷属一年以来百年以还众灾消灭含生之类普同斯愿佛弟子堡主王令猬卢旷理将军殿中司马别将嵩庆孙子颜子茂子开子初清信梁定姿清信张女妃清信权男婴清信权影女子晖□晖。

碑阴上部右侧为"猥清信息女□容清信女颜容清信□容供养",左侧为"猥弟永以法□侄元庆弟王薄王安绍先孙何□",碑阴下部在供养人旁有"忘息女□女乘车供食佛时""忘息延庆乘马供养佛时""忘息延明乘车马供养佛时忘父元□供养佛时忘母皇甫男奸供养佛时忘息女香□供养佛时扶车奴□德"。

13.《建崇寺造像碑》②

碑阴铭文：

建崇寺亡祖秦州都酋长吕帛冰。女定□□骠骑大将军、南道大行台、秦州刺史显亲县开国伯亡伯兴成,伯母带神。龙骧将军、都浙州刺史亡父兴进,亡母元要,亡母男娥,亡母僧姿,亡叔法成,叔双进,兄天孺,弟道伯,亡姊李姿,姊男姿,妹伯男,辅国将军、中散都督、开国子宇文建崇,辅国将、中散大都督宇文嵩,弟进周,崇息雍周,法达,孙洪济,崇妻王光荣,息女含徽,子明月,息妻王花,侄季和,侄,子孝,子顺,子恭,保和,达和,善和,伯母王阿松。佐男兄,妻件思妙,弟妻王选辉,侄女仙辉,小辉,艸女,弟妇权常妙。息□女,姊赤女,佛弟子权法超,佛弟子王堪书。佛弟子权仕宾。

---

① 吴怡如：《北周王令猥造像碑》,《考古》1988年第2期,第70—71页。
② 《秦安境内历年出土的佛塔造像》, http://www.3023.com/4/086894676.html。

14.《史射勿墓志》[①]

大隋正议大夫右领军骠骑将军故史府君之墓志

公讳射勿,字盘陀,平凉平高县人也。其先出自西国。曾祖妙尼,祖波波匿,并仕本国,俱为萨宝。父认愁,蹉跎年发,舛此宦途。公幼而明敏,风情爽悟,超悍盖世,勇力绝人。保定四年,从晋荡公东讨。天和元年,从平高公于河东作镇。二年正月,蒙授都督。其年二月,被使从郯国公征王壁城。建德五年,又从申国公击破轵关,大蒙优赏。宣政元年,从上柱国齐王宪掩讨稽胡。开皇二年从上开府、岐章公李轨出向凉州,与突厥战于城北。又随史万岁,罗截奔徒。开皇三年应募,随上开府姚辩北征,随方剿朴。又从安丰公高越,尽锐攻围。十年正月,从驾辇并州。十四年,转帅都督,十有七年,迁大都督。十九年,又随越国公素绝幕,大歼凶党,噍类无遗。即蒙授开府仪同三司,以旌殊绩。其年十一月,敕授骠骑将军。廿年,又从齐王入碛。仁寿四年,蒙赐粟一千石,甲第一区,并奴婢绫绢,前后委积。大业元年,转授右领军、骠骑将军,又蒙赐物三百段、米二百斛。其年又从驾辇杨州,蒙赐物四百段,钱六万文。五年三月廿四日遘疾薨于私第,十年六十有六。即以六年太岁庚午正月癸亥朔廿二日甲申,葬于平凉郡之咸阳乡贤良里。呜呼哀哉!世子诃耽、次子乐,朝请大夫,次大兴、次胡郎、次道乐、次拒达,并有孝性,俱能追远,惧兹陵谷,乃作铭曰:洪源峻极,庆绪灵长。祚兴石室,族炽金方。维公降诞,家族载昌,抚剑从骠,挺刃勤王,位以功进,赏以诚来。既登上将,即拟中台。惊飙何迅,崦光遽颓,何年何岁,松槚方摧。

15.《李阿昌造像碑》[②]

碑阴上部正中造弥勒菩萨龛像,以下通体刻发愿文13行。

维开皇元年岁辛丑四月庚辰朔二十三日壬寅/佛弟子李阿昌等廿家去岁之秋合为仲/每月设斋吉凶相逮今蒙皇家之明德开兴/二教然诸人等谨请比丘僧钦为师徒名曰大/邑远寻如来久□之踪择亲为行本竟施财物/营造精舍土木之所存遂采名山之石建于碑/像庄丽□工□精奇尽于思巧林果

[①] 罗丰:《固原南郊隋唐墓地》,文物出版社1996年版,第16—19页。
[②] 秦明智:《隋开皇元年李阿昌造像碑》,《文物》1983年第7期。

山池靡不/有备瞻仰周曲以开迷误路人观者无不念矣/既成□□□□缘此兴造之功一愿钟报于帝主/□□□□实素之文□□□□于北祠谷□□□□□ 康隆 □□□□□□□□ 眷/大 □□□□□ 及十□□□□□□□□有□□□□□值此☒

碑阴佛龛两旁及发愿文之下刻施主29人姓名

像主左寺头/浮图主霍定/都邑主宁远将军右员外常侍鸮舳令李显/邑师比丘僧钦/化主董伯奴/邑师比丘道珍/都化主杨奴奴/都邑主前宜阳郡守李阿昌/都邑正白李香/都为那胡元集/典录员安和/典录华继世/香火郭序礼/香火郭道集/斋主李运祥/斋主杜伏荣/邑生长安县人车骑将军左光禄韩定□/邑生周延矩/邑生李道□/邑生长安县人刘小/邑生李道□/邑生庞猛集/邑生李道□/邑生梁孟先/邑生孟□□/邑生胡苟奴/邑生吕□□/邑生袁元□/邑生辅国将军前河东郡守梁令伯

16.《吕瑞墓志铭》①

公海瑞字连生秦州天水人也周太师吕望之胄□焉因官食菜于秦陇树德依仁世钟名教祖强卿本郡功曹考龙本州岛西曹惟公承积善之基履贤能之德夙着风神早茂锋颖大统十三年任柱国河内公府水曹叅军既美襟期方申体国魏后二年转柱国绥德公府兵曹以申弼谐之寄周元年转二十四军判事实伏维良之举二年从景国公讨雒阳以先登力战授车骑将军左金紫光禄都督封襄州鹿门县开国男邑三百户便闻井野之恩遂河山之赋天河二年授左八军府属方棣宠灵日致旌赏建德二年任信州民复县令布政以仁字氓惟道开皇元年任隆州襄如县令惠泽滂通仁声载洽会□辅仁行悲□化春秋七十有二奄见薨陨以开皇八年岁次戊申十一月丙寅朔七日壬申遂藏于伯阳县界兰渠乡三阳里遗尘易永泉穴方幽匪寄镌题熟传无朽敢陈德行乃为铭曰□嶽其昌祈启于姜三齐建国四复宾王得荣得姓度陇为乡笃生夫子玉振金相登官受□蒞事含章惟德之美何年不长昆峰委玉桂畹瓒芳百年无几千秋未央

17.《大唐隋故车骑将军金公墓志铭并序》②

墓志：

---

① 张维：《陇右金石录—附补》，隋58，民国三十二年甘肃省文献征集委员会校印，第15981页。

② 周绍良：《唐代墓志汇编》，上海古籍出版社1992年版，咸亨012，第132页。

公讳行举，字义起，陇西伏羌人也。夫笃慎忠贞，日碑见称于强汉；经明行著，钦赏播美于元成。年代悠然，寂寥无纪，其能继兹哥詠，惟在君乎？父达，周芳州刺史；雄才盖世，英略佐时。君擢干凤林，含芳桂岭。随属周鼎未定，秦鹿走嶮，待降丝纶，授承御上士，寻迁车骑将军。住近钩陈，寄深侍卫，夙恭恪谨，情礼弥隆。乃息宦情，散志丘壑，奄以永徽元年二月十三日薨于私第，春秋六十有九。呜呼哀哉！夫人郭氏，太原人也。父楚先，以贞观十六年五月八日卒，今于三月三日合葬于邙山礼也。悯怅兰室，临祖奠而罇清；飍飍长原，望佳城而马白。嗣子弘则等，孝行深厚，丧毁过制，恐陵谷迁移，敬镌贞石。其词曰：长源洪族，遂古金天，休屠特挺，乃诞贞贤。灭亲存乎大义，拜泣发乎天然，盛德不泯，嗣后光前。知玉之润，如松之贞，方期仙术，遽掩佳城。雾昏垅暗，山空月明，唯馀万古，永播佳声。

18.《唐故齐州历城县令库狄君墓志铭并序》[①]

唐故齐州历城县令库狄君墓志铭并序

君讳通，字丰仁，天水人也。因家河南县永泰乡焉。夫华宗庆远，□爵启基，后族纷纶，五侯承胤。祖贤，隋任东宫直寝上仪同；父通，任卫州黎阳县令；竝茂范英声，昭彰□□，□仪雅俗，抑扬当□。君禀性忠□，资龄立德，淳懿之量，囊括昔□；贞白之心，□□往列。乾封元年，蒙敕授齐州历城县令，固可俯仪真气，振道悬风，岂其四影催龄，三胡伐姓，西山五色，既不遇于今辰；南海一丸，空有闻于往日。粤以咸亨元年闰九□□日终于道化坊私第，春秋八十□三即□其年其月廿一日权窆于北邙平□乡之阳礼也。哀子惠感，劳悴之感，痛甚风枝，悙独之悲，凄如霜叶。恐陵谷俄迁，桑田变海，式斯玄□，其词曰：一代英奇，不终遐寿，何期□栢，忽彫蒲柳，魂归异壤，烟生陇首，□□清□，千龄弥朽。

19.《唐故游击将军穆泰墓志铭》[②]

唐故游击将军上柱国前灵州河润府左果毅穆君墓志铭

---

① 周绍良：《唐代墓志汇编》，上海古籍出版社1992年版，咸亨012，第517页。
② 庆阳市博物馆、庆城县博物馆：《甘肃庆城唐代游击将军穆泰墓》，《文物》2008年第3期，第47页。

君讳泰，陇西天水人也。代习衣缨，家阀阅，荣耀千秋，几辉百祀。曾祖讳安，上护军，任豪州司马。才超七斗，儿戏三冬，理人若春露含花，行法似秋霜萎叶，恩临溉海，逢无晚讼之人。盗返秦郊，邑停夜吠之犬。父讳表，上骑都尉，任州录事参军。明如水镜，直若朱弦，预察人劳，才为代出，扬振退金，名早闻于汉史。子□□玉声已播于周朝，功立明时，名彰圣代，既文既武，能刚能柔。大唐证圣元年，授游击将军、上柱国、行庆州洪德镇副将，又至长安三年三月廿九日，改授灵州河润府左果毅都尉。金一耀一，横行马邑之边，□□含星，直入龙廷之塞。神龙元年，摄□安军副使，又至神龙三年，检摄定远域（城）大使。耿恭设拜之地，久戍忘归，广利郏山之境，一从征战，下□山而入蒲海，出鸿门而历鸡田，赤心事君，忠诚报国，虽未作□酶，亦□□舟□，复因年齿雕暮，返退秋园，命□僚以言取□□□以自乐。开元十七年十月廿日遘疢，□□私□，春秋七十。不谓芬华易谢，□月难留，忽往逝小□□□□开元十八年岁次庚午二月廿九日葬于庆州城北五里，礼也。秦域□迤，陇□萧条，鸟□树□更悲云卷山□日□高序为□为□嗣子□□军节□□□下别奏敬澄等□年代之迁移□丘□□□□□金甬纪铭志□□粤□□□名播边关，□域后□，屡游燕代，响誉年载，应声而会，遏塞飞韶，威宣渡辽，位□班超，边□□□，义扬李广，退禄丘园，永舍烦□，琴歌重喧，况逢老疢，遇凶退吉，奋归宜室，宅纪□□□俯仰何歌□□□反出郎□□□□□□陇□一□西□□□□□□谁不亲戚增悲泣涕□□魂□诓□□缠茔首金石宜久，用传不朽。

20.《唐李将军碑》[①]。

唐故大将军李公之碑

大唐故临潭侯左金卫大将□□☑/飏言地火之风鼓天下□动☑/天子所以授钺□将□也认□山☑/天同姓锡为李氏□名□□增华☑/性预立体远知爱诸眷□☑/蕃入殊溪大岭将军督统兵马□□□□□获☑/府折冲九年春□□元经☑/逾万计防御陇右□□□朔方北☑/牛马兵□器械乃将□□□□卫

[①] 碑文的拓片见于《洮州厅志·志石》及民国甘肃学者张维所著《陇右金石录》（唐30，第15998页），错讹衍漏均不全。甘南文化馆的同志20世纪80年代新拓的记录本较之前拓又多出了一些字，对释碑有较大的帮助，现参考录之。

☐/好戎犯大斗狄☐山丹潜☐亲☐/林上下兼保塞州刺史☐☐陇右军☐/将军☐尽闻☐☐上☐利请先纵弃☐/并至☐☐式嘉赠父☐道右武☐/振☐☐☐☐荒橄十六年秋☐陇右节☐☐使☐/不☐☐迁右武卫大将军其年夏秋☐☐入☐/天朝通籍金门☐☐☐☐阶☐/明命以将军战必胜中☐/屠洪济垂身不测其中☐/石堡有若金汤☐/则至矣事未☐成☐☐养☐/恩泽☐恰☐☐煦荐臻☐☐诏使相望☐/夏六月卒于临洮私第春秋六十有四☐边☐/恩☐☐文☐分盛☐☐使持节诸☐事天水郡太守☐/崇泽山河重复连峰沓障隔阆笔☐/质永锡孝思窃比载书明征盛曲☐☐泣☐/于昭将军性习风贤苗夏蒂同☐/边尘扫尽申命忠节兮有死无隐荣命☐☐兮☐☐☐圣☐/圣君青龙玉剑兮☐御☐☐日☐☐阳兮☐茂☐/于昭将军兮谅天阴隰生殍之内☐死休☐/东溟出西汜黄裳元☐筮于翠璧☐☐塞北永☐

后　　记

本书是天水师范学院甘肃省一流特色学科中国史、重点学科专门史学术研究丛书，虽然竭尽所能，但正如结语中所说，其中因种种原因有许多不尽如人意的地方，唯愿方家不吝赐教，亦期将来能够在此方面继续深入耕耘，不断有所收获。

本书是本人在博士论文的基础上继续深入研究而成的，岁月荏苒，犹如白驹过隙转瞬即逝，人生难忘的博士生涯既充满艰辛，又令人难忘。尤其是因为论文写作，百转纠结、辗转反侧的痛苦与因导师指点而茅塞顿开、酣畅书写的快意相互交织，现在回想起来，心情仍久久不能平静……

首先，我要衷心感谢我的导师尹伟先教授，导师多年来严谨求实、孜孜探索、不畏艰辛的治学精神和豁达、儒雅、谦虚、谨慎的处事原则让我受益匪浅，其学品、人品将影响我终身。在读博期间，尹教授在我的学习、生活、工作上都给予了无私的帮助和真诚的关怀，从论文的选题、史料的搜集、框架的确定、开题、撰写、修改等方面总能提出独到的见解、进行耐心的解释和细致入微的指导。尹教授严于律己、为人师表、勤勉治学、真诚待人的风范将深深地鼓励我在今后的学习、工作、生活中踏实为人、认真做事。

其次，我要感谢在博士论文开题、预答辩、正式答辩时各位专家对我论文写作的帮助和指导，兰州大学郑炳林教授、武沐教授，西北师范大学田澍教授、胡小鹏教授，西北民族大学郭郁烈教授、多洛肯教授等诸位老师对论文所提的意见和建议，使我少走了不少弯路，并且在本书的修改完善过程中发挥了重要作用，使文章的结构更加完善、思路更加严谨、表述更加规范。

再次，我要感谢天水师范学院甘肃省一流特色学科中国史、重点学科专门史科研团队，尤其是团队负责人雍际春教授，他对本书的出版给予了大力的支持和热情的鼓励，并在繁忙的工作之余随时关注着出版事宜。

最后，我要深切的感谢我的爱人，是她用自己的百般辛劳和无怨无悔的付出，给我营造了一个舒心的学习、写作环境，提供了充裕的学习、写作时间，让我得以摈弃各种烦琐事务，抽出更多的时间和精力去研究、探讨、思考、写作，有了她的支持，才使得本书得以顺利完成。